Gerhard Loibelsberger
Im Namen des Paten

Ein mörderischer Auftrag zwischen
Lagune und Riviera

Gerhard Loibelsberger
Im Namen des Paten

Für meine Frau Lisa

Ca' Vendramin Calergi

„Champagner!"

Feiern war angesagt. Die Übernahme des Lebens-
mittelkonzerns in der Emilia-Romagna war unter-
zeichnet und mit einem opulenten Abendessen gefeiert worden. Seine Geschäftspartner hatten sich danach
zurückgezogen, er aber war so aufgedreht, so voller
Tatendrang, dass er noch zur Ca' Vendramin Calergi
fuhr. Ein Palast aus dem späten 15. Jahrhundert, in
dem sich das älteste Spielcasino der Welt befindet.

Wie im Rausch setzte er am Roulettetisch fast immer
auf die richtige Zahlenkombination. Er spürte es einfach, er konnte gar nicht anders. Die Zahlen lockten ihn,
verführten ihn. Die Kugel rollte, rien ne va plus. Und
kullerte in das Zahlenfeld, auf das er gesetzt hatte. Sein
Stapel Jetons wuchs und wuchs. Neidisch belauerten
ihn seine Mitspieler und Mitspielerinnen. Eine groß-
gewachsene Russin mit blonder Mähne kopierte seine
Spielweise. Was immer er setzte, sie setzte mit. Ein Verhalten, das ihn normalerweise störte. Doch heute war
es ihm völlig egal. Getragen von einer Welle des Glücks
ignorierte er sie, obwohl sie ein Kleid trug, das die Vor-
züge ihres Körpers auf atemberaubende Weise betonte.
Il Piccoletto blendete sie aus seiner Wahrnehmung aus.
Sein Blick galt ausschließlich den Zahlen, den Jetons
und der Roulettekugel. Alles andere versank um ihn
herum.

Als er gegen drei Uhr morgens einen beachtlich hohen
Stapel Chips an der Kassa eintauschte, war es ruhig geworden. Er bemerkte, dass die Blonde ebenfalls zur Kassa ging und dabei Russisch in ihr Handy sprach. Seine
Begleiter hatten sein Motorboot gerufen, und so schritt
er hinaus auf den Bootssteg, der von einem scharlachro-

ten Baldachin überdacht war. Tief atmete er den leicht fauligen Geruch ein, den der leise plätschernde Canal Grande verströmte, und lächelte: Das war der Geruch seiner Stadt. Dieses merkwürdige Odeur liebte er. Mit ihm war er aufgewachsen und groß geworden. Nach dem heutigen – beziehungsweise mittlerweile gestrigen – Geschäftsabschluss würde er nun seine Business-Aktivitäten auch in die Emilia-Romagna ausdehnen. Zufrieden grinsend und etwas beschwipst von den unzähligen Gläsern Champagner bestieg er sein Boot. Es schwankte wie immer heftig unter ihm. Kein Wunder, schließlich brachte er gut und gerne 130 Kilo Lebendgewicht auf die Waage. Mit einem Seufzer der Erleichterung ließ er sich auf den Sitz neben dem Fahrer fallen. Er freute sich auf sein Zuhause, auf seine Frau, die vielleicht noch wach war und auf ihn warten würde, sowie auf eine Dusche und sein Bett.

Das Hotel Canal Grande hieß nicht nur so, es lag tatsächlich an besagtem Gewässer. Ein nicht allzu großes, sehr sorgfältig instand gehaltenes 4-Sterne-Haus, das ausgesprochen konservativ geführt wurde. Von der frisch gestärkten Bettwäsche über die in Uniformen gekleideten Bediensteten bis hin zum Dresscode in der hoteleigenen Rokoko-Bar. Hier legte man Wert darauf, dass Männer ein Sakko trugen. Die drei Fremden, die die einzigen Gäste waren, trugen dunkle Anzüge. Teure Anzüge, maßgeschneidert aus Stoffen von Loro Piana und Co. Sie unterhielten sich leise in einer fremden Sprache, die der Barkeeper nicht zuordnen konnte. Mit ihm sprachen sie Englisch. Schwerer Akzent, teilweise unverständlich. Doch das war kein Problem. Gäste wie diese waren hier sehr willkommen, auch wenn sie nur Espresso, Schwarztee und Acqua minerale tranken. Der

Barkeeper hoffte auf ein fettes Trinkgeld. Hoffnung darauf machten ihm die teuren Uhren der Männer, einer trug sogar eine mit unzähligen Brillanten verzierte Rolex, sowie deren sorgfältig manikürten Hände, die so gar nicht zu den grobschlächtigen Gesichtern passten. Solche Gäste ließen sich in der Regel nicht lumpen. Auch wenn sie keinen Tropfen Alkohol angriffen und stattdessen zum Acqua minerale nur Chips und Erdnüsse kauten. Gegen Mitternacht merkte der Barkeeper, dass Müdigkeit seine Gäste zu übermannen drohte. Also fragte er sie: „Are you sure that you don't want any of my fabulous cocktails?"

„Tonight no alcohol."

„I'll mix you non-acoholic cocktails with a lot of vitamins."

Fragende Blicke, Schweigen.

„Okay. But if there's only little alcohol in it, you'll drink the whole Canal Grande."

„And the lagoon ...", ergänzte der Typ mit der Brillanten-Rolex. Nun lachten alle drei, die Müdigkeit war aus ihren Gesichtern verschwunden. Der Barmann, der sein Geschäft verstand, verschwand kurz in der Küche und kam mit einem Korb voll Gemüse und Obst zurück. Und dann begann er vor den Augen seiner Gäste zu zaubern: einen Sellerie-Zitronen-Cocktail mit einem ordentlichen Schuss Tabasco und einer Prise Rohrzucker, einen Karotten-Orangen-Drink mit Ingwer, einen Apfel-Ananas-Cocktail mit rosa Pfeffer und so weiter und so fort. Die Stimmung war prächtig, seine Gäste konsumierten mit Neugierde und Interesse. Die Zeit verging wie im Flug. Plötzlich läutete das Handy des Rolex-Trägers. Ein Ruck ging durch den Kerl, er antwortete knapp „Da, da ...", stand auf, zog ein Bündel Hunderteuroscheine aus der Tasche, warf drei auf die Theke und sprintete hinaus auf den Campo San Simeon Grande, wo an der Bootsanlegestelle ein Motorboot gestartet wurde. Die anderen beiden folgten ihm. Der Barkeeper blickte ihnen verblüfft nach und steckte schnurstracks zwei der drei Hunderteuroscheine in seine Tasche. Das nannte er ein Trinkgeld. Er gähnte laut, schlurfte zur Tür und sperrte ab. Dann machte er sich mit bleischweren Augenlidern daran, die leeren Gläser einzusammeln und in den Geschirrspüler zu schlichten.

Il Piccoletto streckte sich behaglich und beschloss, während der Bootsfahrt ein Vorab-Nickerchen zu machen. Sein Kopf fiel nach vorne, die Lider waren geschlossen, aus seinem halb geöffneten Mund krochen erste Schnarchgeräusche. In diesem Augenblick heulte der Motor eines rasant näher kommenden Bootes auf. Grelles Scheinwerferlicht erfasste ihn und seine Leute. Er schreckte aus dem gerade erst begonnenen Schlaf auf und warf sich instinktiv auf den Bootsboden. Dann brach das Inferno los. Mehrere automatische Waffen feuerten in ununterbrochenem Stakkato auf Il Piccolettos Boot. Seine Begleiter wurden im Kugelhagel zerfetzt. Ein Sprühregen von Blut, Haut- und Knochenpartikeln prasselte auf ihn nieder. Der Fahrer seines Bootes konnte noch Vollgas geben, bevor der Kugelhagel seinen Körper in spastischen Verrenkungen aufbäumen ließ. Dann kippte er um und fiel auf die Hand mit dem Gasregler. Das Boot raste mit irrwitziger Geschwindigkeit auf das gegenüberliegende Ufer des Canal Grande zu. Il Piccoletto griff ins Steuerrad. Seine Hand rutschte ab. Das Rad war glitschig von Blut. Trotzdem gelang es ihm, das Steuer herumzureißen und einen Crash zu vermeiden. Das Boot fuhr nun mit höllischem Speed in Richtung Rialto. Die Angreifer hatten keine Chance, ihm zu folgen.

Mestre

eins

„Vaffanculo![1]"

Knurrte Lupino Severino. Der Bub, der ihn gerade am Jackenärmel gezupft hatte und der ihm schon seit geraumer Zeit gefolgt war, erschrak über diese rüde Reaktion. Lupino war müde und grantig. Er hatte gerade eine dreistündige Führung mit einer österreichischen Touristengruppe hinter sich. Eigentlich galt der Frust-Ausbruch dieser Gruppe und nicht dem Kleinen neben ihm. Als er dessen entsetzten Gesichtsausdruck sah, tat es ihm leid.

„Che vuoi?[2]"

Der Bub zögerte. Dann antwortete er leise, dass ein alter Freund ihn sprechen wolle. Neuerlich reagierte Lupino unwirsch: „Non ho nessun amici ...[3]"

Der Kleine schaute irritiert. Dann antwortete er trotzig, dass er doch einen Freund haben müsse. Und dieser Freund habe einen Job für ihn. Er sei doch Privatdetektiv, oder nicht? Lupino war überrascht. Was war das für eine eigenartige Geschichte? Seine Neugier war geweckt, und er deutete dem Buben, dass er vorangehen solle.

„Come ti chiami?[4]"

„Nino."

Zu seiner Überraschung führte ihn Nino schnurstracks zum Bahnhof Santa Lucia. Dort nahmen die beiden einen Regionalzug, mit dem sie nach Mestre zuckelten. Während der Fahrt über den Damm, der Venedig mit dem Festland verbindet, schwiegen beide. Der

---

[1] Leck mich am Arsch!
[2] Was willst du?
[3] Ich habe keine Freunde.
[4] Wie heißt du?

Kleine starrte aus dem Fenster auf die trüben Gewässer der Lagune und die sich in der Ferne abzeichnenden Hafenanlagen von Marghera. Die Sneakers des Kindes waren neu, seine Jeans von einem Designer, und die Jacke war ebenfalls ein teures Stück. Ziemlich kostspielig angezogen, der Kleine, dachte sich Lupino. Wer zum Teufel schickt mir diese Rotznase als Boten? Und was soll die ganze Scheiße mit einem Freund? Lupino ging in sich und dachte nach. Nein, als unterbeschäftigter Privatdetektiv, der seinen Lebensunterhalt als Fremdenführer verdiente, hatte er keine Freunde. Okay, da war Marcello; Besitzer der Osteria da Marcello und Bruder seiner Lebensgefährtin Luciana. Außerdem gab es noch den verrückten Gino, der als Koch in der Osteria da Marcello arbeitete. Das waren im Großen und Ganzen seine sozialen Kontakte. Seine Eltern waren beide tot, Verwandte hatte er nur im fernen Wien. Ach ja, fast hätte er ihn vergessen: Ranieri. Commissario Ranieri war ein Jugendfreund und später, als Lupino noch selbst Polizist war, sein Kollege. Seit sie gemeinsam den Venedig-Ripper zur Strecke gebracht hatten, war die Freundschaft zwischen den beiden noch enger geworden. Aber Ranieri würde ihm nie so einen Lausebengel als Boten schicken. Der würde einfach in der Osteria da Marcello vorbeischauen und dort mit ihm reden. Schließlich war die Osteria Lupinos zweites Wohnzimmer. In Mestre verließen der Privatdetektiv und der Bote den Regionalzug. Der Bub führte Lupino aus dem tristen Bahnhof hinaus in die nicht minder triste Stadt. Nach circa 10 Minuten Fußmarsch bog der Kleine plötzlich in ein Caffè ein. Es war eines jener Lokale, die in den frühen 1970er Jahren aufgesperrt hatten. Braune Kunstledersitzgruppen, dunkelbraune Täfelung, beige-orange-braune Tapeten. Da hier seit damals die Zeit stillstand, hatte sich am Interieur nichts verändert. Entsprechend abgefuckt sah alles aus.

„Un momento ...", murmelte der Bub und verschwand hinter dem Tresen. Eine aufgetakelte Mittvierzigerin, die eine weiße Bluse trug, unter der man erkannte, dass der Büstenhalter unter der immensen Last ihrer Brüste ächzte und dessen Träger tief in das üppige Fleisch einschnitten, stellte Lupino unaufgefordert einen Espresso vor die Nase. Er schlürfte ihn mit Bedacht. Im Hintergrund brabbelte leise ein Radio und die Tapeten, die während vieler Jahrzehnte von Zigarettenrauch gebeizt worden waren, verströmten nun ihrerseits muffigen Nikotingeruch. Müde und erschöpft harrte Lupino der Dinge.

zwei

Nach fünf Minuten stellte ihm die üppige Kellnerin neuerlich einen Espresso vor die Nase. Zu seiner Überraschung sah er, dass ihm nun auch zwei Stück Amaretti zum Kaffee serviert worden waren. Die runden Kekse lagen auf einer ebenfalls runden Papierunterlage, auf der sich eine handschriftliche Notiz befand. Lupino steckte die beiden Amaretti in den Mund und zerbiss sie. Dann spülte er mit einem kräftigen Schluck Espresso nach. Ein wunderbar harmonisches Geschmackserlebnis von süßem Mandel- und bitterwürzigem Kaffeearoma breitete sich auf seinem Gaumen aus. Und während er es genoss, las er folgende Botschaft: Vai al gabinetto. Prendi la media cabina e siediti![5]

---

[5] Geh aufs WC. Nimm die mittlere Kabine und setz dich hin!

Lupino sah sich nun zum ersten Mal in dem Laden um. In einer hinteren Ecke hockten zwei Geschäftsleute um die vierzig, die auf dem Tisch vor sich eine Menge Unterlagen ausgebreitet hatten. Zusätzlich hatte jeder seinen Laptop offen, in den er hin und wieder etwas hineintippte. Gut möglich, dass das Polizisten sind, dachte Lupino. Mein sogenannter Freund könnte überwacht werden. Deshalb also das Verwirrspiel mit dem Lausbuben. Nun fiel ihm auch der Lieferwagen ohne Beschriftung auf, der unmittelbar vor dem Lokal im Halteverbot stand. Spielerisch nahm er die dünne Papierunterlage, zerknüllte sie zwischen Daumen und Zeigefinger und ließ sie in der Brusttasche seiner Jacke verschwinden. Dann stand er auf und begab sich gelangweilt zum Abgang, der zu den im Keller befindlichen Toiletten führte.

Er betrat die Herrentoilette und bekam Platzangst: Ein Kerl, gebaut wie ein Kleiderschrank, stand in dem engen Raum und tat so, als ob er pissen würde. Er trat auf Lupino zu und filzte ihn. Dieser grinste matt. Nein, eine Waffe hatte er nicht bei sich. Ein bewaffneter Fremdenführer – das wäre ja noch schöner! Nun deutete ihm der Kleiderschrank, dass er in die mittlere der drei WC-Kabinen gehen sollte. Lupino tat, wie ihm geheißen, der Kleiderschrank brummte etwas. Lupino deutete diese Mischung aus Brummen und Grunzen als „Siediti ...". Also setzte er sich auf die nicht gerade vor Sauberkeit strotzende Klobrille, worauf Goliath nickte und die Tür von außen schloss. In der Kabine stank es nach Urin und Goliaths Rasierwasser. Eine Mischung, die Lupino fast den Atem raubte. Die Wände bestanden aus ehemals weißen Plattenelementen, die mittlerweile in den Nuancen Grau, Mittel- und Dunkelbraun sowie einem

blassen Kotzgelb abschattiert waren. Warum tu ich mir
das an?, dachte Lupino und war drauf und dran, aufzustehen und fluchtartig diesen subterranen Albtraum
zu verlassen, als er rechts neben sich ein kratzendes
Geräusch hörte. Die Platte neben seinem Kopf bewegte sich und wurde mittels der Klopapierhalterung, die
sich in der Nachbarkabine an dieser Stelle befand und
die nun als Griff diente, weggehoben. Aus dem quad-
ratischen Loch grinste ihn ein altbekanntes Gesicht an,
und er hörte Il Piccolettos Bass flüstern: „Amico mio ...“

drei

Lupino torkelte wie besoffen durch die Straßen Mestres. In der Hand hielt er einen Autoschlüssel, den
ihm Il Piccoletto gegeben hatte. Das war aber nicht
weiter schlimm. Wirklich unangenehm war die Metallhülse, die in seinem Arsch steckte. Porca Madonna!
Worauf hatte er sich da eingelassen? Kaum hatte er
diese grauenhafte Retro-Bude, die vorgab, ein Caffè zu
sein, und die in Wahrheit eine Mafiahütte war, verlassen, war die Schiebetür des im Halteverbot parken-
den Lieferwagens aufgerissen worden. Wie in einem
Hollywoodfilm waren drei unrasierte, schlampig gekleidete Polizisten herausgesprungen und hatten ihn
mit dem Kopf zur Wand gedrängt. Danach wurde er
aufs Genaueste perlustriert. Die zehntausend Euro, die
er verteilt in seiner Hosen-, Brief- und Jackentasche
bei sich trug, konnte er nicht erklären, musste er aber
auch nicht. Das, was sie eigentlich gesucht hatten, fanden sie nicht. Kein Wunder: Es steckte ja in seinem
Arsch. Il Piccoletto hatte darauf bestanden. Und er
hatte Recht gehabt. Bei ihrer Unterredung in der WC-

Anlage prophezeite er ihm, dass sie ihn nach dem Verlassen des Kaffeehauses filzen würden. Und genau so war es geschehen. Der Job, den er angenommen hatte, war simpel und mit zehntausend Euro extrem gut dotiert. Er musste die verdammte Metallhülse, in der ein Mini-Speicherstick steckte, nach Grado bringen. Zu Il Piccolettos Tante Antonella. Sie leitete derzeit die Familiengeschäfte. Er hatte sich vor Il Piccolettos Augen die Hülse in den Arsch gesteckt. Dort hatten die Fahnder auch nicht gesucht. Eine rektale Kontrolle auf offener Straße war undenkbar. Da Il Piccoletto zurzeit rund um die Uhr überwacht wurde und erst vor einer Woche einem Mordanschlag glücklich entkommen war, hatte er keine andere Möglichkeit, Kontakt mit seinen Verwandten in Grado aufzunehmen. Die Liste, die sich in der Metallkapsel befand, enthielt Namen, Adressen sowie Telefonnummern und E-Mail-Kontakte zu einer Reihe wichtiger Geschäftspartner in Kroatien, Österreich, Tschechien, Rumänien, Moldawien und Russland. Piccolettos Tante brauchte diese Liste, um in Vertretung des im Moment schwer gehandicapten Clan-Oberhauptes die Familiengeschäfte reibungslos fortführen zu können. Auf Lupinos Frage, wie er denn in diese beschissene Lage geraten war, gab ihm Il Piccoletto folgende Erklärung: Paolo Norino, der Capo della famiglia, hatte vor drei Monaten das Zeitliche gesegnet. Am Sterbebett hatte er überraschenderweise nicht seinen Sohn Mauro, sondern seinen Enkel Fabrizio mit der Führung der Familiengeschäfte betraut. Dieser Fabrizio Norino war extrem ehrgeizig. Er weigerte sich, die führende Rolle der Frulani-Familie, deren Oberhaupt Il Piccoletto war, im Veneto und entlang der nördlichen Adria anzuerkennen. Als Erstes hatte er deshalb versucht, ihn mit Hilfe von russischen

Auftragskillern auszuschalten. Da der Anschlag miss-
lungen war, hatte Fabrizio Norino der Polizia di Stato
eine Reihe von Unterlagen zugespielt, die dem Unter-
suchungsrichter ausreichend Gründe geliefert hatten,
Il Piccoletto überwachen zu lassen. Ergo konnte er
derzeit seine Geschäfte nur vom unterirdischen WC
aus führen, das aufgrund seiner Kellerlage abhörsicher
war. Da diese Situation keine befriedigende Lösung
darstellte, hatte er beschlossen, seine Tante Antonella
Vegher, die in Grado für die Familienangelegenheiten
verantwortlich war, mit seiner Vertretung zu betrauen.
Um ihr alle wichtigen Informationen zukommen zu
lassen, hatte Il Piccoletto seinen alten Freund Lupino
um den Gefallen gebeten, einen Botendienst für ihn zu
übernehmen. Dafür stellte er ihm einen Lieferwagen
der Cateringfirma Al Gusto zur Verfügung. Er war im
Parkhaus auf der Piazzale Roma abgestellt. Mit ihm
musste Lupino nach Grado fahren. Die Übergabe der
Liste sollte morgen Früh stattfinden. Es pressierte.

vier

Schwarze Wolken ballten sich über Venedig zusammen,
als Lupino mit einem Vorortezug zurück nach Santa
Lucia fuhr. Diffuses Licht ließ die Lagune in merkwür-
digem Graublau schimmern. Wind kräuselte die Was-
seroberfläche. Wellen schlugen gegen den Bahndamm,
über den der Zug in Richtung Serenissima ruckelte.
Unheimlich, diese Stimmung. Ein Schauer überrieselte Lupino. Plötzlich sehnte er sich nach Lucianas Nähe.
Nach Wärme und Zärtlichkeit. Wie lang waren sie nun
schon ein Paar? Etwas mehr als vier Jahre. Eine Zeit-
spanne, die wie im Flug vergangen war. Ohne Luciana

zu leben, konnte er sich kaum mehr vorstellen. Nun musste er grinsen. Wie man sich im Laufe der Jahre doch verändert. Früher, vor 10, 15 oder 20 Jahren, wäre eine fixe Beziehung ein Gräuel gewesen. Damals war Venedig ein einzig großes Jagdrevier für ihn. Junge, hübsche Mädels, vor allem deutschsprachige, waren seine Beute. Er legte sie serienweise flach, an einer ernsten Beziehung war er nicht interessiert gewesen. Dabei kamen ihm sowohl seine Zweisprachigkeit als auch sein Aussehen zugute. Die Figur hochgewachsen und schlank. Dazu ein markantes Gesicht mit Adlernase und blauen Augen, die er von seiner Wiener Mutter hatte. Als Kontrast dazu wucherte auf seinem Schädel dichtes, schwarzes Haar, und auf seinen Backen schimmerte bläulich schwarzer Bartwuchs. Das hatte er von seinem venezianischen Vater. Lupino war eine tolle Mischung – und das wusste er. Doch im Laufe der Jahre war er ruhiger und anlehnungsbedürftiger geworden. Auch sein Aussehen hatte sich verändert. Groß und schlank war er immer noch, doch seine schwarze Mähne war von unzähligen silbernen Fäden durchzogen, und der bläulich schimmernde Bartwuchs war verblasst. Graue Stoppeln zierten seine Wangen. Il bello ragazzo ist ein alter Mann geworden, dachte Lupino in einem Gemisch aus Vater- und Muttersprache. Nun, Ende 40, war er kein Getriebener mehr. Er musste sich nichts mehr beweisen, keine Trophäen der Männlichkeit erlangen. Wenn er eine attraktive junge Deutsche, Schweizerin oder Österreicherin sah, übermannte ihn nicht mehr der Jagdtrieb. Das, wonach er sich jetzt sehnte, fand er bei Luciana. Geborgenheit und Liebe.

In dem Moment, als er die breite Bahnhofstreppe hinunterging, setzte ein Platzregen ein, der von Blitz und Donner begleitet war. Im Laufschritt flüchtete Lupino ins Caffè Olimpia. Ein schmales Lokal, das hauptsächlich von Touristen frequentiert wurde. Entsprechend hoch waren die Preise. Heute war das Lupino egal. Hauptsache, ein trockenes Plätzchen. Er drängte sich an die Bar und orderte einen Piccolo Rosso. Interessiert wanderte sein Blick durch den engen Schlauch – mehr war das Caffè Olimpia nicht. Da immer mehr Menschen mit klatschnasser Kleidung hier Unterschlupf suchten, dampfte es. Lupinos Nase witterte Feuchtigkeit, Schweiß, das Aroma des Kaffees, der ununterbrochen aus der Kaffeemaschine zischte, sowie getoastete Piadini. Lupino versuchte mehrmals, Luciana zu erreichen, doch das Mobilnetz war heillos überlastet. Nach dem zweiten Piccolo Rosso entspannte er sich. Er bestellte einen mit Rohschinken, Ruccola und Käse gefüllten Tramezzino, den er hungrig hinunterschlang. Beim dritten Piccolo Rosso war seine Welt wieder in Ordnung. Eigentlich war das heute sein Glückstag gewesen. Zehntausend Euro verdiente er normalerweise in einem halben Jahr als Fremdenführer. Nun würde er diese Summe für einen 24-Stunden-Job erhalten. Wie er vorgehen wollte? Sobald das Unwetter vorbei war, nach Hause laufen und sich für einige Stunden schlafen legen. Müde genug war er mittlerweile – wozu auch der bereits vierte Piccolo Rosso einiges beitrug. Um drei Uhr in der Früh wollte er aufstehen, in Ruhe einen Kaffee trinken und dann zur Piazzale Roma aufbrechen. Sein Plan war, kurz vor vier mit dem Lieferwagen das Parkhaus zu verlassen und über Mestre auf die Autobahn aufzufahren. Um sechs Uhr morgens wäre er dann in Grado. Dort könnte er in einem früh aufsperrenden Lokal einen weiteren Kaffee schlürfen, um dann pünktlich um acht Uhr der Signora Frulani in ihrem Laden für Haushaltstextilien, Woll- und Stickzubehör die Metallkapsel zu übergeben. Nach der erfolgten Übergabe wollte er sich in Grado ein üppiges Frühstück gönnen und danach entspannt zur Piazzale Roma zurückfahren. Den Autoschlüssel würde er im Wagen stecken lassen. So war es mit Il Piccoletto vereinbart. Und dann – dann würde er um zehntausend Euro reicher sein. Beim fünften Piccolo Rosso träumte er von einem Urlaub mit Luciana auf den Malediven oder Seychellen oder vielleicht auch in Miami Beach mit einem Ausflug nach Disney World. Fliegen würde er natürlich Business Class, und als Unterkünfte kämen ausschließlich 5-Sterne-Hotels in Frage. Luciana würde er wie eine Prinzessin verwöhnen.

fünf

Der prachtvolle Barockbau der Villa Corti lag zehn Kilometer westlich von Mestre. Im ehemaligen Audienzzimmer der Villa hatte Fabrizio Norino seinen Arbeitsplatz eingerichtet. In dem großen Raum, man könnte fast Saal dazu sagen, hatte er vor die breite Balkontür einen Schreibtisch stellen lassen. Davor befand sich eine Loggia, die von gewaltigen Säulen gesäumt war. Der Schreibtisch war ein Riesending aus dem 19. Jahrhundert, das interessanterweise perfekt in den barocken Rahmen des Audienzzimmers passte. Hier arbeitete er, schmiedete seine Pläne und führte Krieg. Den Feldzug gegen die Frulanis – Venedigs mächtigen Mafia-Clan. Fabrizio Norino verfolgte ein Ziel: Er wollte die Macht der Frulanis brechen und deren Geschäfte übernehmen. Von seinem Schreibtisch, der aus dunklem Holz gearbeitet war und der auf kunstvoll gedrehten Beinen stand, dirigierte er ein Heer von Spitzeln, das ihn ständig über die Aktivitäten der Frulanis informierte. Wo immer er konnte, störte er die Geschäfte des gegnerischen Clans. Und nun, nun ging er aufs Ganze. Auf die Vernichtung der wichtigsten Köpfe der Frulani-Familie. Dazu hatte er sich entschlossen, einen Spezialisten von außerhalb einfliegen zu lassen. Pünktlich um zehn Uhr war sein Gast auf Venedigs Flughafen Marco Polo gelandet und von seinen Männern in Empfang genommen worden. Nun müsste er jeden Augenblick hier sein.

Norino stand auf, öffnete die Doppeltür und trat auf die Loggia hinaus. Er liebte es, von hier oben auf sein Reich zu blicken. Auf den gepflegten Barockgarten mit Teich und Springbrunnen, auf die sorgsam gestutzten Hecken, die ziegelroten Dächer der Wirtschaftsgebäude und auf die verschlungenen Wege, die allesamt mit weißem Kies bestreut waren. Hier stand er, Fabrizio Norino, der Feldherr. Jung, dynamisch, groß gewachsen, mit blonder Mähne. Schritte waren auf dem Kies zu hören. Norino sah, wie zwei seiner Männer einen kahlköpfigen Kerl mit dichtem Bart und Brille zum Eingang der Villa führten. Er atmete tief durch. Silvio Malherba war ante portas.

„Silvio il Bombardiere?"
      „Sì ..."
„Willkommen in Venetien! Ich hoffe, Sie hatten einen guten Flug. Nehmen Sie bitte Platz."
      „Grazie."
Fabrizio Norino setzte sich ebenfalls und musterte Silvio Malherba. Was er sah, gefiel ihm nicht sonderlich. Ein nachlässig, gleichwohl aber teuer gekleideter

Mann Ende 30, der sein Gesicht hinter einem dunklen Vollbart verbarg. Über dieser Pelzfresse schimmerte eine spiegelglatte Glatze. Sie erinnerte Norino auf irritierende Art und Weise an Skinheads. Eine Assoziation, die Unbehagen in ihm auslöste. Er mochte die Rechten nicht. Faschisten und Nazis waren Spinner. Mit solchen Leuten machte er nicht gerne Geschäfte.

„Kaffee?"

„Bitte ..."

„Sie kommen aus Apulien?"

„Ich bin in Apulien geboren. Lebe aber seit Jahren in Neapel."

„Sie sind Techniker?"

„Chemiker. Ich habe Chemie studiert, allerdings keinen akademischen Abschluss."

„Sie wurden als Student verhaftet ..."

„Das ist korrekt."

„Wegen eines Bombenanschlages. Im Prozess konnte der Staatsanwalt Ihnen aber nicht nachweisen, dass Sie die Bombe gebaut hatten. Auch Ihre Bombenwerkstatt konnte nicht ausfindig gemacht werden."

Malherba lächelte und goss einen Hauch von Milch in die Espressoschale, rührte um und nippte. Dann sah er Norino direkt in die Augen.

„Um eine Bombe zu bauen, brauche ich keine Werkstatt. Das mache ich in jeder Küche. Danach räume ich auf, wasche ab, entsorge den Müll. E basta."

Leise vor sich hin lächelnd nahm der Bombenbauer einen weiteren Schluck Kaffee. Norino bemerkte nun eine Facette an seinem Gegenüber, die ihm gefiel. Malherba war ein Tüftler. Ein Pedant mit sorgfältig manikürten Händen, penibel gestutztem Vollbart, sündteurer Designerbrille sowie einem makellosem Gebiss. Gesicht und Schädel waren gebräunt, die abgerissene

Jeans war ein Designer-Modell. Last, not least trug Malherba nach Maß gefertigte Schuhe. All das mochte Norino. So einen Mann hatte er gesucht. Malherba hatte Stil, im Gegensatz zu den Russen, die er für das fehlgeschlagene Attentat auf Il Piccoletto engagiert hatte. Das waren Proleten in Armani-Anzügen mit schlechtem Gebiss, mit Brillanten besetzten Uhren und noch schlechteren Manieren.

„Sie werden für mich einen Job erledigen. Nicht hier, sondern in Grado. Ich habe ein Apartment in einer meiner Villen für Sie vorbereiten lassen. Sie werden alles vorfinden, was Sie brauchen. Dort können Sie in Ruhe arbeiten. Am besten Sie beginnen sofort. Die Zeit drängt."

„Perfetto."

Malherba trank den Rest des Kaffees aus und stand auf.

„Um mit der Arbeit zu beginnen, brauche ich einige Ingredienzien. Wo bekomme ich die?"

Norino wandte sich an einen seiner beiden Untergebenen.

„Mimo! Du bringst Signore Malherba in sein Quartier und beschaffst alles, was er benötigt. Sobald er mit seinem ... seinem Baby ... fertig ist, wirst du ihn nach Grado chauffieren."

Grado

sechs

Verwirrt und verschlafen wachte Lupino Severino um fünf Uhr morgens auf. Hatte er vergessen, den Wecker zu stellen? Oder hatte er ihn nicht gehört? Hektisch schlüpfte er in seine Kleider – war eine Regenjacke notwendig? Ein Blick aus dem Fenster ließ ihn erschauern: Nieselregen überzog die Dachlandschaft wie eine transparente Folie. Venedig eingepackt wie ein Panettone. Er zog seine Gummistiefeletten an und eilte aus dem Haus. Eine halbe Stunde später hatte er das Parkhaus an der Piazzale Roma verlassen und rollte über den Damm nach Mestre. Die Scheibenwischer quietschten, der Dieselmotor des Transporters brummte unwillig und diffuses Morgenlicht kroch langsam über die dunklen Gewässer der Lagune. Eine innerliche Kälte hatte von ihm Besitz ergriffen. Zwanzig Minuten später war er auf der A 57 in Richtung Grado unterwegs. Hier regnete es wesentlich stärker. Fontänen spritzten, die Sicht war schlecht und im Fahrerhaus liefen innen die Scheiben an. Trotzdem blieb er eisern am Gaspedal stehen und schlitterte – mehr als dass er fuhr – mit deutlich über 100 km/h auf der Autobahn dahin. Er war nun hellwach und voll konzentriert. Sein Ziel: möglichst um acht Uhr Grado erreichen und Donna Antonella die Kapsel mit der Liste aushändigen. Wenn er das hinter sich hatte, war alles im grünen Bereich. Dann würde er entspannt frühstücken gehen und den Tag, soweit das bei diesem Sauwetter möglich war, genießen.

Um 7:52 fuhr er über den Damm der regengrauen Lagune von Grado auf die wolkenverhangene Inselstadt zu. Da er sich daheim noch im Internet den Stadtplan und seine Zieladresse, Via Caprin 53, angesehen hatte, fuhr er vor dem ersten Kreisverkehr nach dem Damm scharf links und folgte dem Canale della Schiusa, bog bei der Via Barbana nach rechts ab und dann noch einmal nach rechts in die Fußgängerzone ein. Als er rechter Hand die Nummer 53 sah, ließ er den Lieferwagen an die linke Bordsteinkante rollen und schaltete den Motor ab. Es war 7:58. Entfesselte Windböen peitschten immer neue Regengüsse auf das Fahrzeug und auf die wenigen Menschen, die mit Regenmänteln und Schirmen bewaffnet durch die schmale Gasse eilten. Er überlegte, wann er die Metallhülse aus seinem Allerwertesten hervorholen sollte. Sicherheitshalber hatte er sie heute Morgen vor dem Wegfahren wieder versteckt. Im Geschäft vor der Signora? Wohl kaum. Sollte er sie bitten, dass er kurz ihre Toilette aufsuchen durfte? Was war, wenn sie ihm das verweigerte? Es war 8:06, als ein junges Mädchen mit einem vom Wind verbogenen Regenschirm unter dem Vordach des Hauses Nummer 53 Schutz suchte. Völlig durchnässt kramte sie mit klammen Fingern in den Tiefen ihrer Handtasche. Endlich fand sie, wonach sie suchte: den Schlüsselbund. Und zu Lupinos großer Überraschung ging sie nun auf die Eingangstür des Kurzwaren-, Woll-, Stickerei- und Wäschegeschäfts der Donna Antonella zu. Aus dem Schaufenster blickte väterlich ein gesticktes Porträt von Papst Johannes Paul II. auf sie herunter. Lupino hatte inzwischen Hose und Unterhose heruntergezogen und saß mit nacktem Hintern auf dem Fahrersitz. Nach kurzem Suchen hatte das Mädchen in dem großen Schlüsselbund den richtigen Schlüssel gefunden und steckte ihn ins Schloss der Eingangstür. Lupino hatte gerade zwei Finger in seinem Hintern, als es eine gewaltige Explosion gab. Glassplitter, Metall- und

Mauerstücke sowie Stücke von Kurzwaren, Textilien, Wolle und Fleischfetzen des Mädchenkörpers wurden gegen den Lieferwagen mit der Aufschrift ‚Al Gusto' geschleudert. Die Windschutzscheibe zerbarst. Eine unheimliche Stille senkte sich über die Straße. Nach Augenblicken des Erstarrens ließ er die Metallhülse in die Hosentasche gleiten, zog Hose und Unterhose herauf, öffnete die Autotür und stürzte hinaus in den Regen. Nichts wie weg, dachte er sich, als er im Laufen den Hosengürtel festzurrte.

sieben

Völlig verstört und mit einem merkwürdigen Summen in den Ohren wankte er durch die menschenleere Fuß-gängerzone Grados. Fette Regentropfen peitschten ge-gen Gesicht und Jacke und wuschen den meisten Dreck ab, den die Explosion ihm entgegengeschleudert hatte. Allmählich bekam er einen kühlen Kopf. Er hörte die näherkommenden Sirenen der Einsatzfahrzeuge und dachte: Weg von der Straße! Plötzlich stand er an der Riva San Marco. Vor ihm das von Häusern umgegebene Hafenbecken, in dem unzählige festvertäute Segelboo-te im aufgewühlten Wasser schaukelten. Wellen schlu-gen gegen die Hafenmauern, die Boote ächzten und stöhnten, die Schäkel klimperten metallisch. Rechter Hand jenseits der Straße sah Lupino durch den Schlei-er von Wasser, der ihm von Schädel und Stirn über beide Augen rann, die hell erleuchteten Fenster eines Caffès. Als er die Straße überqueren wollte, zuckte er zurück. Mit irrwitzigem Tempo, Blaulicht und Sirene raste ein Polizeiwagen an ihm vorbei. Er spritzte ihn von oben bis unten an. Lupino schüttelte sich wie ein nasser Hund. Dann lief er über die Straße hin zu den Lichtern des Lokals. Vor dem Eintreten hielt er kurz inne, holte tief Luft und betrat beherrscht und möglichst unauffällig das Caffè.

„Buongiorno! Un espresso doppio ...“

„Un doppio ...“, murmelte der Mann hinter der Bar, ohne aufzusehen. Er setzte gerade mit großer Sorgfalt die Milchhäubchen auf zwei Cappuccini. Die Anwesenden beachteten Lupino nicht. Mit gesenktem Kopf ging er zielstrebig aufs WC, wo es zum Glück einen Stapel Papierhandtücher gab. Damit wischte er sich die Nässe sowie die ekelhaften Blut- und Dreckspritzer aus dem Gesicht. Viel unangenehmer waren zwei Glassplitter. Einer steckte in seiner Stirn, der andere in der Wange. Er entfernte beide und tupfte die kleinen blutenden Stellen mit kaltem Wasser ab. Mit klammen Fingern brachte er seine Frisur in Fasson und begab sich einigermaßen wiederhergestellt zurück unter die Menschheit. Ein älterer Herr polterte herein und begann laut und aufgeregt von der Bombenexplosion zu erzählen. Lupino stürzte den Doppio hinunter, bezahlte und verließ das Lokal. Wie ein geprügelter Hund trabte er durch die trostlose Fußgängerzone. Wasser sickerte von seinem Kopf über den Hals hinunter ins Genick und weiter. Wenn ich jetzt nicht sofort ins Trockene komme, hole ich mir den Tod. Getrieben von diesem Gedanken betrat er die Lobby eines Hotels. Ein ästhetisch nicht sehr anspruchsvoller Neubau, vermutlich rund um die Jahrtausendwende errichtet. Innen das Übliche: Ein bisschen Marmor und Messing, zahlreiche Spiegel, Teppichböden. Er riss sich zusammen, ging, eine nasse Spur am Boden hinterlassend, auf die Rezeption zu, quälte sich zu einem Lächeln und fragte nach einem Zimmer. Die Rezeptionistin, ein asexuell aussehendes Wesen mit Kurzhaarfrisur und verschlafenem Gesichtsausdruck, tippte in ihrem Computer herum und fragte ohne ihn anzusehen: „Passaporto?"

Lupino schob ihr seinen Führerschein hin, den sie ohne zu zögern akzeptierte. Sie hackte seine Daten in den Computer, nahm ein zusammengefaltetes Kartonkärtchen, steckte eine Plastikkarte hinein und murmelte: „Camera 309, terzo piano. L'ascensore è alla destra."

„Grazie."

Die Aufzugskabine befand sich im Erdgeschoss, sodass Lupino – ohne lange zu warten – einsteigen und in den 3. Stock fahren konnte. Das Zimmer 309 war absolut durchschnittlich. Weder zu klein noch zu groß, nach Putzmittel riechend, völlig unpersönlich eingerichtet. Er sperrte ab, riss sich die klitschnassen Kleider vom Leib und betrat das Badezimmer. Neonröhren flackerten, dann grelle Beleuchtung. Ein Blick in den Spiegel ließ Lupino erschrecken. Er sah einfach scheiße aus. Angewidert wendete er sich von seinem Spiegelbild ab, trat in die gemauerte Dusche und drehte das Wasser auf. Eiskaltes Wasser prasselte ihm entgegen. Wärmer, wärmer! Ahhh! Sein frierender Körper drängte sich dieser Wohltat entgegen. Heißes Wasser. Herrlich.

acht

„Donna Antonella ..."

Weiter kam Lupino nicht. Ein Schlag in den Solarplexus nahm ihm die Luft. Er krümmt sich zusammen, verlor das Gleichgewicht und fiel zu Boden. Mit am Rücken gefesselten Händen lag er da und schnappte nach Luft. Einer der Typen knurrte: „Maul halten. Du redest nur, wenn du gefragt wirst."

Nun hörte er Donna Antonellas raue Stimme, die sehr leise sprach: „Allora ... Tony, du hast den Kerl überwältigt und in den Trailer gebracht. Wo ist er dir über den Weg gelaufen?"

„In der Altstadt beim Yachthafen. Er hat sich dort nach Ihnen, Signora, erkundigt. Angelo hat ihn zuvor schon in der Stadt gesehen. Unmittelbar nach der Explosion. In einem Caffè, ganz in der Nähe."

„Hebt ihn hoch!"

Zwei kräftige Hände packten Lupino an den Schultern und richteten ihn auf. Die weißhaarige, elegant gekleidete Dame musterte ihn kalt.

„Stimmt das?"

„Ich soll Ihnen ..."

Weiter kam Lupino nicht. Wieder hatte er einen Schlag in die Magengrube bekommen. Der Typ knurrte neuerlich: „Antworte auf die Frage!"

Lupino krümmte sich und rang nach Luft. Gleichzeitig hörte er Donna Antonella sagen: „Tony, mach die Herdplatte heiß."

„Wie heiß, Donna Antonella?"

„Ganz heiß. Ich will das hier schnell zu Ende bringen. Der Kerl kostet uns Zeit. Allora! Warst du heute bei der Explosion dabei?"

„Ja ..."

„Hast du die Bombe gebaut?"

„Nein."

„Wer war es?"

„Weiß ich nicht."

Donna Antonella deutete mit ihrer sehr gepflegten, ring- und edelsteingeschmückten rechten Hand auf die Herdplatte. Lupino wurde neuerlich zum Herd gezerrt, sein Gesicht wurde hinunter zur Platte gedrückt. Lupino spürte die Hitze und schrie. Im letzten Augenblick konnte er das Gesicht zur Seite drehen. Zischend verbrannte die Haut seiner linken Wange. Lupino brüllte vor Schmerz. Leise erklang Donna Antonellas Stimme: „Wer hat die Bombe gelegt?"

„Ich weiß es nicht!"

„Was hast du dann hier gemacht?"

„Auf Sie gewartet. Vor Ihrem Geschäft."

„Wolltest du mich erschießen?"

„Nein!"

„Tony ..."

Neuerlich wurde Lupinos Gesicht nach unten in Richtung der brennheißen Herdplatte gedrückt. Er schrie wie von Sinnen und trat mit den Beinen um sich. Kurz lockerte sich der Griff in seinen Haaren. Doch die Haare wurden nun von einer zweiten Hand gepackt. Sein Gesicht raste auf die Herdplatte zu. Plötzlich war es dunkel. Unmittelbar über dem glühenden Eisen ließen die Hände seinen Kopf los. Donna Antonella fluchte: „Porca Madonna! Wer hat das Licht ausgeschaltet?"

„Wir nicht ..."

„Luca, sieh nach, was draußen los ist."

Einer der Typen riss die Eingangstür des Trailers auf und stürmte hinaus. Eine Salve ertönte. Lupino sah die Silhouette des Kerls vor dem Trailer wanken. Dann ging alles blitzschnell. Donna Antonella kommandierte „Zum Auto!" und hielt plötzlich eine abgesägte doppelläufige Schrotflinte in ihrer manikürten Rechten. Mit der Linken packte sie Tony am Arm und schob ihn vor sich, hinter seiner massigen Gestalt Deckung suchend, aus dem Trailer. Der Kerl hatte – weiß der Teufel woher – in beiden Händen eine Uzi und feuerte aus allen

Rohren. Hinter ihm und Antonella stürmte auch der dritte Typ aus dem Trailer, ebenfalls mit einer Uzi wild um sich schießend. Während draußen ein irrwitziges Feuergefecht ablief, bei dem sich etliche Kugeln ins Wageninnere verirrten, kroch Lupino unter die Bank hinter dem Esstisch, wo er sich wie ein Baby zusammenrollte. Er hörte das Aufheulen eines Motors, zuschlagende Türen sowie quietschende Reifen. Eine letzte Feuersalve, dann war es still.

neun

Die Stille dauerte nicht lange. Lupino wollte gerade unter dem Tisch hervorkriechen, als die Tür des Trailers aufgerissen wurde. Durch das Wohnwageninnere geisterte ein gleißender Lichtstrahl. Eine Gestalt betrat den Wohnwagen, dann noch zwei. Lupino sah nur deren Schuhe: Kampfstiefeln. Nervös zuckte der Lichtstrahl der Taschenlampe durch Raum, dann rief eine Männerstimme mit deutlichem Akzent: „Corneliu! Mach Licht!"

Kurze Zeit später wurde es in dem Trailer wieder hell. Ein vierter Mann betrat den Wohnwagen: „Verbrannt riecht es."

„Verbranntes Fleisch. Donna Antonella hat Steak gegrillt ..."

Kehliges Lachen. Eine andere Stimme, ebenfalls mit Akzent, fragte: „Was machen wir mit den beiden Toten vor der Tür?"

Der einzige Italiener und offensichtliche Anführer der Gruppe antwortete: „Anzünden ... Donna Antonella mag ja Gegrilltes."

Neuerliches Lachen.

Plötzlich ging einer der Kerle in die Knie und leuchtete mit seiner Taschenlampe unter den Tisch – direkt in Lupinos Augen.

„Da liegt einer ... Raus da! Avanti!"

Da Widerstand zwecklos war, kroch Lupino mühsam mit seinen auf den Rücken gefesselten Händen unter Bank und Tisch hervor. Die Kerle, die paramilitärisch gekleidet und mit Sturmgewehren bewaffnet waren, musterten ihn neugierig. Einer griff ihm brutal ins Gesicht und betrachtete interessiert die verbrannte Wange.

„Ahh! La grigliata!"

Gelächter. Der Mann drückte ihm mit den Fingern auf die Wunde, Lupino schrie auf. Der Anführer fragte: „Warum hat die Alte dich gegrillt?"

Lupino zögerte, neuerlich drückte sein Peiniger auf die Wunde. Lupino schrie: „Sie wollte wissen, wer die Bombe gelegt hat!"

Gelächter.

„Und? Hast du es ihr gesagt?"

„Ich war's nicht!"

Neuerliches Gelächter, das aber erstarb, als die Sirenen von Einsatzfahrzeugen zu hören waren. Der Anführer ließ Lupinos Gesicht los und zischte: „Weg hier!"

Er riss die Tür auf und fluchte. Vor dem Trailer hatte sich eine Gruppe von Gaffern versammelt. Pensionisten, die hier auch außerhalb der Saison am Campingplatz wohnten und die nun in Trainingsanzügen oder mit Mänteln über dem Nachtgewand vor dem Trailer standen und glotzten. Einer blendete den Mann in der Tür mit einer starken Handtaschenlampe. Der Anführer drängte sich an ihm vorbei hinaus und schoss mehrfach in die Luft. Worauf sich die Gaffer wie auf Kommando in den Dreck warfen. „Cazzo!", brüllte der

Anführer und lief wild umherschießend in Richtung der angrenzenden Marina. Seine Kumpane folgten ihm. Ein Carabinieri-Wagen schlitterte mit quietschenden Reifen zu dem Trailer, die Türen wurden aufgerissen und die Carabinieri feuerten den vier Flüchtenden nach. Lupino nutzte die allgemeine Verwirrung und schlich sich fort. Er stolperte in die Dunkelheit des Campingplatzes hinein. Plötzlich sah er Licht hinter den Vorhängen eines Wohnwagens. Er pirschte sich heran und atmete auf: Der Wohnwagen hatte eine Grazer Nummer. Österreicher! Vorsichtig klopfte er mit seinem Kopf, die Hände noch immer am Rücken gefesselt, an die Wohnwagentür. Er musste diese umständliche Prozedur zweimal wiederholen, bis die Tür einen Spalt geöffnet wurde, durch den eine ängstlich dreinschauende Frau lugte.

„T'schuldigen gnä' Frau, dass ich stör. Aber es ist ein Notfall ...", raunzte er in bestem Wienerisch. Die Tür wurde sofort geöffnet und die ältere Dame, die einen dicken Frotteebademantel trug, antwortete in besorgtem Tonfall: „Ja was is denn g'schehn?"

Lupino spielte das Unschuldslamm: „Überfallen ham s' mich mitten in der Nacht und g'fesselt ..."

„Um Gottes willen, wer tut denn so was?"

„Na, die Gangster, die geschossen haben."

„Is da vorne was passiert? Mein Mann is nämlich vorgangen. Nachschau'n, was da los is ..."

„Dem is nix passiert. Die Carabinieri sind eh schon da. Könnten S' mir bittschön helfen und die Fesseln durchschneiden?"

„Ja, Sie Armer! Kommen S', ich hol das Nähkistl."

Mit einer scharfen Schneiderschere beendete die freundliche Grazerin Lupinos körperliche Eingeschränktheit. Erleichtert massierte er sich die blut-

unterlaufenen Gelenke. Dann bemerkte sie die Brandwunde in seinem Gesicht und erschrak.

„Was ham S' denn da?"

„A Brandwunde."

„Warten S', ich hol eine Salbe!"

Vor der Tür polterte es, sie wurde aufgerissen und
ein fetter Mittsechziger mit kahlem Schädel und roter
Säufernase kam herein. Verärgert zog er die Augenbrauen zusammen, als er Lupino sah: „Was tuan Sie
denn do?"

„Karl, der Herr ist Österreicher. Stell dir vor, den
ham s' da vorn gefangen gehalten."

„Was? Sie woan bei der Schießerei dabei?"

„Nein, ich hab mich unterm Tisch versteckt. Ich war
ja g'fesselt."

„G'fesselt woan S'?"

„Die ham mich in Grado überfallen und hierher ver-
schleppt!"

„Wollen S' net vorgehen und das den Carabinieri
melden?"

„Gehen S', die Italiener … Die stecken doch alle unter
einer Decke."

„Recht haben S'! Den Katzelmachern darf ma net
traun …"

Seufzend setzte er sich an den Tisch und griff zur
Schnapsflasche.

„Da! Trinken S' was auf den Schock. Is a Grappa, den
brennt ein Freund von mir. Und zeigen S' mir die Wunde da in ihrem G'sicht. I bin nämlich Arzt."

Lupino trank mit dem Mann Schnaps und ließ den
Arzt die Wunde untersuchen.

„Sie haben Glück im Unglück g'habt. Die Verbrennungen sind nur oberflächlich. Erna, schmier ihm
Rescue-Salbe drauf."

Die Frau applizierte Wundsalbe auf Lupinos Wange, dann fragte sie besorgt: „Wie wollen S' denn nach Grado zurückkommen?"

Lupino zuckte mit den Achseln. Die Frau sah ihren Ehegatten an und fragte vorsichtig: „Geh Karl, kannst den Herrn schnell nach Grado fahr'n?"

Der Angesprochene schenkte sich und Lupino noch einen Schnaps ein und murmelte: „Aber ja, fahr ma ..."

Das war das Letzte, was seine Ehefrau von ihm hörte. Denn zehn Minuten, nachdem Lupino im Stadtzentrum von Grado ausgestiegen war, krachte der Arzt mit massiv überhöhter Geschwindigkeit in eine Straßensperre der Carabinieri. Sein Wagen hob ab und landete nach kurzem Flug in einem querstehenden Fahrzeug der Exekutive. Eine Stichflamme schoss in den Himmel, Autotanks explodierten und Karl, der Grazer, fuhr eskortiert von zwei Carabinieri direttissima ins Jenseits.

zehn

Unschlüssig stand er da. Rundum Leere. Die Fußgängerzone von Grado war ausgestorben. Eine gepflasterte Wüste mit grauen, abweisenden Häuserfronten zu beiden Seiten. Hin und wieder huschten Menschen an ihm vorbei. Wenn dies der Fall war, hielt er schamhaft die Hand vor die Wunde an seiner Wange. Sie brannte höllisch. Blut pochte in seinem Schädel. Er gähnte. Eigentlich war er todmüde. Sollte er versuchen, in einem der Hotels ein Bett zu bekommen? Das Grand Hotel hatte sicher einen Nachtportier. Die Versuchung, sich einfach in ein sauberes Bett zu begeben und in einen tiefen, traumlosen Schlaf zu fallen, war riesengroß. Andererseits, war es klug? Sollte er wirklich hier in Grado Spuren hinterlassen? Apropos: Was war mit dem Lieferwagen geschehen? Den musste er Il Piccoletto unbedingt nach Venedig zurückbringen. Alles andere hätte sehr unangenehme Folgen. Lupino begann zu schwitzen. Er steuerte seine Schritte zur Via Caprin. Ob der Wagen sich noch hier befinden würde? Er bog um die Ecke und da stand er! Erleichtert aufatmend kramte er nach dem Fahrzeugschlüssel, öffnete die Tür und schwang sich hinters Lenkrad. Starten, Rückwärtsgang einlegen, zurückschieben, erster Gang, zweiter, vorrollen, nach links abbiegen und dann nichts wie hinaus aus Grado. Weg von hier, nichts wie weg! Das Fahren war grauenhaft, denn die Windschutzscheibe war nicht mehr existent. Doch das war Lupino egal. Vorsichtig und mit höchster Konzentration fuhr er über Cervignano nach Palmanova, wo er auf die Autobahn auffuhr. Nun ließ die Anspannung ein wenig nach. Der Dieselmotor schnurrte. Eiskalter Fahrtwind trieb Lupino den Regen ins Gesicht. Das Nass kühlte, und er empfand es als äußerst angenehm auf der glühend heißen Wunde. Nach und nach überkam ihn bleierne Müdigkeit. Vor der nächsten Mautstation fuhr er rechts ran und machte Pause. Er lief rund um den Wagen, streckte sich, atmete tief durch und tanzte schließlich wie ein Rumpelstilzchen. All das vertrieb den Schlaf. So schaffte er es, gegen 5 Uhr früh über den Damm zurück nach Venedig zu rollen. Wie mit Il Piccoletto besprochen parkte er den Lieferwagen auf dem obersten Parkdeck an der Piazzale Roma. Er kletterte aus dem ramponierten Wagen, dehnte seine Glieder und bemerkte, dass in seiner Hosentasche ein paar Euromünzen und die verdammte Metallhülse klimperten.

elf

Vor Müdigkeit wankend verließ er das Parkhaus. Er musste Il Piccoletto sehen. Getrieben von diesem Gedanken überquerte er auf dem Ponte della Costituzione den Canal Grande. Immer geradeaus lief er zur Stazione Santa Lucia. Er taumelte die breiten Stiegen hinauf zum Bahnhofsgebäude, durch die Geschäftszeilen hindurch, zu den Bahnsteigen. Auf Bahnsteig 14 wartete ein Regionalzug nach Bologna. Mit letzter Kraft stieg er ein, suchte sich einen freien Sitzplatz und schlief sofort ein. Eine Lautsprecheransage und das darauf folgende scharfe Bremsen des Zuges rissen ihn aus dem Kurzschlaf. Er blinzelte und sah draußen die trostlose Kulisse von Mestre. Aufspringen, zur Tür. Der Zug hielt, vor ihm öffnete ein Mädchen, das Doc Martens-Stiefel trug, die Tür. Er stolperte hinter ihr auf den Bahnsteig hinaus. Durch den unterirdischen Verbindungsgang kam er in den Bahnhof von Mestre und von dort auf den Platz davor. Die Via Piave führte ihn schnurstracks ins Zentrum. Unausgeschlafen und groggy wie er war, kotzte ihn die Abgefucktheit Mestres ganz besonders an. Im fahlen Morgenlicht waren die 1950er und 1960er Jahre-Bauten, die die Via Piave säumten, besonders hässlich. Die unzähligen aufgelassenen Geschäfte hatten heruntergezogene Rollbalken, die mit Graffitis beschmiert und mit Postern vollgeklebt waren. Hier kaufte niemand mehr ein. Niemand außer Chinesen, die sich in dieser Tristesse breitmachten. Auf seinem Weg in Richtung Zentrum registrierte er etliche chinesische Lebensmittel- und Elektronikgeschäfte sowie einen chinesischen Friseur. Auf den sauber geputzten Auslagenscheiben dieser Läden prangten fette Schriftzeichen. Lupino fühlte sich plötzlich so unendlich fremd, dass es ihm fast die Tränen in die Augen trieb. Dieses Gefühl verstärkte sich, als er an einem rumänischen Lebensmittelgeschäft vorbeikam, dessen Schaufenster mit den rumänischen Nationalfarben Blau, Gelb und Rot dekoriert waren. Merda! Das hier war nicht mehr Heimat, das war Ausland. Er bog in die Seitenstraße, die Via Giovanni Felisati, ein, wo sich in einem heruntergekommenen Wohnbau aus den 1960er Jahren das Caffè befand, in dem Il Piccoletto untergeschlüpft war. Doch wo war es? Er traute seinen Augen nicht. Wo vor zwei Tagen noch ein Kaffeehausbetrieb geherrscht hatte, waren heute rostige Rollbalken heruntergelassen. Ein Zettel klebte darauf, der in großen Buchstaben Affitasi[6] verkündete. Darunter befanden sich Adresse und Telefonnummer des Immobilienmaklers, der mit der Vermietung des Lokals beauftragt war. Was sollte das? Hatte er das alles nur geträumt? Nervös griff er in die Tasche seiner Jeans. Die Metallkapsel war noch da. Auch das Geld, die zehntausend Euro, hatte er noch in den Taschen. Also war es wahr. Er halluzinierte nicht. Aber wo um Himmels willen war Il Piccoletto? Hatten die Bullen ihn nun doch verhaftet? Oder hatte die Norino-Familie den Capo der Frulanis liquidiert? Lupino fühlte sich völlig allein und verlassen. Schutz- und orientierungslos wie ein unmündiges Kind, das nicht weiterwusste. Tränen rannen ihm herunter. Die salzige Flüssigkeit brannte auf seinem Gesicht. Als er die Tränen abwischen wollte, merkte er, dass die Wunde auf seiner Wange eiterte und nässte. Er suchte eine Fensterscheibe. Was er da sah, gefiel ihm gar nicht. Die Brandwunde hatte sich hässlich verfärbt und war angeschwollen.

---

[6] Zu vermieten

Mit tränenverschleiertem Blick wankte er über die Straße. Ein Auto bremste scharf, der Fahrer schimpfte: „Idiota!"

Doch das kümmerte ihn nicht. Was ihn kümmerte, war Schlaf. Er brauchte dringend Schlaf, sonst würde er verrückt werden. Seine müden Beine schafften es bis zum Bahnhof. In der Wartehalle wimmelte es vor Leuten. Es war warm und gemütlich. Er wartete vergeblich, dass einer der Sitzplätze frei wurde, und so irrte er in dem Bahnhofsgebäude herum und stand plötzlich vor der ehemaligen Bahnhofscaffetteria. Hier hatte er mit seiner Mutter des Öfteren gewartet, bis sie in den Zug nach Wien eingestiegen waren. Die Caffetteria war nun ein Selfservice-Caffè, so wie ein McDonalds. Hunger überkam ihn. Wölfischer Hunger. Er ging zur Kassa, bezahlte zwei Tramezzini und einen Espresso doppio. Der Barista, der ihn bediente, war mürrisch und verschlafen. Er bewegte sich in Zeitlupentempo. Endlich stellte er den Teller mit den Tramezzini vor Lupino auf die Theke. Den ersten stopfte er gierig in sich hinein, kaute, würgte und schluckte. Der nächste folgte unmittelbar nach. Nun stellte ihm die schläfrige Trantüte den Espresso vor die Nase. Mit einem großen Schluck stürzte er die zwei Fingerhut voll Kaffee hinunter und spülte damit die am Gaumen klebenden Reste der Tramezzino-Pampe fort. Plötzlich reagierte sein Kreislauf. Er bekam am ganzen Körper Gänsehaut und schüttelte sich wie ein Hund. Die Leute um ihn herum und der träge Barrista musterten ihn irritiert. Lupino verließ leise rülpsend die Lokalität. Draußen in der Kühle des Morgens türmte sich das Hotel Plaza vor ihm auf. Da er nun wieder klar denken konnte, wusste er, was er zu tun hatte. Schlaf und Batterien aufladen war angesagt. Im Plaza steuerte er auf eine blutjunge Rezeptionistin zu und verlangte, in einem Ton, der keinen Widerspruch duldete, ein Zimmer. Unaufgefordert knallte er ihr seinen Personalausweis sowie hundert Euro auf die Theke. Die Hotelangestellte bekam rote Bäckchen und gab ihm ein Zimmer im 3. Stock. Oben angekommen warf er sich mit einem Seufzer der Erleichterung auf das riesige Bett. Er stank wie ein Iltis. Angewidert riss er sich Kleidung und Unterwäsche vom Körper. Er schlüpfte in einen wohlriechenden flauschigen Hotelbademantel und überlegte: Ein 4-Sterne-Hotel musste eine hauseigene Wäscherei haben. Und so war es. Per Telefon bestellte er den Wasch- und Bügelservice, dem er sein Gewand samt Unterwäsche übergab. Beim Roomservice orderte er, da er schon wieder Hunger hatte, ein Steak, das er, als es endlich serviert wurde, im Handumdrehen verschlang. Inzwischen war die Badewanne voll. Zufrieden seufzend schlüpfte er aus dem Bademantel und versank in einem Traum von heißem Wasser und Schaum. Nicht einmal eine Minute später war er eingeschlafen und schnarchte, dass die Wände zitterten.

Zwei kräftige Hände drückten ihn unter Wasser. Er strampelte und schlug um sich. Auftauchen, Luft schöpfen. Scheißwasser! Überall Wasser! Wie waren die Typen hereingekommen? Wie hatten sie ihn gefunden? Kämpfen. Auftauchen. Oberkörper über den Wannenrand beugen. Husten, röcheln, kotzen. Angespannte Muskeln. Er stemmte sich hoch und schlug um sich. Alles, was er traf, war ein Vorhang. Wo waren die Typen? Er war bereit zu kämpfen. Splitternackt sah er nur seinen schlanken, sehnigen Körper im Spiegel. Die verletzte Wange brannte wie Feuer. Seife in der Wunde. Wo waren die Ärsche? Er rieb sich die Augen, die nun ebenfalls brannten. Allmählich dämmerte ihm, dass er allein war. Völlig allein. Er stand in dem kühlen Seifenwasser der Wanne und fightete mit dem Plastikvorhang. Lächerlich. Er dreht die Brause auf und wusch Wange und Augen gründlich ab. Das Brennen hörte auf. Nun ließ er das warme Wasser auch über den restlichen Körper rinnen. Verdammt angenehm. Er stieg aus der Wanne, drehte das Wasser ab und griff sich ein Badetuch. Noch immer vom plötzlichen Aufwachen benommen, taumelte er ins Hotelzimmer. Auch hier niemand. Er blickte auf die Uhr. Zehn Minuten vor zwölf Uhr mittags. Mordshunger. Er wählte das Zimmerservice und bestellte eine Portion Pasta. Dann holte er sich eine Demi-Bouteille Weißwein aus der Minibar. Nachdem er gegessen und getrunken hatte, warf er sich aufs Bett und drehte den Fernseher an. Augenblicke später war er wieder eingeschlafen.

zwölf

Wen hatte er da engagiert? Einen Amateur? Einen Dilettanten? Fabrizio Norino ging vor seinem Schreibtisch auf und ab und starrte hinaus in den Park der Villa, wo sich an den Ästen der Bäume das allererste Grün zeigte. Dass Silvio Malherbas Bombe nicht Donna Antonella getötet hatte, machte ihn wütend. Gut, die Bombe und der Tod von Donna Antonellas Nichte hatte die Frulanis so geschockt, dass sie schlagartig viele ihrer geschäftlichen Aktivitäten eingestellt und sich zurückgezogen hatten. Wohin? Norino wusste es nicht. Keiner seiner Spitzel konnte ihm diese Frage beantworten. Auch das machte ihn wütend. Wozu bezahlte er diese Leute? Überall saßen sie. In

der Polizia di Stato, bei den Carabinieri, in den Stadt-
verwaltungen von Venedig und Grado, in den Tele-
fongesellschaften und in den Medien. Er zahlte Rie-
sensummen an Bestechungsgeldern. Trotzdem war
der Aufenthaltsort von Donna Antonella und ihren
Vertrauten nicht zu eruieren. Es war zum Aus-der-
Haut-Fahren. Andererseits hatte sich der Anschlag in
Grado und der abrupte Rückzug der Frulani-Familie
bereits positiv aufs Business ausgewirkt. Das Bordell,
das Fabrizio Norino eben erst in der Nähe von Grado
eröffnet hatte, entpuppte sich als Goldgrube. Das Geschäft verlief völlig ungestört. Ohne Quertreibereien
des Frulani-Clans, der einen Callgirl-Ring in dieser
Region betrieb. Es klopfte. Ein Leibwächter und sein
Lieblingsfrisör traten ein. Norino begrüßte den Frisör
mit einem freundlichen Nicken und nahm an seinem
Schreibtisch Platz. Das wöchentliche Fassonieren seiner schulterlangen Mähne stand an. Während der Frisör ein weißes Abdecktuch um Norinos Schultern legte, beugte sich der Leibwächter zu seinem Boss und
flüsterte ihm ins Ohr: „Silvio il Bombardiere wartet
seit fast einer halben Stunde ...“

Norino überlegte kurz. Hatte er Malherba schon
lange genug zappeln lassen? Der Frisör zückte eine
Sprühflasche und befeuchtete Norinos dichtes blondes
Haar. Er kämmte es sorgfältig durch und begann dann
mit dem Schneiden. Norino schloss die Augen, lehnte
entspannt den Kopf zurück und sagte leise: „Malherba
soll eintreten.“

Der Leibwächter führte den Gast herein und wies
ihm einen Stehplatz an der Wand seitlich von Norino
zu. Er selbst blieb als Aufpasser neben ihm stehen. Gemeinsam verfolgten sie nun schweigend, wie Norinos
Haupt verschönert wurde. Schließlich sprach dieser

Malherba an, ohne die Augen zu öffnen oder seine entspannte Sitzposition zu verändern: „Du hast mich enttäuscht, Malherba. Donna Antonella lebt."

Malherba räusperte sich und antwortete mit leiser Stimme: „Ich konnte nicht wissen, dass sie an diesem Morgen nicht persönlich das Geschäft aufsperrt. Leider habe ich nur ihre Nichte erwischt."

„Deine Rechtfertigungen interessieren mich nicht. Faktum ist, dass du deinen Auftrag nicht erfüllt hast."

Malherba wurde nervös und murmelte: „Beim nächsten Versuch klappt es sicher ..."

„Wie willst du das bewerkstelligen? Donna Antonella ist untergetaucht. Kein Mensch weiß, wo sie sich derzeit aufhält."

Malherba schwieg und man hörte nur das leise Klappern der Frisörschere.

„Ich gebe dir noch eine Chance. Es gibt einen engen Freund von Il Piccoletto. Er heißt Wolfgang Severino. Auch Lupino Severino genannt. Liquidiere ihn."

Neuerlich hörte man nur die Frisörschere klappern.

„Informationen über Severino bekommst du von meinen Leuten."

Und nach einer längeren Pause befahl Norino: „Malherba, du kannst gehen."

San Polo

dreizehn

Es bereitete ihm Vergnügen, sich als deutscher Tourist zu verkleiden. Es war nicht nur der Akt des Verkleidens und das Abenteuer, in eine andere Identität zu schlüpfen, es waren die Erinnerungen. An die wunderbare Zeit, die er als Student in München verbracht hatte. Damals hatte Fabrizio Norino vier unbeschwerte Jahre in der bayrischen Metropole genossen. Oft dachte er mit Sehnsucht an diese Zeit zurück, als er fern der Heimat Deutsch und Anglistik studierte. Die Kenntnis der Sprache und des Verhaltens der Deutschen nutzte er nun für seine Ausflüge nach Venedig. Hier im Zentrum des Machtbereichs von Il Piccoletto und seiner Familie trat er nur inkognito auf. Seine Füße steckten in weißen Adidas-Sneakers, darüber ausgewaschene Mustang-Jeans, ein Pullover von Tom Tailor kombiniert mit einer Regenjacke von Tchibo. Auf dem Kopf eine Schirmkappe mit der Aufschrift Hugo Boss. Sein fast schulterlanges dunkelblondes Haar hatte er sich mit einem Gummiring zu einem Pferdeschwanz zusammengebunden. Dazu trug er eine hell getönte Sonnenbrille, auf der ebenfalls Hugo Boss stand. Eine Fälschung, wie man sie hier in Venedig an fast jeder Ecke von Straßenhändlern erwerben konnte. Dazu trug er einen schwarz-rot marmorierten Adidas-Rucksack. In ihm hatte er einen Baedeker Venedig-Führer, eine Kamera, ein Kuvert prall gefüllt mit Geldscheinen sowie eine Glock-Pistole. Für den Fall des Falles. So ausgerüstet schlenderte er vom Parkhaus, wo er seinen Mietwagen geparkt hatte, über die Piazzale Roma, durchquerte den Park Giardini Papadopoli, ging über eine Brücke und schlenderte auf die Kirche San Nicola da Tolentino zu. Er liebte deren beindruckende klassizistische Fassade. Die gewaltigen Säulen faszinierten ihn. Heute herrschte eine ganz besondere Stimmung hier. Die Frühlingssonne verlieh den massiven Säulen der Kirche ein unerwartet zartes Aussehen. Entschlossen griff er in seinen Rucksack, zückte die Kamera und schoss in bester Touristenmanier Fotos. Dann schlenderte er die Calle dei Amai entlang zum Rio delle Muneghe. Er überquerte ihn und hielt sich danach rechts, immer den Hinweisen folgend, die ihn zu dem länglichen Platz führten, an der sich die berühmte Scuola Grande di San Rocco mit ihren unzähligen Tintoretto-Gemälden befand. Vor dem Eingang dieses ehemaligen Spitals und Armenhauses stand eine Gruppe Touristen, die einer mehr schlecht als recht Deutsch sprechenden Italienerin lauschten. Norino grinste beschämt. Er genierte sich für seine Landsleute und deren Unvermögen, eine Fremdsprache einigermaßen gut zu beherrschen. Er selbst war eine Ausnahme. Schon in der Schule brillierte er in Englisch und Französisch, als Freifach hatte er Deutsch belegt. Seine Familie, die stolz auf seine Sprachgewandtheit war, förderte diese Begabung mit Ferienaufenthalten in England, Frankreich und Deutschland. Von all diesen Reisen machte die nach Bayern den größten Eindruck auf den jungen Fabrizio. Deshalb übersiedelte er später nach München. Norino drängte sich durch die wie eine Herde Rinder herumstehenden Deutschen und wandte sich dann nach links. Er ging entlang der Mauern der Frari-Kirche vor zu deren Haupteingang. Ein Blick auf die Uhr zeigte, dass er viel zu früh hier war. Deshalb beschloss er, sich auf der kleinen Piazza einen Kaffee zu genehmigen. Es war ein typisches Touristenlokal, aber der Espresso war in Ordnung. Nachdenklich blickte Norino auf den gewaltigen Ziegelbau der Franziskanerkirche und hatte plötzlich Lust auf ein Bier. In Deutsch gefärbtem Italienisch bestellte er „Un birra, prego! Alla terrazza!“ und setzte sich dann vor dem Lokal an einen der kleinen Tische, die dort aufgestellt waren. Die Sonnenstrahlen lugten hinter der Kirche hervor, und der Kellner servierte ihm ein Glas Löwenbräu. Entspannt saß er da, genoss die milde Wärme der Sonnenstrahlen und beobachtete den immer dichter werdenden Strom an Touristen, der an ihm vorbeizog. Plötzlich hatte er eine Vision: Hier müsste man ein deutsches Bierlokal eröffnen. Eine Franziskaner Birreria vis-à-vis der Franziskanerkirche. Mit Weißwürsten, Schweinshaxe und Reiberdatschi. Er trank sein Bier in kleinen Schlucken und malte sich die Braustube in allen Details aus. Er beschloss, sobald er zurück in Padua war, seine Leute auf dieses Lokal anzusetzen. Mal sehen, ob der Besitzer Schulden hatte, ob er alle Genehmigungen besaß und ob er nicht sowieso auf ein lukratives Übernahmeangebot einzusteigen bereit war. Wenn nicht, würde er Mittel und Wege finden, den derzeitigen Besitzer zu zwingen, das Lokal zu verkaufen. Die Franziskaner Birreria war fixer Bestandteil seiner Zukunftsplanung geworden. Zuvor galt es allerdings, die Macht der Frulanis in Venedig zu brechen. Und dazu musste er nun in die Frari-Kirche. Norino schlenderte ums Eck zum Haupteingang, zahlte drei Euro Eintritt und betrat die dreischiffige gotische Kirche mit ehrfurchtsvollem Schauer. Dieses Bauwerk beeindruckte ihn. Eine gewaltige Gottesburg mit vielerlei Kunstschätzen und prunkvollen Grabmälern. Dieser Sakralbau gehörte für Norino zu den faszinierendsten architektonischen Werken, die er kannte. Hier waren etliche Dogen Venedigs begraben, hier fühlte sich Fabrizio Norino im Kreise Gleichgesinnter. Sie hatten Venedigs Geschicke gelenkt, und er war fest entschlossen, in ihre Fußstapfen zu treten. Gaffend den Touristen mimend, wandelte er durch die Kirche. Vor dem Hauptaltar, den ein riesengroßes Bild schmückte, blieb er stehen. Die von Tizian gemalte Assunta faszinierte ihn: Madonna, im Himmel aufgenommen, empfängt den Glanz und die Herrlichkeit dieses Ortes. Ein Gemälde, das ihn jedes Mal aufs Neue in seinen Bann zog. Bewundernd stand er vor dem Altarbild, beobachtete aber aus den Augenwinkeln die Sitzreihen, die sich rechts hinten im Kirchenschiff befanden. Dort sah er seinen Spion auftauchen. Einen Verräter aus den Reihen der Frulanis, der direkten Zugang zu Il Piccoletto hatte. Vom Altar schlenderte Norino zur Bankreihe, wo sich seine Kontaktperson niedergelassen und ein Kuvert neben sich auf den Sitz gelegt hatte. Norino setzte sich zu dem Platz mit dem Kuvert. Er stellte seinen Rucksack darauf, kramte in ihm herum und ließ dann das mit Euroscheinen prall gefüllte Kuvert auf den Sitz fallen. Nun nahm er das andere Kuvert, verstaute es im Rucksack, schnürte ihn zu, stand auf und verließ schlendernd das Gotteshaus. Er war sehr zufrieden, dass die Informationsübergabe neuerlich reibungslos über die Bühne gegangen war. Der Spion hatte keine Ahnung, wer er war. Er wusste nur, dass ein deutscher Tourist mit einer hellen Boss-Kappe die Kuverts austauschen würde. Dass der Tourist Fabrizio Norino höchstpersönlich war, wusste er nicht. Im Parkhaus an der Piazzale Roma stieg Norino in den Mietwagen ein, riss das Kuvert auf und las den Bericht seines Spions mit Aufmerksamkeit. Was er las, gefiel ihm gar nicht. Il Piccoletto war untergetaucht. Verschwunden.

vierzehn

Lupino verbrachte zwei Tage und zwei Nächte im Plaza. Während dieser Zeit kroch er nur aus dem Bett, um das WC aufzusuchen. Einmal versuchte er, die brutalen Schmerzen zu lindern, indem er seine Wunde mit Wasser kühlte. Mehrmals bestellte er sich Essen aufs Zimmer. Nach jedem dieser Intermezzi taumelte er sofort wieder zurück ins Bett und schlief weiter. Nach dieser Schlafkur fühlte er sich einigermaßen fit. Nun saß er in einem Vorortezug und fuhr zurück nach Venedig. Die Kleidung frisch gewaschen, kein Bart, sorgfältig geföhntes Haar. Er kam sich wieder wie ein normaler Mensch vor. Doch was tat ein normaler Mensch in dieser abnormalen Situation? Il Piccoletto war verschwunden, er hatte dessen Auftrag nicht ausgeführt, aber sein Geld bereits ausgegeben. Porca miseria! Il Piccoletto hatte Menschen schon für wesentlich weniger umbringen lassen. Andererseits gab es die Brandwunde in seinem Gesicht, die er Il Piccolettos Tante zu verdanken hatte. Bevor er in den Zug gestiegen war, hatte er in Mestre in einer Farmazia eine Heilsalbe erstanden. Das Zeug, das er sich auf die nässende Wunde auftrug, prickelte und juckte. Nicht kratzen! Die Metallkapsel hatte er noch immer in der Hosentasche. Wahrscheinlich war, dass Il Piccoletto früher oder später Kontakt mit ihm aufnehmen würde. Hoffentlich schickte er seine eigenen Leute und nicht die Grillmeister, die seine Tante beschäftigte. Trotzdem sollte er sich rückversichern, immerhin hatte er einen Auftrag des Capo nicht erfüllt. Vielleicht sollte er darüber mit seinem Freund Ranieri reden? Natürlich nicht im Detail. Details gingen Ranieri nichts an, aber ganz allgemein. Außerdem würde ihn Ranieri sowieso wegen seines verbrannten Gesichts löchern. Er und Ranieri trafen einander meist in der Osteria seines Beinahe-Schwagers Marcello. Beinahe-Schwager deshalb, weil er Marcellos Schwester Luciana immer noch nicht geheiratet hatte. Nicht, weil Lupino nicht wollte, sondern weil sie sich nicht sicher war. Luciana! Er zückte sein Handy, das nun endlich wieder aufgeladen war, und drückte auf Wahlwiederholung. Endlos läutete es, doch Luciana hob nicht ab. Leider hatte sie keine Sprachbox eingerichtet. Ein Faktum, das Lupino schon oft bemängelt hatte. Seine diesbezügliche Maulerei schmetterte sie immer mit dem Argument ab, dass sie, wenn sie nicht erreichbar sein wollte, eben auch nicht mittels Sprachbox erreichbar war. Ihre derzeitige Unerreichbarkeit erzeugte ein flaues Gefühl in seinem Magen. Ihm war nun klar, dass Luciana sauer war. Okay, er war, überraschend und ohne sie darüber zu informieren, nach Grado gefahren. Schließlich hatte er ja nicht ahnen können, dass dieser kurze Abstecher zu einem mehrtägigen Horrortrip ausarten würde. Auch darüber wollte er mit Ranieri sprechen. Er wählte dessen Nummer und murmelte: „Hallo Ludwig ...“

Commissario Ludovico Ranieri, der als Kind längere Zeit in Deutschland gelebt hatte, holte tief Luft, bevor er Lupino anschnauzte: „Meine Fresse! Wo steckst du, du Schweinehund? Ich habe mir deinetwegen schon Sorgen gemacht!“

„Im Zug von Mestre nach Santa Lucia.“

„Seh'n wir uns in 'ner Stunde bei Marcello?“

„Sì, commissario.“

„Fuck you“, grunzte Ranieri und legte auf. Alles beim Alten, dachte Lupino. Ranieri, der Bulle, hatte sich um ihn Sorgen gemacht. Lupino grinste gerührt. Ranieri war tatsächlich ein Freund.

Er lief die Stiegen vom Bahnhof Santa Lucia hinunter zum Canal Grande und überlegte, ob er noch einen kurzen Abstecher nach Hause machen sollte. Das war nicht notwendig. Also ging er über den Ponte degli Scalzi entlang des Rio Marin nach San Polo, wo sich die Osteria da Marcello befand. Es war wie Heimkommen. Marcello empfing ihn mit einem lakonischen „Salve!" und stellte ihm, ohne zu fragen, ein Glas Raboso auf die Theke. Lupino ließ sich auf dem Barhocker nieder, nippte am Rotwein und atmete tief durch. Gelangweilt sah er sah sich im Lokal um.

„Wo ist Luciana?"

„Beim Arzt."

„Was hat sie?"

„Weiß nicht. Ich glaube, sie ist beim Seelenklempner."

„Beim Psychiater?"

Marcello zuckte mit den Schultern und antwortete lakonisch: „Ist es ein Wunder? Wer mit einem Spinner wie dir zusammenlebt, braucht professionelle Hilfe. Du könntest übrigens auch einmal einen Psychiater konsultieren ..."

„Du hast schon bessere Witze gemacht."

„Weiß ich. Apropos Witz: Du siehst witzig aus. Asymmetrisch. Echt interessant."

„Hoffentlich findet das Luciana auch ..."

„Schöne Frauen lieben hässliche Kerle."

Lupino zuckte mit den Schultern. Marcellos Zynismus berührte ihn nicht. Faktum war, dass sein Beinahe-Schwager ihm seine dreitägige Absenz übel nahm. Hoffentlich reagierte Luciana nicht genauso. Er dachte über Luciana nach und beobachtete gleichzeitig einen Typ neben sich, der wie ein Tourist aussah. Ein kahlköpfiger, stämmiger Kerl, der auf dem Barhocker nervös herumrutschte und Lupino immer wieder von Kopf bis Fuß mit seinen Blicken maß. Außerdem blickte er ständig auf die Uhr. Es gibt schon merkwürdige Vögel, dachte Lupino und orderte ein weiteres Glas Wein. Nur, weil ich eine riesige Brandnarbe im Gesicht habe, muss er mich doch nicht so anstarren. Schließlich stand der Typ auf, verlangte in einem von südlichem Dialekt geprägten Italienisch zu zahlen, starrte Lupino noch einmal an und verließ die Osteria. Lupino schüttelte den Kopf. Dann bemerkte er, dass der Typ seinen Rucksack unterhalb des Tresens liegen gelassen hatte.

„'ey!", schrie Lupino ihm nach und sprang auf. Er stürzte aus der Osteria und sah, wie sich der Kahlköpfige hektisch durchs Gewühl der Touristen drängte. Lupino gab sich einen Ruck und lief ihm nach. Er schrie:

„'ey, Sie haben Ihren Rucksack verges..."

Eine Explosion schnitt ihm das Wort ab. Die Druckwelle warf Lupino sowie alle Passanten im Umkreis zu Boden. Ein Regen von Scherben, Staub und Dreck ging über die am Boden Liegenden nieder. Lupino schützte seine verbrannte Gesichtshälfte so gut es ging. Benommen rappelte er sich auf, gähnte mehrmals, um den Druck in seinen Gehörgang auszugleichen, und sah sich um. Wo sich vor einigen Augenblicken Marcellos Osteria befunden hatte, war jetzt ein rauchendes schwarzes Loch. Marcello! Er stürzte in das völlig verwüstete Lokal. Wo war der Tresen? Er musste sich in dem Chaos orientieren. Dann hörte er leises Stöhnen. Unter den Trümmern der Theke versuchte er vorsichtig Marcellos blutigen, von unzähligen Verletzungen verunstalteten Körper hervorzuziehen. Plötzlich war jemand neben ihm. Ranieri! Stemmte sich gegen die Trümmer. Fluchte. Stemmte sich neuerlich dagegen. Ein Ruck und Lupino hatte Marcello befreit.

„Mannomann", hört er die wohlbekannte Stimme mit deutschem Akzent. „Lass ihn flach am Boden liegen, Wölfchen. Aufheben sollen ihn die Sanitäter. Weiß der Teufel, was Marcello alles gebrochen hat."

Sie zogen Marcellos Körper bis zum Ausgang. Dort beugte sich Lupino über ihn und murmelte ununterbrochen Beruhigendes. Endlich kamen die Ambulanza sowie die Boote der Vigili del fuoco. Ranieri, der vor Ort das Kommando übernommen hatte, befahl den Sanitätern, als Erstes Marcello zu versorgen. Danach sollten sie sich um die überall herumsitzenden und jammernden Touristen kümmern. Nach und nach trafen zwei weitere Ambulanzschiffe, ein Boot der Polizei sowie eines der Carabinieri ein. Der enge Kanal schien fast überzugehen. Die Sanitäter hoben den schwerverletzten Marcello auf eine Bahre und trugen ihn zu ihrem Boot. Bevor sie mit ihm ablegten, drückte Lupino Marcellos unverletzte linke Hand und murmelte: „Durchhalten, Marcello! Es wird schon wieder."

fünfzehn

Nonna Rosa machte, so wie immer, ihre Wohnungstür einen Spalt breit auf. Die alte Frau war nun einmal extrem neugierig. Als sie Lupino sah, der vis-à-vis die Tür seiner Wohnung aufsperrte, krächzte sie: „Ah, Lupino! Buongiorno!"

Lupino, der die Alte seit Jahrzehnten kannte und sehr mochte, winkte ihr freundlich zu. Dabei zeigte er ihr die verbrannte Gesichtshälfte. Sie erschrak.

„Santa Maria! Was ist denn dir passiert?"

Lupino rang sich ein dünnes Lächeln ab und antwortete: „Ein kleiner Unfall. Nichts von Bedeutung."

Lupino winkte ihr nochmals zu und verschwand schleunigst in seiner Wohnung. Nonna Rosa seufzte. Sie kannte Lupino und seine Familie seit Jahrzehnten. Damals, als sie selbst noch eine junge, stattliche Frau und Wolfgang Severino wirklich noch ein Wölfchen war. Nun waren seine Eltern längst verstorben und er ein einsamer, hagerer Wolf. Ein Mann Anfang fünfzig, dessen Haare allmählich grau wurden. Jetzt war er ein Gezeichneter. Einer, dessen Gesicht von einer hässlichen Narbe verunstaltet war. Ob ihn da seine Verlobte noch – wie hieß sie nun? Nonna Rosa dachte angestrengt nach, doch es fiel ihr nicht ein. Ob ihn da seine Verlobte noch haben wollte? Insgeheim hatte sie ja gehofft, dass die beiden ein Kind bekommen würden und sie dessen Ziehgroßmutter werden könnte. Aber diese Hoffnung schwand. Die alte Dame seufzte. Ihre eigenen Enkel, drei an der Zahl, waren mittlerweile längst erwachsen. Einer studierte in Milano, der andere war nach Australien ausgewandert, und die Jüngste hatte selbst zwei Kinder, mit denen sie aber nicht in Venedig, sondern oben im Norden in Udine lebte. Deshalb sah Nonna Rosa ihre Urenkel so gut wie nie. Neuerlich seufzte sie. Hoffentlich war Lupino nicht in eine üble Sache hineingeraten. Menschen, die anderen Menschen solche Narben zufügten, waren gefährlich ...

Sie hörte, dass Lupinos Wohnungstür zugeschlagen wurde. Also eilte sie, so schnell sie konnte, zu ihrer Türe, machte diese, wie immer, einen Spalt breit auf, sah Lupino gerade noch die Stiegen hinunterhasten und rief ihm nach: „Ciao Lupino! Ciao!"

sechzehn

Luciana schwieg. Während der Notoperation ihres Bruders im Ospedale SS. Giovanni e Paolo und auch danach. Die Operation dauerte über drei Stunden. In dieser Zeit gingen Luciana und Lupino in den uralten, zum Teil baufälligen Gängen des Spitals unruhig auf und ab. Als schließlich klar war, dass Marcello die Operation gut überstanden hatte, brachte Lupino die geliebte Frau in ihre Wohnung, wo er auch die Nacht über blieb. Und das war gut so, denn Luciana hatte einen nervlichen Zusammenbruch. Sie schlief eine Nacht und einen halben Tag fast ununterbrochen durch. Während dieser Zeit kümmerte sich Lupino intensiv um sie. In der Früh, als sie kurz aufwachte, kochte er ihr Kaffee, fütterte sie mit Brioche und eilte, da sie etwas Frisches wollte, zum Schiff des Grünzeughändlers, der seinen Bootsladen bei der kleinen Brücke an der Fondamenta Gherardini verankert hatte, und kaufte Frisée-Salat, Datterini, etwas Paprika und eine kleine Fenchelknolle. Daraus machte er einen wunderbar fruchtigen Salat, den Luciana mit Appetit aß, bevor sie für weitere sechs Stunden in den Tiefschlaf abtauchte. Während dieser Zeit besuchte Lupino seinen Beinahe-Schwager im Spital. Marcello, dem es nach der Operation erstaunlich gut ging, begrüßte ihn mit folgendem Scherz: „Ave Lupino! Morituri te salutant!"[7]

Dieser Scherz war insofern passend, da Marcello nicht alleine war. An seinem Bett saß Gino, der Koch der Osteria. Er hatte einen dicken, weißen Kopfver-

---

[7] Hallo Wölfchen! Die Todgeweihten begrüßen dich!

band und eine verbundene linke Hand. Gino nickte heftig und stotterte: „Mmo... mmm... morituri te sa... salutant ...“

Zurück in Lucianas Wohnung machte er ihr neuerlich Kaffee, holte frische Brioche vom Bäcker und versuchte sie, so gut es ging, zu verwöhnen. Luciana war außergewöhnlich ernst. Nachdem sie gefrühstückt und geduscht hatte, begann sie plötzlich zu sprechen: „So kann es nicht weitergehen.“

„Was meinst du?“

„Du bist ein verdammter Egoist. Und ein Egozentriker dazu.“

„Ein Egozentriker?“

„Du nimmst einen Job an, sagst kein Wort, hinterlässt keine Nachricht und verschwindest. Plötzlich bist du wie vom Erdboden verschluckt. Drei ganze Tage warst du einfach weg. Hast dich nicht gemeldet. Ich bin fast verrückt geworden vor Sorgen.“

„Ich liebe dich.“

„Wenn man jemanden liebt, verhält man sich nicht so.“

„Aber ich hab doch nichts Böses gemacht! Ich hab nur einen Job angenommen. Schließlich bin ich Privatdetektiv.“

„Einen Job angenommen? Schau dich in den Spiegel! Du wärst fast verbrannt.“

„Jetzt übertreibst du. Das ist alles halb so ...“

„Sei un asino, uno stupido!“[8]

„Sei nicht gemein.“

---

[8] Du bist ein Esel, ein Blödmann!

„Wenn ich gemein wäre, würde ich mir keine Sorgen machen. Aber ich bin leider nicht gemein."

„Du bist wunderbar. Ich liebe dich."

Luciana schossen die Tränen in die Augen. Lupino versuchte, sie zu umarmen, doch sie löste sich von ihm. Sie machte einige Schritte zurück, griff zu ihren Zigaretten, zündete sich eine an und sagte dann leise: „Wenn du mich wirklich liebst, dann verschwindest du aus meinem Leben."

siebzehn

Was war da los? Was war geschehen? Warum hatte Luciana ihn aus ihrer Wohnung hinausgeschmissen? Mit einer Reisetasche in der Hand taumelte er durch den Dorsoduro. Er war vollkommen benommen. Als ob ihn seine Verlobte oder besser gesagt seine Ex-Verlobte unter Drogen gesetzt hätte. Nein, es war keine Droge, es war pures Gift. Giftige, böse Bemerkungen, leise vorgebracht. Das hatte wirklich weh getan. Wenn Luciana wenigstens getobt und ihm einen Teller an den Schädel geworfen oder ein Glas Wasser ins Gesicht geschüttet hätte, wäre alles viel einfacher für ihn gewesen. Da hätte er zurückgeschrien und vielleicht auch mit irgendwas nach ihr geworfen. Doch es gab keine Szene, keinen Wutanfall, kein Drama. Es gab nur eiskalte Ablehnung. Leise und bestimmt vorgetragen. Emotionslos hatte sie ihm eine Reisetasche gebracht und seine Sachen eingepackt. Die Tasche hatte sie wortlos vor ihre Haustür gestellt und die Tür offen gelassen. Während er völlig überrumpelt dasaß und dumm aus der Wäsche schaute, war Luciana im Bad verschwunden und hatte hinter sich die Badezimmertür abgesperrt.

Von drinnen ertönte das Rauschen des Wassers, das die Badewanne füllte. In einem Anfall von Trotz dachte er sich: D'accordo! Wenn das so ist, dann gehe ich. Voll Wut und gekränktem Stolz knallte er hinter sich die Wohnungstür zu, packte die Reisetasche und ging. Er stürmte aus dem Haus. Weg von hier! Eine Woge von Abneigung und Hass schwappte durch seine Gedanken. Nein, er würde sich nicht erniedrigen lassen und auf den Knien betteln. Soll sie doch sehen, wo sie bleibt! Er würde auch ohne Luciana leben können. Hatte ja auch Jahrzehnte lang ohne sie geklappt. Er würde abends wieder mehr ausgehen. Junge Touristinnen, die alleine oder zu zweit unterwegs waren, gab es genug. Einen flotten Dreier machen, das wäre doch was! Am Campo San Barnaba hielt er inne. Wohin rannte er überhaupt? Zu sich nach Hause? Aber eigentlich wollte er das nicht. Jetzt in die leere, seit Wochen nicht benützte Wohnung zu kommen, reizte ihn gar nicht. Er musste etwas trinken. Sofort. Ein Glas Wein. Alkohol. Und so wendete er sich nach rechts und betrat die Bar Ai Artisti. Ein Lokal, in dem er früher öfters verkehrte. Mann, eigentlich hatte er auf Abenteuer überhaupt keine Lust.

„Ciao Lupino!"

Die dunkelhaarige, langmähnige Barfrau lächelte ihn an.

„Un Raboso?"

Lupino nickte, nahm das Weinglas und stellte sich an das Tischchen, das sich an den Fenstern der Bar befand. Gianna, die Barfrau, grinste ihn an, und Lupino konnte nicht umhin, ein gewisses Maß an Ekel zu empfinden, als er daran dachte, dass er mit ihr einst in die Kiste gehüpft war. Gott oh Gott! Ihre nackten Arme waren jetzt über und über tätowiert. Früher hatte sie nur ein Arschgeweih und ein Unterschenkel-Tatoo.

Überhaupt sah sie ein klein wenig verkommen aus. Wie gepflegt und feminin war Luciana dagegen! Und plötzlich hörte er leise aus dem Hintergrund Miles Davis' Trompete. Draußen strömten Touristinnen vorbei, er nahm einen Schluck Wein, und Einsamkeit kroch in ihm hoch. Kind of Blue, dachte er sich, und eine große Leere griff mit ihren kalten Fingern nach seinem Herzen. Jetzt werde ich auch noch sentimental. Was war los? Er betrachtete sich im Spiegelbild der Fensterscheibe und sah einen hageren Endvierziger mit ehemals dunklem, jetzt silbermeliertem, etwas zu langem Haar. Stoppeliger Dreitagesbart, Nase wie ein Raubvogel und traurige, müde Augen. Abgefuckt. Ziemlich abgefuckt siehst du aus, mein Freund. Sagte er in Gedanken zu seinem Spiegelbild, das ihm dafür ein trauriges Lächeln schenkte. Dann nahm der Typ, den er da im Fenster sah, einen Schluck Wein. Wieso schmeckte der heute nicht? Hatte Luciana ihm seine Geschmacksnerven zerstört? Oder war er einfach generell nervlich am Ende? Sein Spiegelbild runzelte die Stirn. In seine Wangen hatten sich tiefe Falten eingegraben. Du siehst ganz schön scheiße aus, caro amico. Ekelhaft war auch der Wein. Er brauchte was Stärkeres, das seinen Gaumen aufweckte und seine Sinne anregte. Er rief Gianna zu, dass er einen Kaffee und einen Grappa wolle. Sie nickte lächelnd und servierte ihm das Bestellte sogar. Ungewöhnlich für dieses Lokal. Normalerweise holten sich die Gäste ihre Getränke an der Bar. Ungewöhnlich war auch, dass sich Gianna an ihn schmiegte. Lupino versuchte, nicht zu erstarren. Der warme Frauenkörper irritierte ihn. Er roch Giannas Parfüm – vermischt mit leichtem Tabakgeruch und ihrer Körperausdünstung. Trotz seiner mentalen Abwehr keine unangenehme Mischung. Sein Körper reagierte, und er spürte die

Erregung. Dann überfiel ihn Sehnsucht. Nicht nach Sex, sondern nach Vertrautheit, Nähe und Geborgenheit. Gianna schlenderte lächelnd zurück hinter den Tresen, und ihm erschien in der spiegelnden Glasscheibe Lucianas Gesicht als Vision. Entspannt, weich, liebens- und begehrenswert. Tränen schossen in seine Augen. Voll Verzweiflung kippte er den Grappa in seinen Schlund, goss den Espresso nach, schüttelte sich, rülpste leise, knallte Gianna einen 20-Euro-Schein auf die Theke und taumelte, sich an die Reisetasche klammernd, aus der Bar hinaus.

achtzehn

Verwirrt und verärgert drängte sich Lupino durch die Menschenmassen. Sie alle spazierten entlang des Haupttrampelpfades, der vom Dorsoduro, wo Luciana wohnte, nach San Polo führte. Diese verdammten Touristen gingen ihm heute mehr denn je auf die Nerven. Grundlos blieben sie an jeder Ecke stehen, machten beschissene Selfies, gafften, redeten oder versorgten ihre Kinder. Am liebsten taten sie das an besonders engen Stellen. Heute kannte Lupino kein Erbarmen. Wie ein Footballspieler rempelte er sich durch das Gewühl. Endlich war er bei seinem Haus angekommen. Verschwitzt und müde stapfte er die Treppe in den zweiten Stock hinauf. Dort stutzte er. Wieso stand die Tür von Nonna Rosas Wohnung sperrangelweit offen? Was waren das für dumpfe Schlaggeräusche und unterdrückte Schreie? Lupino stürzte in die Wohnung und sah vor sich den kahlköpfigen Kerl, der die Rucksackbombe in Marcellos Osteria platziert hatte. Er prügelte mit Nonna Rosas Gehstock auf die am Boden liegende Frau ein.

In einem Anfall von blinder Wut schnappte Lupino den nächsten Sessel und drosch ihn dem Kahlköpfigen auf den Schädel. Der wankte und sah Lupino erstaunt an. Sekunden später landete der Sessel krachend in seinem Gesicht. Der Kahle ging, einen Schmerzensschrei ausstoßend, zu Boden. Lupino beugte sich zu der alten Dame hinunter. Sie wimmerte leise und krümmte sich vor Schmerzen. Lupino zückte sein Handy. Zuerst rief er die Ambulanz an, dann seinen Freund Ranieri.

„Ludwig, komm bitte rasch!"

„Nun mach mal halblang."

„Komm bitte! Ich habe gerade den Bombenleger überwältigt."

„Den Bombenleger?"

„Von Marcellos Osteria."

„Den hast du überwältigt?"

„Niedergeschla..."

Ein Holzstück des Sessels krachte auf Lupinos Schädel, das Handy glitt ihm aus der Hand. Instinktiv rollte er zur Seite. Der nächste Schlag traf ihn nicht. Verschwommen sah er den Kahlen ein abgebrochenes Sesselbein schwingen. Lupino trat gegen sein Knie. Sein Gegner schrie auf und versuchte, ihn neuerlich zu treffen. Lupino rollte in ein Eck, rappelte sich auf und griff nach einem weiteren Sessel. Der Kahle drehte um und humpelte aus dem Zimmer. Das schnelle Aufstehen machte Lupino schwindlig. Er musste sich anhalten. Verlor wertvolle Sekunden. Taumelte aus der Wohnung. Hörte die Schritte des Anderen im Stiegenhaus. Tapste die Stiegen hinunter. Hinaus auf die Straße. Vor sich eine dichtgedrängte chinesische Reisegruppe, alle mit weißem Mund- und Atemschutz. Sein Schädel dröhnte. Ihm wurde plötzlich übel. Alles verschwommen. Sein Magen krampfte sich zusammen und er übergab sich.

neunzehn

„Porca miseria! Porca puttana! Ich hätte besser aufpassen müssen. Ich Idiot! Nie hätte er mich so überraschen
dürfen. Von hinten! Wie einen Anfänger hat er mich
ausgeschaltet."

Halblaut mit sich selber hadernd humpelte Silvio
Malherba unter großen Schmerzen zu der Pension, in
der er ein Zimmer gemietet hatte. Wolfgang Severino,
dieser Saukerl, hatte ihn am Knie ernsthaft verletzt.
An der Rezeption der Pension bestellte er einen Kübel mit Eiswürfeln und zusätzliche Handtücher. Oben
auf seinem Zimmer packte er dann sein Knie in Eis
und Handtücher ein. Da er die Rollläden bis auf einen
kleinen Spalt heruntergelassen hatte, lag er nun im
Halbdunkel und überlegte. Würde Severino seine Wohnungstür öffnen und von der Bombe zerrissen werden?
Wahrscheinlich nicht. Schließlich hatte die verdammte
Alte ihm beim Bauen der Sprengfalle zugesehen. Ein
Jammer, dass sie nicht tot ist. Sie würde Severino war-
nen, und die Polizei würde die Bombe entschärfen. Porca miseria! Severino würde wieder untertauchen, und
er müsste ihn neuerlich aufstöbern. Er musste Wolfgang Severino liquidieren. Dieser Schweinehund hatte
verdammt viel Glück gehabt. Warum hatte er nicht den
Rucksack geschnappt und war ihm mit dem Rucksack
aus der Osteria nachgerannt? Dann wäre Severino nun
schon seit über 24 Stunden tot. Damit wären alle glücklich. Seine Auftraggeber, die Menschen, die sich in der
Osteria befunden hatten, und natürlich auch er, Silvio
Mahlherba. Er hätte den Job abrechnen und zurück
in seine süditalienische Heimat reisen können. Dieser
Schweinehund, dieser Sauhund! O, wie er diesen Kerl
hasste! Warum hatte er nur so einen massiven Schädel.

Ein anderer hätte nach dem Schlag glatt einen Schädel-basisbruch gehabt. Ja, er hatte mit aller Kraft auf Se-verinos Kopf hingedroschen. Und trotzdem krepierte diese Kreatur nicht. Malherba bebte vor Zorn. Gleich-zeitig erinnerte ihn sein brummender Schädel und der permanent stechende Schmerz im Knie an die Verlet-zungen, die ihm Severino verpasst hatte. Porca mise-ria! Er musste aufstehen und diesen Severino finden. Er beherrschte Wut und Schmerz und dachte nach. Er musste zur Wohnung Severinos. Dort und nur dort hat-te er eine kleine Chance, ihn wiederzufinden und zu liquidieren. Ob der Sprengsatz, den er an Severinos Tür befestigt hatte, explodiert war? Falls die Alte Severino nicht gewarnt hatte, bestand immerhin die Möglich-keit, dass Severino in tausend Stücke zerfetzt den Gang und die Stiegen seines Wohnhauses dekorierte. Darü-ber musste er sich Klarheit verschaffen. Wenn dem so war, hatte er seinen Job erfüllt. Mit diesem tröstlichen Gedanken im Kopf schlief er ein. Er erwachte, als es draußen schon dunkel war.

zwanzig

Mit zusammengebissenen Zähnen drängte er sich hum-pelnd durch das Touristengewühl zur nächsten Apo-theke. Er musste es unbedingt noch vor 19:30 schaffen! Kurz vor Geschäftsschluss taumelte er schließlich in die Apotheke. Vor ihm etliche Kunden. Als er endlich an die Reihe kam, verlangte er eine elastische Kniestütze. Direkt in der Apotheke zog er sich das Hosenbein hoch, den Schuh aus und applizierte den Stützverband an sei-nem lädierten Knie. Es sah schrecklich verschwollen aus. Als die Apothekerin, in der nun leeren Apotheke, die Schwellung sah, riet sie ihm, eine schmerzlindernde Salbe aufzutragen. Malherba kaufte eine Tube und schmierte sich vor Ort das Knie ein. Dann zog er die elastische Stütze darüber. Das Hosenbein wurde hinuntergekrempelt, er schlüpfte in den Sneaker und stand auf. Tatsächlich. Das Knie schmerzte nun etwas weniger. Er zahlte, bedankte sich und humpelte aus der Apotheke. In Windeseile hinkte er zu Severinos Wohnhaus, dessen Eingang sich direkt an einem der Haupttrampelpfade befand, die von der Piazzale Roma zum Rialto führten. Bevor er in das Haus hineinging, hielt er inne. Er zündete sich eine Zigarette an und wartete an die Mauer gelehnt, ob er von drinnen etwas Außergewöhnliches hörte oder sah. Ob hier Bullen oder Tatortspezialisten am Werk waren. Nachdem er eine weitere Zigarettenlänge gewartet hatte, sah er auf die Uhr. Es war 20:39. Malherba öffnete die Haustür und trat ein. Alles war still und friedlich. Okay, offensichtlich war die Sprengfalle nicht explodiert. Wie eine Katze schlich Malherba im Dunkel des Stiegenhauses hinauf in den zweiten Stock. Er befühlte Severinos Wohnungstür und registrierte, dass die Sprengfalle sachgerecht entschärft und entfernt worden war. Ohne zu zögern ging er zur Tür der Alten, zückte den Schlüssel, der ihr vor Stunden bei seinem Überfall zu Boden gefallen war und den er damals geistesgegenwärtig aufgehoben und eingesteckt hatte. Vorsichtig sperrte er auf und trat ein. Auch hier drehte er kein Licht an, sondern untersuchte die Wohnung im Dunklen. Niemand war da. Er atmete erleichtert auf. Die Alte lag wahrscheinlich im Spital und würde so bald nicht wiederkommen. Das vereinfachte die ganze Angelegenheit. Er schob einen bequemen Fauteuil sowie einen Fußschemel zur Tür und machte es sich gemütlich. Das malträtierte Bein lagerte er hoch, nuckelte an einer Mineralwasserflasche und kaute genüsslich Kekse. Beides hatte er in der Küche der Alten gefunden. Er nahm seine Beretta 92 FS aus dem Hüfthalter, überprüfte sie und applizierte mit geübten Handgriffen den Schalldämpfer. Das Warten auf Severino hatte begonnen. Kurze Zeit später schlief er tief und fest ein.

einundzwanzig

Als Lupino die Augen aufschlug, beugte sich gerade ein Sanitäter über ihn und untersuchte die Platzwunde an seinem Hinterkopf. Lupino wollte aufstehen. Der Steinboden, auf dem er lag, war unangenehm kalt. Kälte, die in alle seine Glieder kroch. Doch der Sanitäter drückte ihn nieder und bat ihn, auf den Arzt zu warten. Endlich kam der Arzt. Er machte mit Lupino verschiedene Tests und untersuchte ihn. Er fragte nach Lupinos Erinnerung und nach dem Tathergang. Als Lupino alles problemlos erzählen konnte, seufzte der Arzt zufrieden: „Es ist nur eine Gehirnerschütterung und eine Platzwunde."

Der Sanitäter schüttete Jod auf die Wunde und Lupino schrie auf. Der Sanitäter kommentierte den Vorgang ungerührt: „Das brennt ein bisschen. Un poco ..."

Dann verklebte er die Wunde mit einem Pflaster. Er half Lupino beim Aufstehen, rundum eine dichte Menge von gaffenden Touristen. Allerdings keine angekotzten Chinesen. Die waren verschwunden. Lupino stand auf wackeligen Beinen. Der Sanitäter half ihm zu den Stiegen. Dort hielt er sich am Geländer fest und stieg langsam die Treppe hinauf. Bereits im ersten Stock wurde er aufgehalten.

„Che c'è?"

„Die oberen Stockwerke sind gesperrt."

„Perché?"

„An einer Tür ist eine Sprengfalle angebracht. Die wird gerade von einem Fachmann entschärft."

„Cazzo!", fluchte Lupino, ließ sich auf einer Stufe nieder und wartete. Schließlich kam ein ganzer Pulk Polizisten mit Ranieri an der Spitze heruntergetrabt.

„Ah, da bist du ja Wölfchen ..."

„Ludwig, ich hab keinen Sinn für deine Späßchen. Ich möchte in meine Wohnung!"

„Das dauert noch. Oben arbeiten gerade die Experten von der Bombenentschärfung. Sicherheitshalber räumen wir das Haus."

Lupino stand auf, ihm wurde schwindlig. Ranieri packte ihn beim Arm, stützte ihn und murmelte: „Mensch Wölfchen, du hast ja ganz schön was abbekommen ..."

Die übrigen Hausbewohner folgten der Räumungsaufforderung durch die Polizei schimpfend und zeternd. Auf der Straße unten lehnte sich Lupino an die nächste Hausmauer und schloss die Augen. Alles drehte sich. Zum Glück gab es die kräftige Hand Ludovico Ranieris, die ihn stützte. Nach einigen Minuten legte sich das Schwindelgefühl, und plötzlich verspürte er rasenden Hunger.

„Ludwig, ich muss was essen, sonst kippe ich um."

Ranieri sah seinen Freund prüfend an, was er sah, gefiel ihm gar nicht. Lupinos Gesicht war käseweiß, das dunkle Haar stand ihm verschwitzt vom Kopf, und der große weiße Klebeverband am Schädeldach unterstrich seinen devastierten Eindruck.

„Na gut. Gehen wir vor auf den Campo San Giacomo dall'Orio eine Kleinigkeit essen."

Ranieri gab seinen Leuten Anweisungen, packte Lupino am Oberarm und verschwand mit ihm in der Menschenmenge. Der Kommissar hatte ein bestimmtes Lokal am Ende des Platzes anvisiert. Plötzlich zuckte Lupino zusammen und blieb stehen.

„Ist dir nicht gut?"

Lupino schüttelte den Kopf und flüsterte: „Das sind die Typen, die mich in Grado umbringen wollten."

„Von wem sprichst du?"

„Siehst du die drei durchtrainierten Kerle dort drüben?"

„Ja. Und?"

„Das sind Rumänen. Sie haben das Wohnwagenmassaker in Grado zu verantworten."

„Bist du dir sicher?"

„Ganz sicher. Diese Visagen vergess ich mein Lebtag lang nicht mehr."

Ranieri nötigte Lupino weiterzugehen. Im Gehen zückte er sein Handy und rief Ispettore Silvana Viti an, die noch vor Lupinos Haus war. Er erhielt die erfreuliche Mitteilung, dass die Bombe entschärft werden konnte. Und dass die Polizisten gerade dabei waren, ins Kommissariat zurückzukehren. Ranieri beorderte Viti sowie vier weitere Polizisten zu sich auf den Campo San Giacomo dall'Orio. Lupino verschlang inzwischen mit wölfischem Appetit einen Teller Rohschinken. Ranieri trank einen doppelten Espresso und überlegte, wer wohl dieser weißhaarige, kahlköpfige Herr in der Strickjacke gewesen war, der vorhin auf der Terrasse gesessen hatte, als er mit Lupino ins Innere des Lokals gegangen war. Der alte Mann erinnerte ihn an ein bekanntes Gesicht. Doch Ranieri konnte partout nicht zuordnen, wem er ähnlich sah.

Santa Croce

zweiundzwanzig

Salvatore Bassetto fror. Nervös fingerte er aus seiner Barbour-Jacke ein Päckchen Zigaretten und zupfte mit klammen Fingern einen Glimmstängel heraus. Dann holte er das kalte Metall seines Zippo aus der Wärme der Jackentasche, metallisches Klicken erklang, die Flamme flackerte auf und entzündete den Tabak. Tief inhalierte er den ersten Zug. Es schmeckt doch wirklich nichts besser als der erste Zug einer Zigarette an einem dunklen, kalten Wintermorgen. Bassetto entspannte sich. Statt wie zuvor nervös hin und her zu gehen, verharrte er nun am Rande der Piazzale Roma, atmete Zigarettenrauch und hin und wieder Autoabgase ein und ließ seinen Blick umherschweifen. Es war noch nicht wirklich viel los hier am Autobusstandplatz und bei den Einfahrten in die Parkhäuser. Einige Linienbusse kamen vom Damm her an. Die Dieselabgase stanken in der kalten Nachtluft besonders scheußlich. Ein Bus, der rechter Hand von ihm stand, startete. Eine Abgaswolke hüllte Bassetto ein. Im Inneren des Busses erlosch das Licht, und er rollte langsam in Richtung Mestre. Bassetto hustete. Dann sah er sie. Eine Gruppe dunkel gekleideter Gestalten kam eiligen Schrittes auf ihn zu. Bassetto ließ die Zigarette zu Boden fallen und trat sie aus. Im Zentrum der Gruppe waren zwei Frauen. Beide umarmten und küssten ihn. Ihre Begleiter blickten sich nervös um. Dann eskortierten sie Bassetto und die beiden Frauen in eines der Parkhäuser. Sie fuhren mit dem Lift in das oberste Stockwerk, wo nur wenige Autos parkten. Dort folgten sie Bassetto zu einem schwarzen Porsche Cayenne. Bassetto betätigte die Fernbedienung. Einer der Männer, der zwei große Koffer schleppte, verstaute diese im Kofferraum, während sich die anderen misstrauisch auf dem Parkdeck umsahen. Schließlich öffneten zwei der Männer die Fondtüren des Porsches. Die jüngere Frau stieg ein, die ältere deutete auf die Beifahrertür, die ihr umgehend geöffnet wurde. Bassetto instruierte den riesenhaften Anführer der Gruppe: „Piero, du schickst jetzt deine Männer hinunter. Ihr checkt die gesamte Piazzale Roma. Wer immer sich verdächtig verhält, wird liquidiert. Schalldämpfer habt ihr ja alle?"

Piero nickte grunzend und machte sich auf in Richtung Lift. Bassetto rief ihm nach: „Ich warte drei Minuten, dann fahren wir."

Piero, der inmitten seiner Männer im Lift stand, nickte. Die Lifttür schloss sich, Bassetto stieg in den Cayenne ein und fragte mit einem gequälten Lächeln: „Tutto bene?"

Die Frau auf dem Beifahrersitz nickte und murmelte: „Tutto bene …"

Das Mädchen auf dem Rücksitz verzog verärgert das Gesicht, murmelte einen Fluch und setzte sich Kopfhörer auf.

„Was ist los mit Adriana?"

„Sie wollte zuerst gar nicht mitkommen. Erst als ich ihr gedroht habe, dass Piero ihr eine Spritze geben und sie bewusstlos mitnehmen würde, hat sie Ruhe gegeben."

„Sie ist doch immer gerne ins Ausland gereist …"

„Auf Urlaub, ja. Das war alles geplant, und sie wusste, dass sie in zwei oder drei Wochen zurückkommen würde."

Bassetto verstand, zog es aber vor, keinen Kommentar abzugeben. Er startete den Motor und rollte langsam den Uscita-Hinweisen folgend zur Abfahrtsrampe.

„Wo bringst du uns hin?"

„Hat dir Piersandro nichts gesagt?"

„Wir haben nur ganz kurz telefoniert. Er klang gehetzt. Unter Druck. So habe ich ihn noch nie reden gehört."

„Die ganze Familie ist unter Druck. Unter mächtigem Druck."

„Wo bringst du uns hin, Salvatore?"

„Nach Milano, Malpensa."

„Wir fliegen fort? Wir verlassen Italien?"

„So hat Piersandro entschieden."

„Und wohin fliegen wir?"

„Das hat er mir nicht gesagt."

„Wieso?"

„Wenn sie mich schnappen, weiß ich es nicht. Selbst wenn sie mir sämtliche Zähne einschlagen und alle Finger abschneiden, ich kann es ihnen nicht verraten. Weil ich es schlicht und einfach nicht weiß."

„Steht es wirklich so schlimm um unsere Familie?"

„Schlimm?" Bassetto lachte bitter. „Im Moment ist es schlimmer als schlimm."

dreiundzwanzig

Er war ein kleiner Mann. Mit hängenden Hamsterbacken und großem Bauch. Die Osteria hatte er von seinem Vater geerbt, der sein ganzes Leben als Wirt hinter dieser Theke verbracht hatte. Er, als einziges Kind des Wirtsehepaars, hatte damals in dem kleinen Speisesaal serviert, während seine Mutter typisch venezianische Gerichte wie Fritto misto oder Baccalà in der Küche zubereitete. Als der Sohn Jahre später, damals hatte er noch keine Hamsterbacken gehabt, das Lokal übernahm, hatten sich die Zeiten geändert. Fritto misto und Baccalà waren nicht mehr gefragt, dafür aber

Pizza. Also machte der kleine Mann einen Schnellsiedekurs bei einem Bekannten in Neapel. Dort lernte er das Teigmachen, das kunstvolle Fabrizieren der Fladen, das Belegen und Backen. Im Prinzip alles sehr simpel und einfach. Um eine gute Pizza aufzutischen, musste man nicht kochen können. Man musste nicht einmal einen guten Geschmackssinn haben. Denn die Welt der Pizza war genormt und überschaubar: Auf dem flachen, ausgekneteten Teig wurde ein Fundament von Tomatenpampe und Käse gelegt. Darauf kamen dann Salami, Schinken, Speck, Thunfisch, Sardellen, Oliven, Kapern, Zwiebeln oder noch mehr Käse. Das war's. Irgendwann um die Jahrtausendwende nahm die Zahl der Vegetarier sprunghaft zu, und so bot der kleine Mann mit den Hamsterbacken nun auch eine Spinatpizza an. All die Teigfladen backte er in einem Elektroofen, der im Gegensatz zu einem richtigen Holzofen viel Arbeit und Ärger ersparte. Seiner touristischen Kundschaft war das egal. Ihre von McDonalds und Burger King verdorbenen Geschmackspapillen merkten solche Unterschiede nicht. Sie futterten Pizza und tranken Löwenbräu. Löwenbräu? Ja, der kleine Mann war Pragmatiker. Seit ein Vertreter dieser deutschen Brauerei bei ihm erschienen war und ihm sensationelle Konditionen unterbreitet hatte, zapften seine beiden Söhne, die abwechselnd hinter der Theke Dienst taten, Löwenbräu statt Peroni.

Das Leben hatte ihn gelehrt, pragmatisch zu sein. Nur so war Zufriedenheit möglich. Ruhe und Zufriedenheit, daran dachte er, als er mit beiden Unterarmen tief im Teig steckte und diesen kraftvoll knetete. Es war 8:30, und Venedig schlief noch. Rundum herrschte wundervolle Ruhe, manchmal unterbrochen vom kreischenden Lachen der Möwen. Der kleine Mann liebte diese Morgenstunden, in denen er in der Küche seines Lokals den Teig für den nächsten Tag vorbereitete. Ja, guter Pizzateig brauchte Zeit und Ruhe. Genauso wie ich, dachte er. Ruhe und ... weiter kam er nicht, denn die Hintertür wurde aufgerissen. Ein riesiger Kerl stürmte herein. Der kleine Mann riss abwehrend die teigverklebten Hände in die Höhe und schrie: „Aiuto! Ai...[9]"

Der Riese schleuderte ihn an die Wand. Warf sich mit seinem ganzen Gewicht auf ihn. Der aufgerissene Mund des kleinen Mannes bekam den Kalk der Küchenwand zu schmecken.

„Taci!", murmelte der Riese. „Sono tuo cognato."[10]

Der Riese ließ ihn los. Der kleine Mann mit den Hamsterbacken wischte sich die mit Mauerkalk vermischte Spucke vom Gesicht. Und dann sah er den, den er gehofft hatte, nie mehr in seinem Leben sehen zu müssen: seinen Schwager Piersandro, genannt Il Piccoletto.

vierundzwanzig

„Madonna mia ...", stöhnte der kleine Mann. „Hast du mich erschreckt."

Piccoletto schmunzelte amüsiert, während er ihn musterte. Behutsam legte er eine seiner Pranken auf die Schulter des Kleinen und dachte sich: Er hat sich nicht sehr verändert. Dicker ist er. Zufriedener. Weniger gehetzt als früher.

---

[9] Hilfe!
[10] Still! Ich bin dein Schwager.

„Caro cognato!", flüsterte Piccoletto mit seinem Basstimbre. „Freuen sollst du dich, nicht erschrecken. Freuen, dass wir einander nach so vielen Jahren wiedersehen. Freuen sollst du dich, dass ich deiner Frau, meiner Schwester, verziehen habe. Und dass ich hier bin."

„Aber ... Aber was willst du?"

„Was ich will? Dir helfen! Nichts anderes, als dir helfen. Wir sind doch eine Familie."

Bei den letzten Worten hatte Il Piccoletto die Hemdsärmeln aufgekrempelt und begonnen, sich gründlich die Hände zu waschen. Als der Kleine ihm trotzig antwortete „Das ist reizend von dir. Aber ich brauche keine Hilfe", griff Piccoletto zuerst zu einem Küchentuch, um sich die Hände zu trocknen, und dann tief in den Pizzateig. Während er diesen mit seinen Riesenpranken knetete, grunzte er: „Emilio, Emilio ... Du hast zu kleine Hände zum Teigkneten. Du brauchst doch viel zu lange. Das ist Zeitverschwendung. Kostbare Lebenszeit, die du vergeudest. Ab sofort knete ich den Teig. Hast du ein Problem damit?"

„Aber mein Teig war immer picobello."

„Emilio! Sag nichts gegen einen von mir persönlich gekneteten Pizzateig! Da versteh ich keinen Spaß."

Der kleine Mann ließ die Schultern hängen, schlurfte zur Bar, schnitt einen Schnipsel Zitrone ab, gab Eiswürfel in ein Glas und goss einen massiven Schuss Cynar hinein. Er versenkte den Zitronenschnipsel in dem Drink, schlurfte zum nächsten Stuhl, setzte sich, seufzte tief und nahm einen Schluck.

„Siehst du, Emilio! Genau das meinte ich: Während ich hier den Teig knete, kannst du dich ausruhen und einen Aperitif genießen. Siehst du: Dazu hat man Familie."

fünfundzwanzig

„Ich helfe dir und du hilfst mir."

Mit diesen Worten machte Il Piccoletto es sich in Emilios Büro bequem. Wie selbstverständlich setzte er sich auf den einzigen vorhandenen Bürosessel, schaltete Emilios PC ein und brummte: „Keine Sorge. Meine Geschäfte erledige ich weiterhin von meinem iPhone aus. Auf deinem Computer mache ich keine geschäftlichen Dinge, da surfe ich nur privat im Internet. Man wird mich in den Datennetzen nicht mit dir in Zusammenhang bringen können."

Der kleine Mann runzelte Stirn und Glatze und fragte mit belegter Stimme: „Hast du Probleme? Wirst du verfolgt?"

Il Piccoletto wandte sich Emilio zu und legte seine rechte Pranke auf dessen Schulter.

„Es ist alles bestens. Ich muss nur ein bisschen vorsichtig sein. Verstehst du? Ich muss mich derzeit etwas zurücknehmen. Das ist in meinem Geschäft manchmal so."

„Beatrice und mir droht also keine Gefahr?"

„Absolut nicht. Offiziell bin ich gar nicht da. Untertags werde ich mich hier in deinem Büro aufhalten und in der Nacht, habe ich mir gedacht, stellst du mir das ehemalige Kinderzimmer eines deiner Söhne zur Verfügung."

„Was? Du ziehst bei uns ein?"

„Ja, warum denn nicht? Schließlich sind wir eine Familie. Das ist hier kein Höflichkeitsbesuch ..."

Piccoletto lachte kurz auf und fügte leise hinzu: „... ich tauche vorläufig bei dir unter."

„Und deine Frau? Deine Tochter?"

„Denen geht's gut. Die sind in Kanada."

„In Kanada? Aber dann bist du ja ganz auf dich allein gestellt?"

„So ist es. Deshalb hab ich mir gedacht: Vertrau auf deine Familie, die wird dir helfen."

Emilio trank den letzten Schluck Cynar und vergrub dann das Gesicht in seinen Händen.

„Wie werde ich das nur Beatrice sagen?"

„Beatrice? Ha! Mit meiner Schwester werde ich schon fertig. Mach dir deswegen keine Sorgen."

Neuerlich klopfte er dem kleinen Mann auf die Schulter. Der sah durch das Fenster in den tristen Hinterhof hinaus und fürchtete sich.

sechsundzwanzig

Piccoletto dachte über seine Situation nach und lächelte. So entspannt wie in diesem Augenblick war er seit Jahren nicht mehr gewesen. Und das trotz der verbissenen Staatsanwältin und der Sonderkommission, die ihn jagten. Es war ein genialer Schachzug gewesen, sich bei seiner Schwester Beatrice zu verstecken. Bei jener Schwester, die er vor 25 Jahren entführt und mit dem Tod bedroht hatte, weil sie gegen den Willen der Familie Emilio den Pizzabäcker heiraten wollte. Als er sie schließlich frei gelassen hatte, hatte sie ihn umgehend wegen Freiheitsberaubung angezeigt, und Piccoletto war verhaftet worden. Das führte zu seinem ersten Gefängnisaufenthalt. Ein Familiendrama, das von der Boulevardpresse massiv ausgeschlachtet wurde und das weit über Venedig hinaus allgemein bekannt war. Dass er sich nun ausgerechnet bei dieser Schwester verstecken würde, damit rechnete niemand. Neuerlich grinste er. Tja, strategisch und taktisch war er schon immer der hellste Kopf seiner Familie gewesen. Das hatte sein Onkel Luigi Frulani, der Bruder von Donna Antonella Vegher, sehr früh erkannt, und als er selbst zu lebenslanger Haft verurteilt worden war, Piccoletto zum Capo della famiglia gemacht. Ein Entschluss, den Luigis Sohn Alfonso nicht akzeptieren wollte. Versunken in Erinnerungen sah Piccoletto in den wild verwachsenen Hinterhof und auf die dahinter liegende Ziegelmauer. Vor seinem geistigen Auge erwachte sein selbstherrlicher Cousin Alfonso neuerlich zum Leben. Aufbrausend, impulsiv und unüberlegt war er für eine Reihe von Aktionen verantwortlich gewesen, die der Familie massiv geschadet und die eine Fülle von Diskussionen und Streitereien verursacht hatten. Der junge Capo della famiglia schien damals unfähig zu sein, diese Situation in den Griff zu bekommen. Doch Piccoletto hatte einen Plan. Er lud die gesamte Familie zu einem Aussöhnungsessen, in ein Ristorante an den Fondamente nove ein, das für seine Fischspezialitäten berühmt war. Piccoletto hatte das gesamte Lokal gemietet. Das Familientreffen, das anfangs in angespannter Atmosphäre verlief, wurde zunehmend fröhlicher. Nach dem Essen bei Espresso und Digestif hielt er eine kurze versöhnliche Rede, bei der einigen Familienmitgliedern sogar die Augen feucht wurden. Er beschwor die Einheit der Familie und betonte, wie stolz er war, ein Mitglied des Frulani-Clans zu sein. Einer uralten venezianischen Fischerfamilie, die rechtzeitig begonnen hatte, auch in anderen Gewässern als denen der Lagune zu fischen. Diese Bemerkung brachte ihm anerkennendes Gelächter ein. Er fuhr fort, dass alle Apostel ebenfalls Fischer gewesen waren und dass Jesus Christus sich selbst als Menschenfischer bezeichnet hatte. Diesem Vorbild wolle er folgen. Die Familie applaudierte. Er ging auf Alfonso, der nun ebenfalls aufstand, zu, umarmte und küsste ihn. Während des Kusses drückte ihm Piero hinter Alfonsos Rücken die Drahtschlinge in die Hand. Mit einem Ruck zog er sie über Alfonsos Kopf. Die Gesellschaft erstarrte. Erbarmungslos zog er die Schlinge zusammen. Mütter hielten ihren Kindern die Augen zu. Männer wurden totenblass. Nicht so Alfonso: Dessen Visage wurde erst rot und schließlich blau. Sein Körper strampelte im Kampf gegen das Ersticken. Weingläser und Flaschen wurden umgestoßen und zerschellten am Boden. Er würgte und röchelte. Plötzlich ließ die Spannung in seinem Körper nach und der Kopf knickte nach vorne. Es war vollbracht. Der Leichnam und die Garotte wurden von Piccolettos Adjutanten Piero und Andrea fortgeschleppt. Noch in derselben Nacht war die Leiche in das Fundament eines Shoppingcenters in Mestre eingegossen worden.

Piccoletto hatte nach vollbrachter Tat seine schweißnassen Hände mit einer Stoffserviette getrocknet, Krawatte und Manschetten zurechtgerückt, ein Glas Grappa ergriffen und folgenden Toast ausgesprochen: „Viva la famiglia! Viva l'unita!"

Bei dieser Erinnerung umspielte Piccolettos Lippen ein zufriedenes Lächeln. Seit damals hatte kein Mitglied des Frulani-Clans es gewagt, seinen Führungsanspruch in Frage zu stellen. Mit einer Ausnahme: als er seine entführte Schwester Beatrice freilassen und der Hochzeit mit Emilio zustimmen musste. Diese Niederlage verdankte er seiner Mama. Die heute Vierundachtzigjährige war damals eine rüstige Frau Anfang fünfzig gewesen. Nachdem sie ihn unzählige Male gebeten hatte, Beatrice frei zu lassen, hatte sie bei einer Familienfeier eine abgesägte Schrotflinte aus der Handtasche gezogen, ihm diese in den Schritt gestoßen und gefaucht: „Lasci Beatrice o perdo i coglioni tui."[11] Nie würde er eigene Kinder bekommen, hatte sie gedroht, wenn er ihre Tochter, seine Schwester, nicht in Frieden ließe. „Mamma mia ...", seufzte er bei dieser Erinnerung und griff sich in den Schritt. Das war eine der dunkelsten Stunden seines Lebens gewesen. Wenn er nicht nachgegeben hätte, hätte ihn seine Mutter entmannt.

siebenundzwanzig

Unter der Plastikhaube, die sie als Köchin aufhatte, verzerrte sich das Gesicht seiner Schwester zu einer Fratze des Hasses.

„Was willst du hier in meiner Trattoria?"

„Essen ... trinken ...", diabolisch grinsend fügte er hinzu „... und für einige Tage untertauchen ..."

„Faccia di merda!",[12] fauchte sie und schleuderte ihm die Schalen einer eben geschälten Riesentomate ins Gesicht. Er zuckte zusammen. Dafür hätte ihr eine schallende Ohrfeige gebührt, so wie früher. Er beherrschte sich aber, griff zu einem Stück Küchenrolle und wischte sich den roten Matsch aus dem Gesicht. Das Zeug klebte ekelhaft in seinem Dreitagesbart. Beatrice hatte sich wie ein verängstigtes Tier in die letzte Ecke der Küche zurückgezogen. In ihrer Linken funkelte ein Küchenmesser – ach ja, Schwesterchen war Linkshänderin! Sein Blick schweifte durch die Küche und blieb am Messerblock hängen. Mit einer beiläufi-

---

[11] Lass Beatrice frei oder ich schieß dir in die Eier!
[12] Scheißgesicht

gen Handbewegung nahm er ein Messer, prüfte seine Schärfe und grinste seine Schwester an.

Beatrice fauchte ihn an: „Willst du mich umbringen? So wie Alfonso damals? Bitte! Tu es! Stich zu! Komm, stich zu!"

Piccoletto schüttelte den Kopf und wandte sich dem Arbeitsbrett zu, auf dem ein Berg geschälter Tomaten lag. Mit dem Messer begann er, diese zu zerkleinern.

„Schwesterchen ... Ich will dir doch nur helfen."

Knapp neben seiner Hand rammte sie ihr Messer in das Küchenbrett. Er schnitt unbeeindruckt weiter Tomaten.

„Lass meine Tomaten in Ruhe!"

„Aber ich habe doch heute Früh schon Emilio beim Teigkneten geholfen. Jetzt schneide ich deine Tomaten für das Sugo. Das ist doch völlig okay. Wir sind eine Familie."

„Die Frulanis sind eine Mörderbande!"

„Mord ist immer nur die Ultima Ratio! Dich habe ich ja auch nicht ermordet, Schwesterchen."

„Weil Mama dich sonst kastriert hätte."

„Mama war eine sehr energische Frau. Mittlerweile ist sie eine Greisin, die auf meine Unterstützung und die der Familie angewiesen ist. Sie ist übrigens sehr traurig, dass du sie schon so lange nicht mehr besucht hast."

„Ich mag mit den Frulanis nichts zu tun haben."

„Sie ist deine Mutter!"

„Sie war Jahrzehnte hindurch das finanzielle Gehirn der Frulanis."

„Wir sind eine Familie. Wir müssen zusammenhalten."

„Ich bin keine Frulani mehr. Ich heiße seit meiner Hochzeit anders und lebe anders. Wir sind ehrliche Leute, die Steuern zahlen, sonntags in die Kirche gehen, die Gesetze achten – und vor allem niemanden umbringen."

„Ihr zahlt ehrlich Steuern? So, so ... Das ist interessant. Ich habe einen guten Freund bei der Guardia di Finanza, und einen auf Steuerbetrug spezialisierten Staatsanwalt kenne ich auch. Ich könnte die beiden einmal bitten, eure Buchhaltung zu durchleuchten."

„Saukerl, das wirst du nicht tun!"

„Also hinterzieht auch ihr Steuern. Wie jeder in Italien. Übrigens möchte ich dich darauf aufmerksam machen, dass ihr kein Schutzgeld zahlt. Das habe ich euch immer erspart. Schließlich sind wir ja eine Familie."

„Grazie. Cazzo."

„Na also. Dein Dank ist ja immerhin ein Anfang. Und da du mir zu Dank in vielerlei Hinsicht verpflichtet bist, werde ich für einige Zeit bei euch einziehen. Emilio weiß schon davon. Er traut sich nur nicht, es dir zu sagen."

„Was? Emilio hat zugestimmt?"

„Ich ließ ihm keine Wahl ..."

Beatrice schlug die Hände vorm Gesicht zusammen und begann zu weinen. Piccoletto legte das Messer fort, nahm seine Schwester behutsam in die Arme und flüsterte: „Alles wird gut. Ich brauche nur ein paar Tage lang eure Unterstützung. Dann bin ich weg und lasse euch in Ruhe. Versprochen."

Sie nickte, der Tränenfluss versiegte, und während sie sich schnäuzte, murmelte sie: „D'accordo."

achtundzwanzig

„Lazy sunday afternoon ..."

Piccoletto hatte die Augen geschlossen und summte entspannt mit. Das hatte er schon lange nicht mehr getan. Einfach irgendwo sitzen, Musik hören und nichts tun. Eine Welle des Glücks überrollte ihn. Ein Schauer rieselte über seinen breiten Rücken. Blinzelnd sah er sich um und lächelte. Hier in Emilios abgefucktem Hinterhofbüro entdeckte er aufs Neue die einfachen Dinge des Lebens. Ohne große Limousinen, protzige Landhäuser, exzessive Fress- und Saufgelage und teure Nutten. Sein Blick schweifte über die Einrichtung und er murmelte „Shabby Chic". Damit hatte ihn seine Frau seit über einem Jahr gequält. Weil es absolut angesagt war, alte, abgewohnte Möbelstücke zu benutzen, richtete sie den Palazzo aus dem 16. Jahrhundert, in dem Piccoletto mit seiner Familie lebte, mit allerlei Gerümpel ein. Wenn er dieses Zeug bei sich daheim herumstehen sah, gab es ihm regelmäßig einen Stich ins Herz. Hier hingegen sorgte der Shabby Chic für eine heimelige Atmosphäre. Der uralte, rundum abgeschlagene Schreibtisch, die zerfranste Couch, die er ausgezogen hatte und auf deren Bettteil er sein Nachtlager bezogen hatte, sowie der wackelige Bürosessel mit abgewetztem Sitzpolster, dessen Rollen bei jeder Bewegung quietschten. Einzig der PC war relativ neu und mittels eines WIFI-Zugangs an die Welt draußen angeschlossen. Diesen Anschluss nützte Piccoletto, um hemmungslos Musik zu hören. Eine Freude, die er sich seit Jahren nicht mehr gegönnt hatte. Das heißt nicht, dass er ohne Musik gelebt hatte, ganz im Gegenteil. Als großzügiger Förderer des Wiederaufbaus des abgebrannten Teatro La Fenice bekam er Karten für jede Premiere dieses traditionsreichen Hauses. Und da seine Gattin und auch seine Tochter ganz verrückt nach diesen Society-Events waren, kam er regelmäßig in den Genuss, Oper zu hören. Er mochte Oper, aber er liebte die Pop- und Rockmusik der 1960er und 1970er Jahre. Vor allem britische Bands hatten es ihm angetan. Und diese Musik hörte in seinem Umfeld niemand. Da er normalerweise gar keine Zeit hatte, an Musik zu denken, hatte er seit gut einem Jahrzehnt die Small Faces nicht mehr gehört.

„... close my eyes and drift away ...“

Neuerlich umspielte ein Lächeln seine Lippen. Augen schließen und einfach ein kleines Nickerchen machen oder einem Tagtraum nachhängen, auch das hatte er schon jahrelang nicht mehr tun können. Jeder Wochentag war mit Terminen prall gefüllt gewesen, und am Wochenende hatte er sich um die Familie gekümmert. Zeit zum Tagträumen gab's nicht. Nun saß er in einem alten Ohrensessel, hatte die Beine auf dem wackeligen Bürostuhl und döste vor sich hin. Das Leben war schön.

Als er aufwachte, blickte er in einen Pistolenlauf. Er machte die Augen sofort wieder zu, da er dachte, dass dies nur ein Albtraum sei. Doch dann hörte er eine knarzige Altmännerstimme: „Aufwachen, Frulani. Ausschlafen kannst du in der Zelle.“

Piccoletto regte sich nicht. Er lag einfach da, blinzelte sein Gegenüber kurz an und schloss die Augen wieder. Seine Gedanken rasten.

„Frulani! Erkennst du mich? Schiavoni, Commissario Schiavoni. Ich hab dich vor zwanzig Jahren für ein paar Jahre hinter Gitter gebracht. Erinnerst du dich?“

Piccoletto blieb weiter regungslos liegen. Der Mann vor ihm hatte höchstens siebzig Kilo, eine halbe Portion im Vergleich zu ihm. Schiavoni lehnte sich an den Schreibtisch und plapperte weiter.

„Jetzt, knapp vor der Pension, gelingt mir mit deiner neuerlichen Verhaftung mein Meisterstück. Jahrelang war ich hinter dir her. Man verspottete mich deswegen, und schlussendlich machte man mich zum Leiter einer Sonderkommission, der Frulani-Kommission. Das Perfide an dieser Beförderung war, dass die ganze Kommission aus mir alleine bestand und dass sie mein Büro in ein Kellerabteil der Questura verlegt hatten. Ich weiß nicht warum, aber alle hielten dich für nicht verurteilbar. Immer, wenn ich etwas gegen dich in der Hand hatte, verweigerte mir die Staatsanwaltschaft den Haftbefehl. Ich hörte immer die gleiche Leier, die Suppe sei zu dünn. Erst, als der Krieg mit der Norino-Familie losgegangen war und es ständig Tote gab, hatte die Staatsanwaltschaft plötzlich wieder Interesse daran, dich zu verhaften. Meine jungen Kollegen suchen dich weiß Gott wo. Auf den Flughäfen, in den Bahnhöfen, auf den Autobahnen, in den Häfen ... Keiner der Grünschnäbel dachte so wie ich. Die einzige Lösung für einen gesuchten Mafiaboss ist in so einem Fall, bei der Familie unterzutauchen. Am besten bei dem Teil, der nicht aktiv in kriminelle Geschäfte verwickelt ist. Und da bleibt bei euch Frulanis nur deine Schwester über, die du einmal entführt und mit dem Umbringen bedroht hast. Sie ist seinerzeit aus dem Familienverband ausgeschert und hat keinerlei Kontakt zum Rest des Clans. Ein ideales Versteck! Mit diesen Überlegungen habe ich, die Ein-Mann-Sonderkommission, dich gefunden. So! Und jetzt steh auf!"

Schiavoni trat gegen den Bürosessel, auf dem Piccolettos Füße noch immer ruhten. Der rollte quietschend weg, Piccoletto verlor den Halt, fiel zu Boden, griff sich im Fallen Schiavonis Beine und riss ihn um. Schiavonis Schädel krachte gegen die Mauer, sein Körper wurde schlaff, die Beretta entglitt seinen Fingern. Piccoletto rappelte sich auf, schnappte sich die Beretta und stopfte sie in den Hosenbund. Dann begann er, in den unteren Schubladen des Schreibtisches zu wühlen. Bingo! Er holte eine Rolle von Müllsäcken heraus, riss einen ab und öffnete ihn. Schiavoni begann sich wieder zu bewegen. Mit einem schnellen Ruck stülpte er den Müllsack über Schiavonis Kopf und zog die Enden auf der Höhe seines Halses zusammen. Als Schiavoni tief einatmete, saugte er das Plastik gegen sein Gesicht. Piccoletto presste das letzte bisschen Luft aus dem Sack heraus und drehte das Plastik am Halsende immer enger zu. Schiavoni röchelte und strampelte. Im Todeskampf trat er mehrmals gegen den Schreibtisch, der in seinen Grundfesten erschütterte. Seine Arme ruderten wild in der Luft, doch Piccolettos eiserner Griff lockerte sich nicht. Nach einem letztmaligen Aufbäumen sackte Schiavonis Körper in sich zusammen. Piccoletto ließ den Toten auf den Boden gleiten. Er bekreuzigte sich und murmelte: „Perdonami, Signore ...[13]"

Laut schnaufend stellte er den durch Schiavonis Strampeln umgefallenen Bürosessel auf, setzte sich und gab bei YouTube Seasons In The Sun ein. Während Terry Jacks' „Goodbye my friend it's hard to die ..." erklang, versteckte er die Leiche sorgfältig hinter der ausgezogenen Couch. Als das vollbracht war, atmete er tief durch und beschloss, sich einen Aperitif zu genehmigen.

neunundzwanzig

Pavimento di sanguinaccio. Blutwurstboden. So haben wir als Kinder rötliche Terrazzo-Böden genannt, erinnerte sich Piccoletto. Und genau so einen Boden gab es

---

[13] Vergib mir, Herr ...

nicht nur in Teilen des Lokals seiner Schwester, sondern auch in dessen Küche. Letzteres war entscheidend. Auf dem Blutwurstboden würden Spuren von verspritztem Blut beziehungsweise Reste von Blutlachen, die trotz Putzen vielleicht nicht ganz verschwänden, nicht auffallen. Und so machte er sich nach Mitternacht an die Arbeit. Er packte den Toten unter der Schulter, war erleichtert über dessen zwergenhaften Wuchs und schleppte ihn, so wie man einen Betrunkenen mit sich schleppt, vor zum Eingang der Pizzeria. Dort sperrte er die Tür auf. Den Schlüssel hatte er sich gleich, als er eingezogen war, von Emilio geben lassen. Dieser hatte zwar gezögert, gab aber dann doch nach. Typisch Emilio, dachte er. Ein Typ wie ein Kaugummi. Zum Glück lag die Küche hinter dem Pizzaofen in einem fensterlosen Raum. Piccoletto machte nur wenig Licht, so dass man von außen nichts sah. Dann entkleidete er den Toten. Nun kramte er in den Küchenutensilien. Er fand ein Fleischerbeil, eine Knochensäge, ein Ausbeinmesser und ein dickes, schweres Küchenbrett sowie 70- und 120-Liter-Müllsäcke. Das Küchenbrett legte er wie ein Kopfkissen unter den Schädel des Ermordeten und begann sein blutiges Handwerk. Am liebsten wäre er vors Lokal gegangen, hätte Schiavonis verhasstes Haupt auf das Pflaster gelegt und ihn mit einem gewaltigen Tritt in den nächsten Kanal gekickt. Um kein Aufsehen zu erregen, verkniff er sich dieses leichenschänderische Vergnügen. Während er schwitzend und fluchend die Leiche zerteilte, erinnerte er sich an Carlo Benetti, einen ehemaligen Klassenkameraden. Der hatte ihm nicht nur die Freundin ausgespannt, sondern sich dann über ihn, das plumpe Riesenbaby, lustig gemacht. Kurz danach hatte er ihn mit zwei Mitgliedern des Frulani-Clans nach einem

Discobesuch abgepasst und niedergeschlagen. Er hatte ihm die Hose runtergezogen und ihn nackt fotografiert. Diese Aufnahme hatte er in derselben Nacht noch hundert Mal kopiert und von seinen Helfern in der Schule sowie in halb Venedig an Hauswänden plakatieren lassen. Physisch überlebte Carlo diese Attacke, psychisch nicht. Ein Jahr danach hatte er sich das Leben genommen.

Endlich war Schiavoni fertig zerteilt, es war vollbracht. Eine Herkulesarbeit. Nachdem Piccoletto die Leichenteile in den Müllsäcken verstaut hatte, war er schweißnass. Davor hatte er sich penibel die Hände gewaschen, so dass die Säcke außen keinerlei Blutspuren aufwiesen. Danach putzte er Küche, Beil, Knochensäge und Messer sowie das Hackbrett mit einem Allzweckreiniger. Er wusch den Boden auf und wischte die Kücheneinrichtung gründlich ab, bis es schließlich keine sichtbaren Spritzer oder Flecken mehr gab. Nun zog er sich bis auf die Unterhose, die Socken und das Unterhemd aus. Das blutbefleckte Gewand und die Schuhe stopfte er in einen weiteren Müllsack. Auf Socken ging er nun an die Bar, nahm Eiswürfel aus dem Kühler, schnitt sich eine Zitrone auf und gab ein Stück in ein Glas. Dann schenkte er sich eine üppige Portion Cynar ein und spritzte mit Soda auf. Erleichtert und mit großem Genuss schlürfte er den Artischocken-Amaro. Dabei erinnerte er sich an frühere Zeiten, als er öfters blutige Jobs verrichtet hatte. In jungen Jahren, war er der Spezialist der Frulani-Familie gewesen, wenn es um die spurlose Beseitigung von Leichen gegangen war. Er hatte einen Metzger als Freund, der ihm beigebracht hatte, wie man Fleisch zerteilte. Piccoletto nahm einen Schluck Cynar und grinste. Er erinnerte sich zum Beispiel an einen Fahnder der Guardia di Finanza, den er zerteilt, im Cutter zerkleinert und alles an die Schweine verfüttert hatte. In Summe blieb von dem Fahnder sowie von etlichen Anderen nichts übrig.

dreißig

„Bellissimo ...", murmelte Piccoletto, als der Rasierapparat in der Hand seines Schwagers gleichmäßige Bahnen über sein Schädeldach zog. Nach und nach verschwanden oben alle Haare. Er bekam eine richtige Platte geschoren. Eine Platte mit einem Haarkranz rundherum. Eine Frisur, wie sie ältere Herren oft und gerne tragen.

„Bellissimo ..."

Emilio blinzelte seinen Schwager misstrauisch an, doch der zwang ihn, weiterzumachen. Emilio überlegte, ob es purer Sadismus war, dass er Piccoletto eine Glatze schneiden musste. „Ich möchte eine Frisur haben so wie du." Und dann hatte Piccoletto ihm mit einem aufmunternden „Avanti!" Schere und Rasierer in die Hand gedrückt. Wollte er ihn verarschen? Zuerst wehrte sich Emilio gegen dieses Ansinnen. Schließlich hatte Piccoletto wunderbar dichtes, kohlrabenschwarzes Haar und keinerlei Anzeichen einer Glatze. So wie Emilio es selbst gerne gehabt hätte. Und nun wollte Piccoletto eine Glatze haben. Keine maskuline Vollglatze, sondern so eine mit einem lächerlich kleinen Haarkranz rundherum.

Schließlich war das Werk vollendet, und Emilio ließ seinen Rasierapparat sinken. Piccoletto strich sich tastend über die Glatze und strahlte wie ein kleiner Junge.

„Perfetto!"

Nun stand er auf, ging zu dem kleinen Waschbecken, das es im WC nebenan gab, und holte eine Schale, in der sich eine zähflüssige Masse befand.

„So, mein Lieber. Jetzt wirst du mir die restlichen Haare mit diesem Bleichmittel behandeln, damit sie schön weiß werden."

Mit einem Seufzer ergab sich Emilio seinem Schicksal und spachtelte das Bleichmittel auf den verbliebenen Haarkranz sowie auf Piccolettos Augenbrauen. Danach entließ ihn Piccoletto mit dem Auftrag, ihn ab sofort nur mehr Alfonso zu rufen und ihn als Cousin von Emilios Vater auszugeben. Emilio nickte und zuckte, kaum dass er das Büro verlassen hatte, mehrmals mit den Schultern.

Zwei Stunden später, es war mittlerweile Abend geworden, schlurfte draußen vor Emilios Pizzeria ein gebückter, alter Mann vorbei, der sich auf einen Stock stützte. Er hatte einen schlohweißen Haarkranz, schlohweiße Augenbrauen und eine Glatze. Mitten in seinem Gesicht thronte eine altmodische Hornbrille. Bekleidet war er mit einer aus der Mode gekommenen Strickjacke, Schlabberjeans und Sneakers. Der Alte winkte Emilio freundlich zu und trottete weiter in Richtung Campo San Giacomo dall'Orio. „Wer ist denn das?", fragte Emilios Sohn, der hinter der Bar stand.

„Ach … ein Cousin meines Vaters. Alfonso. Der wohnt vorübergehend hinten im Büro."

„Von dem hast du mir noch nie erzählt …"

„Was soll ich dir schon von ihm erzählen? Ein alter, leicht dementer Verwandter, der zufällig ein paar Tage in Venedig ist und bei mir Unterschlupf gesucht hat. Du weißt ja, die venezianischen Hotels und Pensionen kann sich kein normaler Mensch mehr leisten."

Als gehbehinderter Alfonso, immer massiv auf seinen Stock gestützt, schlurfte Il Piccoletto vor zu seinem Lieblingsplatz im Viertel Santa Croce. Er ließ sich vor einer Osteria an einem Tisch, der ganz an der Wand stand, nieder und bestellte einen Cynar mit Eis, Zitrone und Soda. Entspannt beobachtete er das bunte Treiben. Kinder spielten Fußball, eine Gruppe Jungs flirtete mit Mädchen, Hausfrauen tratschten und überall latschten Touristen in größeren und kleineren Gruppen herum. Er träumte vor sich hin, bestellte einen weiteren Cynar, fühlte sich auf eine stille Art glücklich, sinnierte über sein bisheriges Leben und strich sich dabei mehrmals zufrieden über die spiegelblanke Glatze. So viele Mußestunden habe ich mir schon lange nicht mehr gegönnt. Als Oberhaupt der Frulani-Familie war ich CEO eines mittelgroßen Konzerns. Ständig hinter dem Geld her. Mit allen Mitteln. Legal, illegal, ganz egal. Hauptsache Geld. Je mehr, desto besser. Vielleicht sollte ich in Zukunft kürzertreten. Die Führung der Frulani-Familie einem Jüngeren überlassen. Mich zurückziehen. Musik hören, spazieren gehen, mit meiner Frau eine Reise machen. Die Welt erkunden. So, wie ich es als Junger getan hatte: London, Paris, Mailand, Rom, New York. Das waren wilde Jahre gewesen. Heute würde ich es gemütlicher angehen. Zum Beispiel mit der Queen Elizabeth nach New York fahren. Sieben ruhige Tage auf einem Luxusdampfer. Ringsum nur die Weite des Atlantiks ...

Il Piccoletto seufzte sehnsüchtig. Verträumt blickte er auf den Campo San Giacomo dall'Orio. Plötzlich irritierte ihn etwas. Diese Typen dort! Sein Blick wurde hart und klar. Das waren doch die Rumänen der Norino-Familie. Wie ein Wolfsrudel auf der Suche nach Beute streiften sie über den Platz. Wen suchten sie? Womöglich ihn? Hatten die Norinos seine Handy-Telefonate, die er hier von diesem Platz getätigt hatte, orten können? Würden sie ihn erkennen? Nervös spielten Piccolettos Finger mit dem Glas, das er in seiner Rechten hielt. Jetzt hieß es: Ruhe bewahren. Er begann, am ganzen Körper zu schwitzen, gleichzeitig zwang er sich, das Glas auf den Tisch zu stellen und seine Hand ruhig daneben zu legen. Er durfte keine Nervosität zeigen. Einem Mantra gleich wiederholte er im Geist Folgendes: Ich bin ein alter Mann, der hier entspannt seinen Aperitif trinkt ... ich bin ein alter Mann, der hier entspannt seinen Aperitif trinkt ... ich bin ein alter Mann ... Einer der rumänischen Wölfe kam näher. Sein forschender Blick glitt über die Gesichter der auf der Terrasse Sitzenden. Ich bin ein alter Mann, der hier entspannt seinen Aperitif trinkt ... Er spürte den Blick des Rumänen, der wie Säure auf seinem Antlitz brannte. Am liebsten wäre Piccoletto aufgesprungen und hätte diesen Rumänen niedergeschossen. Die Beretta, die in seinem Hosenbund steckte, juckte ihn. Doch dann ging der Rumäne weiter, hinein in die Osteria, um sich dort umzusehen. Kurze Zeit später schlenderte er zu seinem Rudel zurück, das in einiger Entfernung auf ihn wartete. Il Piccoletto atmete durch. Da der Kellner gerade vorbeiging, bestellte er sich einen weiteren Cynar. Corneliu, der Rumäne, der sich umgesehen hatte, hatte sich bei ihm vor drei oder vier Jahren als Mann fürs Grobe vorgestellt. Doch er hatte damals abgewunken. Er stellte keine Fremden ein. Sein Prinzip war, dass alle Teile des Geschäfts möglichst von Mitgliedern der Familie beziehungsweise von deren Freunden und Bekannten abgewickelt wurden. Falls bei einem Job etwas schiefging, gab es immer ein familiäres Umfeld, das dafür zur Verantwortung gezogen werden konnte. Bei einem Fremden war dies nicht möglich. Der konnte auf Nimmerwiedersehen verschwinden, ohne dass jemand für sein Versagen bezahlen musste. Apropos bezahlen: Piersandro Frulani schwor sich, dass er Corneliu für den unverschämten Blick bestrafen würde. Ich könnte ihm durch beide Augen schießen, aber dann wäre er sofort tot. Nein, Corneliu sollte für seine Unverschämtheit leiden. Il Piccoletto entschied sich für das Messer. Der Cynar wurde serviert, und Il Piccoletto trank mit Bedacht einen kleinen Schluck. Neuerlich fuhr er sich mit der Hand über die Glatze und lächelte zufrieden. Nun schweiften seine Gedanken wieder ab. Er begann, von Reisen zu träumen, die er so gerne mit seiner Frau gemeinsam machen würde. Etwas, wozu er sich bisher nie Zeit genommen hatte. Wenn sie nächstes Jahr ihre Silberne Hochzeit feiern würden, könnten sie dies eigentlich in Hawaii tun. Il Piccoletto sah einen herrlich weißen Sandstrand vor sich, die Brandung des Pazifiks, im Wind rauschende Palmen. Plötzlich sah er auch Commissario Ranieri und Lupino Severino! Allerdings nicht in seiner Phantasie, sondern real die Piazza überqueren. Piccolettos Blutdruck schnellte nach oben. Sein Herz pumpte wie verrückt. Blut hämmerte in seinen Schläfen. Paralysiert vor Scheck saß er da. Lupino sah schrecklich aus. Eine seiner Gesichtshälften war total verbrannt, auf dem Kopf hatte er einen weißen Verband. Außerdem wurde er von Ranieri gestützt. Der Commissario hatte das Handy gezückt und telefonierte eifrig. Als die beiden immer näher kamen, musste sich Piccoletto eisern beherrschen, um nicht aufzuspringen und davonzurennen. Madonna! Was war, wenn die beiden ihn erkennen würden? Hektisch telefonierend zerrte Ranieri den wie betrunken wirkenden Lupino durch die Tischreihen. Im Vorbeigehen stieß Ranieri sogar an Piccolettos Tisch und grunzte: „Scusi ...“

Dann verschwanden die beiden im Inneren der Osteria. Piccoletto entspannte sich und war zufrieden. Wenn ihn sein langjähriger Schulkamerad Lupino sowie Commissario Ranieri nicht einmal aus nächster Nähe erkannt hatten, dann hatten Fremde überhaupt keine Chance.

Seine Gedanken kehrten nun zu den Rumänen zurück. Was respektive wen suchten die hier? Dass sie jemanden suchten, war offensichtlich. Denn Corneliu klapperte nun ein Geschäft nach dem anderen am Campo San Giacomo dall'Orio ab, während die anderen beiden über den Platz streunten und alle Passanten beobachteten. Hatten die Norinos wirklich die technischen Möglichkeiten, Handys zu orten? Oder hatten sie in der Polizia di Stato oder bei den Carabinieri einen Maulwurf sitzen, der ihnen Informationen weitergab? Als er in seinem Geiste die ihm bekannten Beamten durchging, die sich eventuell bestechen ließen, marschierte Ranieri zügigen Schrittes an ihm vorbei, direkt auf die beiden am Platz herumstehenden Rumänen zu. Plötzlich tauchte auch Ispettore Silvana Viti in Begleitung von vier Uniformierten auf. Ranieri deutete auf die beiden und die Viti zog kurzerhand ihre Dienstwaffe, während die vier Polizisten die beiden Rumänen umstellten.

„Rassegnate! La faccia alla terra!“[14]

Völlig verblüfft folgten die Rumänen der Aufforderung. Ranieri eilte inzwischen zu der Pizzeria, in der

---

[14] Hinlegen! Das Gesicht auf den Boden!

Corneliu zuvor verschwunden war. Im Gastgarten vor dem Lokal trafen sie aufeinander. Ranieri zückte seine Dienstwaffe. Corneliu schaute blöde. Dann kniete er vor Ranieri nieder, die Hände hinter dem Nacken. Ranieri entwaffnete Corneliu. Dieser trug, wenn Il Piccoletto sich nicht täuschte, eine russische Makarow. Dann legte der Kommissar ihm Handschellen an und übergab ihn Ispettore Viti und ihren Helfern. Mittlerweile hatte sich eine Menschenmenge um die Polizisten und die Verhafteten gebildet. Als der Tross abzog, kehrte Ranieri entspannt schlendernd in die Osteria zurück. Il Piccoletto nippte an seinem Cynar, seine kleinen grauen Zellen arbeiteten auf Hochtouren. Was er hier beobachtet hatte, gefiel ihm ganz und gar nicht. Nicht, dass er was dagegen gehabt hätte, dass die drei Rumänen aus dem Verkehr gezogen worden waren. Was ihn störte, war die Tatsache, dass sich hier in dem Eck Venedigs, wo er untergetaucht war, plötzlich jede Menge Polizei plus ein Killerkommando der Norinos herumtrieb. Nein, das war nicht normal. Und schon gar kein Zufall. Das roch nach Verrat. Woher wussten sie, dass er hier war? Es gab nur eine Erklärung und die mochte er überhaupt nicht. Nur der kleine Nino, sein persönlicher Botenjunge, kannte das Stadtviertel, in dem er sich aufhielt. Hatte der Kleine ihn verraten?

Später suchte Il Piccoletto die Toilette des Lokals auf. Im Zappelschritt eines alten Mannes ging er auf seinen Stock gestützt an Lupino und Ranieri vorbei. Die beiden aßen gemeinsam einen wunderschönen gegrillten Rombo und unterhielten sich leise. Das gefiel ihm nicht. Würde ihn sein alter Freund Lupino verraten und den Speicherstick mit allen Geschäftskontakten der Frulanis an Ranieri übergeben? Hatte er ihn vielleicht schon übergeben? Während er seine Blase erleichterte, fasste er schweren Herzens den Entschluss, seinen Schulfreund noch in dieser Nacht liquidieren zu lassen. Zappelnd kehrte er zu seinem Tisch zurück. Er zückte sein Handy, schaltete es ein und zögerte. Nachdem er es eine Zeit lang angestarrt hatte, schaltete er es wieder aus. Beim Kellner orderte er einen Espresso und einen Grappa. War es wirklich notwendig, Lupino zu liquidieren? Was wäre, wenn er Ranieri nichts verraten und den Stick immer noch bei sich hätte? Über verschiedene Kanäle hatte er erfahren, dass der Stick nie bei Donna Antonella angelangt war. Porca miseria! Lupino musste ihn noch bei sich haben. Oder er hatte ihn längst seinem Freund Ludovico übergeben. Das war Verrat. Und Verrat wurde mit dem Tode bestraft. Er rührte etwas Zucker in den Espresso und trank dann einen kräftigen Schluck. Neuerlich rührte er im Kaffee um und seufzte. Er setzte das Glas Grappa an und schüttete dessen Inhalt in seinen Schlund. Ein wohlig warmes Gefühl rieselte durch den großen Mann. Der schüttelte sich und griff neuerlich zum Handy. Freundschaft spielte bei Verrat keine Rolle mehr. Im Gegenteil, es war fast klassisch. Il Piccoletto wusste, dass Verrat meistens unter eng miteinander verbundenen Personen stattfand: Geschwistern, Cousins oder Schulfreunden. Nachdenklich spielte er mit seinem Handy. Musste er Lupino tatsächlich töten lassen? Seit über 30 Jahren waren sie nun Freunde. Il Piccoletto war wie gelähmt, er fühlte sich unfähig, eine Entscheidung zu treffen. Nach langem Nachdenken wählte er schließlich eine Nummer und gab, nachdem am anderen Ende abgehoben worden war, folgende Anweisungen: „Lupino Severino muss verschwinden. Ja, das ist der, der in San Polo wohnt. Kümmere dich darum. Sofort. Grazie."

Nachdem er gezahlt hatte, stand er auf und ging auf den Stock gestützt langsam über den weiten Platz. Menschen standen in kleineren und größeren Gruppen zusammen und diskutierten erregt über die Ereignisse, deren Zeugen sie geworden waren. Wer waren die Verhafteten? Islamisten? Terroristen? Der alte Mann zappelte zwischen den Menschen hindurch und an der Kirche San Giacomo dall'Orio vorbei. Langsam stieg er hinter der Kirche die Stiegen einer Brücke empor und blieb oben erschöpft stehen. Versonnen blickte er auf das Wasser unter sich. Als kein anderer Mensch in seiner unmittelbaren Nähe war, ließ er sein Handy fallen, das mit einem glucksenden Geräusch in den dunkelgrauen Fluten des Kanals verschwand.

einunddreißig

Draußen war es stockfinster. Er saß beim Schein der altersschwachen Schreibtischlampe in Emilios Hinterhofbüro. Eigentlich lag er mehr in dem Bürosessel, als dass er saß. Die Beine hatte er auf dem Schreibtisch. Aus dem PC erklangen Seems like a Long Time, Maggie May, Stay with Me und andere alte Rod Stewart-Songs. YouTube machte es möglich. Stewarts Reibeisenstimme und die Melancholie der Lieder entsprachen seiner Stimmung. Er dachte intensiv über sich und Lupino nach. Erinnerte sich an die Schulzeit, als er ein übergewichtiger Riese war und Lupino schlank und schlaksig mit schulterlanger schwarzer Mähne, im Stil eines Rockstars geschnitten. Damit war er der Schwarm aller Mädchen. Piccoletto selbst hingegen hatte bei den Mädchen keine Chance. Zu groß, zu dick, zu ungelenk. Ein Scherzbold gab ihm schließlich den Spitznamen Il

Piccoletto – der Kleine. Damit wäre er zur Witzfigur der gesamten Schule geworden, wenn er den Kopf des Scherzboldes nicht im Schulpissoir vor den entsetzen Augen anderer eingetunkt hätte. Immer wieder hatte er die Spülung betätigt und den Scherzbold gezwungen, aus dem Pissoir zu trinken. Das hatte ihm Respekt verschafft. Er begriff, dass Gewalt ein Mittel war, zwar nicht, um geliebt, aber um geachtet zu werden. Als er dann ein Mädchen, das von zwei betrunkenen Jungs bei einer Party bedrängt wurde, rettete, indem er die beiden zusammenschlug, begann man ihn zu fürchten. In dieser Zeit entwickelte sich die Freundschaft mit Lupino. Der Vielgeliebte und der Gefürchtete bildeten ein wunderbares Team, das sich allerlei Scherze erlaubte und Freiheiten herausnahm, die sich andere nicht trauten. Piccoletto wurde an seiner Schule zum Star. Er hatte Gefolgsleute, die seine Anweisungen ausführten, und plötzlich gab es Mädchen, die sich an ihn heranmachten. Er erkannte, dass man nicht toll aussehen musste, wenn man Macht hatte. Macht wirkte auf das weibliche Geschlecht wie ein Aphrodisiakum. Piccoletto lächelte. Auch deshalb, weil aus dem PC gerade You Wear It Well erklang. Ja, Macht stand ihm gut. Macht passte ihm wie ein Maßanzug. Ein Anzug, in den er nur zu gerne schlüpfte. Was Lupino mit seinem unwiderstehlichen Äußeren und mit seiner coolen Art mühelos gelang, schaffte er – Il Piccoletto – dank konsequenter Machtausübung. Damals begann er, Schutzgeld einzuheben. Von den Kleinen und Schwächeren, die von Mitschülern gemobbt wurden. Wer sich das nicht gefallen lassen wollte, kam zu ihm, zahlte eine bestimmte Summe, und er knöpfte sich den jeweiligen Quälgeist vor. Es genügten meistens einige Ohrfeigen und öffentliche Demütigungen. Dann hatte sein

Schützling Ruhe. Ein Junge widersetzte sich Il Piccoletto. Das führte dazu, dass er ihn einmal nach dem Unterricht abpasste und niederschlug. Zum Gaudium seiner Gang und vieler anderer Zuseher zwang er ihn auch noch, einen übel riechenden Tafelschwamm zu essen und danach Kreide zu schlucken. Der Bursche kam ins Spital, und Il Piccoletto wurde von der Schule verwiesen. Nun traf er sich mit Lupino nach dem Unterricht. Nächtelang trieben sie sich gemeinsam mit Piccolettos Gang in Venedig und Mestre herum. Nach der Reifeprüfung ging Lupino zu Il Piccolettos großer Überraschung zum Militär. Damals verloren sie sich für einige Jahre aus den Augen. Erst, als Lupino als Polizist zurück nach Venedig versetzt wurde, suchte Il Piccoletto wieder den Kontakt mit ihm. Die alte Freundschaft wurde aufgefrischt, was Jahre später dazu führte, dass Lupino vom Dienst suspendiert wurde. Danach mied Lupino ihn. Viele Jahre später, als der Venedig-Ripper sein Unwesen trieb, kamen sie wieder zusammen. Il Piccoletto engagierte nun den zum Privatdetektiv mutierten Lupino, um diesem Spuk ein Ende zu bereiten. Seit damals hatten sie wieder regelmäßigen, freundschaftlichen Kontakt. Piccoletto gähnte, fuhr den PC herunter und legte sich nieder. Doch bevor er tatsächlich einschlafen konnte, wälzte er sich lange herum und er fragte sich immer wieder: War Lupino ein Verräter?

Triest

zweiunddreißig

Der Hintereingang zur Bar Italia war abgesperrt. Eine klapprige Holztür mit einem Uraltschloss, das Salvatore Bassettos Gefährte ohne größere Probleme knackte. Die beiden Männer schlüpften vom Stiegenhaus in die Wirtschaftsräume der Bar. Diese waren verwinkelt und dunkel, voller Gerümpel, Putzmittel und Vorräte. All das interessierte die beiden Eindringlinge nicht. Ihr Interesse galt der Toilette. Sie war, wie alles in diesem Haus, Ende des 19. Jahrhunderts errichtet worden und erweckte den Anschein, dass man sie seit damals nie renoviert hatte. Bassetto und sein Gehilfe Toto lehnten sich mit den Rücken an die Mauer der Herrentoilette und warteten. Es roch nach Schimmel, feuchtem Mauerwerk und Urin. Plötzlich Schritte. Die Tür ging auf und ein alter Mann trat ein. Er sah die beiden empört an und schimpfte: „Was tut ihr beiden hier? Seid ihr schwul?"

Toto reagierte wütend. Ohne weiter nachzudenken, schlug er dem Alten mit der Faust ins Gesicht. Ein unterdrückter Schrei, der Aufprall eines fetten Männerkörpers. Dann Tritte.

„Hör auf Toto. Es reicht."

Keuchend ließ Bassettos Handlanger von dem am Boden Liegenden ab. Mit beiden Händen strich er sich das wirr ins Gesicht hängende Haar zurück und keuchte: „Ich bring ihn um."

„Lass es."

Schweigend lehnten sie sich wieder an die Wand, den vor ihnen Liegenden nicht weiter beachtend. Bassettos Handy summte.

„Pronto ..."

„Sie kommt."

„Bene."

Er steckte das Handy weg und öffnete die Tür der Herrentoilette einen schmalen Spalt. Dann nickte er Toto zu. Der riss die Tür auf und stürzte sich auf das schmale, dunkelhaarige Mädchen, das gerade in die Damentoilette hineingehen wollte. Er packte ihre Haare und hielt ihr den Mund zu. Bassetto rammte eine Spritze in ihren Oberschenkel. Toto fing die Bewusstlose auf, öffnete die Hintertür, durch die sie vorher gekommen waren. Toto packte das Mädchen, legte einen ihrer schlaffen Arme um seine Schulter und schleppte sie in den Gang hinaus, wo bereits ein anderer Mann mit einem Rollstuhl wartete. Der Mädchenkörper wurde wie eine leblose Puppe hineingesetzt. Die beiden Männer schoben die Bewusstlose zur Ausgangstür und verschwanden. Bassetto blieb zurück, zündete sich eine Zigarette an und schlenderte dann aus dem Haus hinaus. Die kräftige Frühlingssonne schien auf die Piazza Carlo Goldoni, und Bassetto ließ sich auf der Terrasse der Bar nieder. Lässig rauchend bestellte er sich einen Caffè Corretto und beobachtete entspannt den Verkehr, der vom Corso Italia, von der Via della Ginnastica und von der Via Giosuè Carducci kommend um die Piazza Carlo Goldoni brauste. Er beobachtete mit zynischem Grinsen die Beunruhigung und die Aufregung, die das Verschwinden des Mädchens bei ihren Freundinnen und Freunden auslöste. Sie diskutierten mit dem Kellner, inspizierten die Toiletten und fanden den niedergeschlagenen Alten. Da der sich nicht bewegen konnte und nur laut stöhnte, rief der Kellner die Ambulanz. Bassetto legte das Geld für seine Zeche auf den Tisch, stand auf und ging. Während hinter ihm das Folgetonhorn immer lauter wurde, schlenderte er die stark befahrene Via Silvio Pellico vor, die in einem historischen Tunnelportal verschwand. Links und rechts des Portals erhoben sich die Treppen der Scala dei Giganti. Eine mächtige Stiegenanlage mit Brunnen, die allerdings nicht in Betrieb waren. Er stapfte hinauf zur Via del Monte, die von Bäumen und Wiesen gesäumt war. Dort angelangt blieb er keuchend stehen und blickte auf die unter ihm liegende Stadt. Ein wunderbares Panorama. Er atmete tief durch und genoss die frische Luft. Es roch nach Frühling, und er hatte das Gefühl, dass es nun wieder bergauf ging. Mit den Temperaturen, mit dem allgemeinen Wohlbefinden und nicht zuletzt auch mit den Unternehmungen des Frulani-Imperiums. Zufrieden lächelnd spazierte Bassetto nun durch den Parco della Rimembranza hinauf zum Kastell San Giusto, von dessen Vorplatz er in eine der engen Gassen der Triestiner Altstadt abbog. Vor einem solide renovierten einstöckigen Haus hielt er inne und klingelte. Eine ältere dickliche Frau öffnete mit skeptischem Blick. Als sie ihn sah, begann sie zu strahlen: „Buongiorno, dottore ...“

Bassetto nickte freundlich, trat ein, die Frau schloss hinter ihm die Tür und sperrte ab. Dann verschwand sie im Haus, und bald war das Geräusch eines Staubsaugers zu hören. Er schlenderte zu dem riesigen Wohnsalon, vor dessen Glasfront sich ein kleiner, feiner Garten sowie eine Terrasse erstreckten. Bassetto öffnete die Terrassentür und blickte durch die Bäume hindurch auf den Hafen und das Meer. Er atmete tief durch. Zufrieden zündete er neuerlich eine Zigarette an und freute sich, in diesem Haus bald seinen Schwager Piersandro begrüßen zu können. Als Einstandsgeschenk würde er ihm die gekidnappte Tochter des Hafenmeisters präsentieren. Ein in jeder Hinsicht hübsches Präsent ...

dreiunddreißig

Nach all dem Stress und der Nervenanspannung der letzten Tage konnte Lupino nicht wirklich gut schlafen. Schon gar nicht in seiner Wohnung, die ja genauso wie Marcellos Osteria Ziel eines Bombenanschlags gewesen war. Ranieri hatte ihn noch heimbegleitet und mit gezückter Dienstpistole die Wohnung inspiziert. Neuerlich hatte er Lupino angeboten, ihn in Schutzhaft zu nehmen. Natürlich hatte Lupino abgelehnt. Der Speicherstick! Er musste ihn endlich abliefern. Da half nichts. Deshalb war er fest entschlossen, am nächsten Morgen neuerlich nach Grado aufzubrechen und Kontakt zu Donna Antonella zu suchen. Er packte vor dem Einschlafen ein paar saubere Unterhosen, T-Shirts sowie saubere Jeans und ein Paar Sneakers in eine Reisetasche. Damit würde er sich morgen früh zeitig auf die Socken machen. Er schaltete im Wohnzimmer das TV-Gerät ein, machte es sich auf der Couch bequem und schlief sofort ein.

Sein Schlaf war unruhig, er träumte von Bomben und Minen, denen er ausweichen musste. Und natürlich von Silvio Malherba. Von dem kahlköpfigen Killer, der es auf ihn abgesehen hatte. Er wachte einige Male auf, war jedoch zu müde, um ins Schlafzimmer in sein Bett zu gehen. Als es draußen bereits hell wurde, träumte er, dass Malherba in seine Wohnung eingedrungen war und er ihn mit einem Baseballschläger niedergeschlagen hatte. Darauf schlug er die Wohnungstür zu und versuchte abzusperren. Irgendwie funktionierte es jedoch nicht. Er rutsche mit dem Schlüssel immer wieder vom Schloss ab. Dabei entstanden ganz merkwürdige Geräusche an der Wohnungstür. An der

Wohnungstür? Lupino war plötzlich hellwach. Was war das? Traum oder Wirklichkeit? Plötzlich hörte Lupino vor seiner Wohnung mehrere schallgedämpfte Schüsse. Wie von einer Tarantel gestochen sprang er auf, warf seine Jacke über, griff sich die Reisetasche, schlüpfte in die Schuhe und war schon bei der Balkontür. Balkontür auf, raus auf den Balkon. Hinauf oder hinunter? Hinunter! Tasche in den ersten Stock schleudern. Über das Geländer klettern. An den Stäben des Geländers festhalten. Frei baumeln in der Luft. Fallen lassen. Auf der Terrasse im ersten Stock landen. Zitternde Beine. Zum Glück keine Verstauchung. Reisetasche aufheben. Über die Schulter hängen. Rohr der Dachrinne packen. Hinunterrutschen in den Innenhof. Sattes Plopp eines schallgedämpften Schusses. Kugel zischt am Ohr vorbei. Merda! Mehrere Schüsse. Fluchen. Sprint durch den Flur zur Haustür. Hinaus und weg!

Keuchend und vom Laufen völlig ausgepumpt erreichte Lupino den Bahnhof. Oben auf den Stiegen vor der Station Santa Lucia blieb er kurz stehen und atmete ein paar Mal tief durch. Dann ging er gemessenen Schrittes durch den Bahnhof. Beim Ticketautomaten wählte er eine einfache Fahrt nach Cervignano. Seine Hände zitterten, als er die Münzen einwarf. Der Automat spuckte das Ticket aus, und Lupino ging zum Regionalzug nach Trieste. Er stieg ein, suchte einen ruhigen Platz, stellte die Reisetasche neben sich auf den Nachbarsitz. 6:41. Ein Rucken ging durch den Zug. Langsam rollte er aus der Station. Lupino atmete tief durch und entspannte sich. Niemand war ihm gefolgt, er hatte seine Verfolger abgehängt. Wieder einmal.

vierunddreißig

In etwa zur gleichen Zeit, als Lupino seine Heimatstadt fluchtartig verließ, stieg ein älterer Herr auf einen Stock gestützt in San Marco-San Zaccaria in ein
Vaporetto nach Punta Sabbioni ein. Der Alte, der einen
großen Koffer hinter sich herzog, drängte geduldig
durch die Menschenmassen, die sich im Inneren des
Bootes befanden. Die hintere, offene Plattform des Va-
porettos war sein Ziel. Es war ein kühler, regnerischer
Tag, und der Alte hatte unter seiner wasserabweisen-
den Kapuzenjacke eine dicke Strickweste an. Draußen
auf der Plattform waren nur zwei Stühle besetzt. Ein
junges, amerikanisches Pärchen, wahrscheinlich auf
Hochzeitsreise. Er nahm auf einem Ecksitz Platz und
bugsierte seinen Koffer neben sich in den freien Zwi-
schenraum, so dass er sich bequem mit dem Ellbogen
aufstützen konnte. Mit stampfendem Motor kämpfte
sich das Boot voran. Hinaus in die Lagune in Richtung
Lido. Der Alte atmete mit Kennermiene den salzigen
Geruch des Lagunenwassers, das wie feiner Nebel von
den Windböen in der Luft zerstäubt wurde. Dazwischen bekam man auf der Freiluftplattform auch immer wieder etwas vom Gestank des Dieselmotors ab,
der hämmernd im Inneren des Schiffes arbeitete. Der
alte Mann blickte versonnen zurück auf die Silhouette
der Serenissima, die von dieser Seite betrachtet besonders beeindruckend war. Sein Blick glitt über San Giorgio Maggiore, den Kanal von Giudecca, die gewaltige
Kuppel von Santa Maria della Salute, den Canal Grande,
den Campanile von San Marco sowie den Dogenpalast.
Ein Panorama, das bezauberte. Ganz gleich, ob es im
gleißenden Sonnenlicht lag, den Glitzerschmuck der
nächtlichen Beleuchtung trug oder sich – so wie an

diesem Tag – in einen zarten Grauschleier hüllte. Er murmelte: „Addio Venezia …"

Es gab ihm einen Stich in der Herzgegend, denn er war nicht sicher, wann er wieder in seine Heimatstadt zurückkehren würde. Er brach auf, um in der Ferne Geschäfte abzuwickeln. In einem Anflug von Sentimentalität dachte er an die abertausenden Venezianer vor ihm, die auf den schwankenden Planken venezianischer Galeeren gestanden und wehmütig auf die im Dunst und im Nebel versinkende Heimatstadt zurückgesehen hatten. Das Aufbrüllen des Schiffsmotors riss ihn aus seinen Gedanken. Vor dem Anlegen am Lido bremste das Vaporetto mit der Motorbremse seine Fahrt.

Am Lido stiegen die wenigen Touristen, die schon so früh unterwegs waren, aus; nach Punta Sabbioni fuhren nur Einheimische. Il Piccoletto saß nun alleine auf der offenen Plattform. Als das Vaporetto an der riesigen Baustelle vorbeifuhr, die in naher Zukunft Venedig vor Hochwasser schützen sollte, nickte der Alte voll Wohlgefallen. Die Bauunternehmen, die zu seinem Einflussbereich gehörten, waren an allen großen Aufträgen in Venetien beteiligt. Das traf natürlich auch auf dieses Projekt zu, das Modulo Sperimentale Elettromeccanico oder auch kurz MOSE genannt. Seit Jahren verdiente er an diesem von der Europäischen Union geförderten Projekt prächtig. Dass ihm vor einiger Zeit der Bürgermeister Venedigs wegen Malversationen abhandengekommen war, war bedauerlich. Doch Piersandro Frulani hatte sich sehr schnell mit den neuen Mächtigen arrangiert. Pecunia non olet, dachte er lächelnd, lehnte sich zurück und schloss die Augen. Mit Wehmut erinnerte er sich an die Tage zurück, die er bei seinem Schwager und bei seiner Schwester in Santa Croce verbracht hatte. Es war eine wunderbare Zeit gewesen, in der er gedanklich die Weichen für die Zukunft gestellt hatte. Heute musste er aus seiner selbst gewählten Klausur auftauchen und die Zügel wieder in die Hand nehmen. Er hatte seinen Leuten den Auftrag erteilt, das Schiff mit dem südafrikanischen Gammelfleisch nach Rijeka umzuleiten. Triest war, wie er mittlerweile aus diversen Quellen wusste, für Importe, die mit seinen Firmen zusammenhingen, tabu. In Triest lauerten Guardia di Finanza und Polizia di Stato darauf, ihm ein Bein zu stellen oder ihn sogar zu verhaften. Die Leute, die er bisher im Hafen von Triest bestochen hatte, konnten im Moment nichts für ihn tun. Ein Jammer, aber derzeit war das nicht zu ändern. Da hieß es flexibel sein. Sowohl was sein Aussehen betraf als auch ganz generell bei allen Geschäften. Das Gammelfleisch aus Südafrika würde jetzt über Kroatien in seine Fabriken in Oberitalien gelangen. In Kroatien hatte er seit Jahren gute Kontakte. Der Pate von Rijeka, Bruno Marcovic, war ein alter Geschäftspartner. Er freute sich, ihn wiederzusehen. Was ihn noch mehr freute, war das Faktum, dass er nun trotz allem nach Triest reiste: als kahlköpfiger, alter Mann. Piccoletto lächelte versonnen. Manchmal war Camouflage einfach alles im Leben.

fünfunddreißig

Durch starke Rüttelei erwachte Silvio Malherba aus seiner Betäubung. Er nahm alles um sich herum verschwommen wahr. Außerdem fielen ihm immer wieder die Augen zu. So schnell sie gekommen waren, so schnell verflüchtigten sich seine Gedanken. Als er neuerlich ordentlich durchgerüttelt wurde, wachte er wieder auf. Wo war er? Er bewegte sich, ohne selbst Bewegung zu machen. Wie war das möglich? Außerdem befand sich sein Kopf so weit unten. Über sich sah er die Köpfe der Menschen, die an ihm vorbeihuschten. Er wollte fragen, doch sein Kiefer, sein Mund, seine Lippen, seine Zunge waren weich wie Marshmallows. Er lallte etwas, dabei rann ihm eine dicke Speichelspur aus dem Mund. Was war das für ein grauenhaft stechender Schmerz in seinem rechten Arm? Wieso konnte er sich überhaupt nicht bewegen? Er war festgezurrt. Festgezurrt auf einem Rollstuhl. Er versuchte, die Beine zu bewegen, doch außer einem Kribbeln war da keinerlei Reaktion. Und dann dämmerte es ihm: Er war gestern Abend eingeschlafen und hatte so tief geschlummert, dass er erst heute in der Früh wach geworden war. Bewegung vor Severinos Tür! Er sprang auf, entsicherte seine Beretta, riss die Tür auf und stürmte ins Stiegenhaus hinaus. Vor ihm standen zwei Männer. Keiner war Lupino. Einer hatte eine Pistole mit Schalldämpfer in der Hand. Malherba sah Mündungsfeuer. Instinktiv machte er einen Schritt zurück, trat ins Leere, verlor das Gleichgewicht und fiel rücklings die Stiegen hinunter. Dann gingen seine Lichter aus.

Der Rollstuhl, auf dem er festgeschnallt war, wurde nun auf ein Motorboot gehoben. Ein Mann schob ihn ins Innere. Dort wurde er von den Fesseln befreit. Da all seine Knochen aus Gummi zu sein schienen, fiel er aus dem Stuhl hinunter auf den Boden. Sein Gesicht kam neben einem Metalleimer zu liegen.

„So, amico mio, jetzt erzählst du uns, warum du auf uns schießen wolltest."

Malherba versuchte etwas zu sagen, doch er bekam nur einige gelallte Silben über die Lippen.

„Du hast ihm eine zu starke Dosis verpasst."

„Der spielt nur ..."

Dann spürte Malherba einen groben Griff in seine Haare, sein Kopf wurde hochgezogen und – nein! Malherba versuchte sich zu sträuben, die Muskeln anzuspannen. Doch alles war wie Kaugummi, und so wurde sein Schädel in den Wasserbottich getaucht. Luft! Er schluckte Wasser. Verschluckte sich. Luft! Luft ...

Grobe Schläge ins Gesicht brachten ihn unter die Lebenden zurück. Er hustete und spuckte Wasser. Nun war er etwas wacher. Das tranceartige Gefühl war gewichen. Er lag wieder neben dem Wassereimer am Boden des Bootes. Seine Peiniger unterhielten sich leise. Plötzlich hörte er einen von ihnen frohlocken: „Da! Ich hab Antwort bekommen. Das Foto von dem Kerl ist bei Interpol gespeichert."

„Und wie heißt er?"

„Silvio Malherba. Sein Spitzname: Silvio, il Bombardiere. Stammt aus dem Süden. Ist seit drei Jahren untergetaucht. Wird per internationalem Haftbefehl gesucht."

„Bravo! Da ist uns ein fetter Fisch ins Netz gegangen. Sein Fang könnte die Pleite mit Severino wettmachen ..."

sechsunddreißig

In Punta Sabbioni verließ der alte Mann mit der spiegelglatten Glatze den Vaporetto. Er ging auf seinen Stock gestützt zur Hauptstraße und dann weiter zu den nebenan liegenden Piers. Nur an einem hatte ein Boot angelegt. Ein prächtiger Zweimaster. Mit zappelndem Schritt näherte sich der Alte. Vor der Yacht erblickte er eine mächtige Gestalt, die wie ein Buddha in sich versunken dastand und rauchte. Als der alte Mann direkt auf ihn zusteuerte zog der qualmende Buddha fragend die Augenbrauen in die Höhe. Der Alte rief mit dröhnendem Bass: „Piero! Seit wann rauchst du denn wieder?"

Dem Buddha fiel vor Verblüffung die Kippe aus der Hand. Blöde glotzte er den Alten an. Der klopfte ihm auf die Schulter und flüsterte:

„Erkennst du deinen Boss nicht mehr?"

„Und wie heißt der?"

„Piersandro ..."

Il Piccoletto lachte. An diesem kehligen, vollen Lachen erkannte ihn Piero endgültig. Verblüfft stammelte er: „Was ist passiert? Du bist um Jahre gealtert."

„Che palle[15]!"

Mit rührender Umsicht half Piero dem alten Mann, an Deck der Segelyacht zu kommen. Dort begrüßte dieser den Kapitän sowie die Matrosen. Dann verschwand er unter Deck. Hier legte er das Gehabe des Alten augenblicklich ab. Kraftvoll schleuderte er den Koffer in ein Eck und befahl dem Matrosen, ihn in seine Kajüte zu bringen. Er setzte sich und orderte einen Caffé corretto.

„Ich war einige Zeit untergetaucht. Zur Verwirrung meiner Feinde. Nun bin ich wieder da. Etwas verändert, wie ihr seht."

---

[15] Blödsinn!

Der Kaffee wurde serviert, er nahm einen Schluck und bestellte mit dröhnender Stimme einen zusätzlichen Grappa.

„Ich habe euch eine SMS geschickt, ihr sollt das Schiff klarmachen. Ist das geschehen?"

Der Kapitän, Piero und die beiden Matrosen nickten.

„Bene. Dann legen wir ab."

„Wohin geht die Reise?"

Piccoletto funkelte seine Leute misstrauisch an.

„Legt eure Handys auf den Tisch."

Zögernd befolgten die vier Männer den Befehl.

„D'accordo. Bis zu unserer Ankunft in Triest behalte ich sie bei mir. Der Funk wird so laut gestellt, dass man ihn im gesamten Schiff hören kann. Alles klar? Gut, dann auf nach Triest!"

Später, als er sich in seiner Kabine ausruhte, betrachtete er die vier Handys, die er einkassiert hatte. Sollte er die Anruflisten checken? Ihm wiederstrebte Schnüffelei, aber sie war notwendig. In seiner Organisation gab es Verräter. Wahrscheinlich nur einen ... Vielleicht aber auch mehrere. Er hatte keine Lust, sich für ein paar Silberlinge an die Staatsanwaltschaft verkaufen zu lassen. Triest war ein heißes Pflaster. Dort fahndete man nach ihm. Deshalb würde er auch nicht an Bord seiner Segelyacht sein, wenn diese in den Hafen einlief. Er würde mit Piero in einem Motorboot zwischen Miramare und Triest an Land gehen. Ein Matrose würde das Boot zurück zur Yacht bringen. Il Piccoletto verfolgte seit vielen Jahren massive geschäftliche Interessen in Triest. Über den Hafen importierte er unzählige legale und illegale Waren, und auch in der Triestiner Gastronomie war er ein Key Player. Außerdem hatte er seit den 1990er Jahren zahl-

reiche Häuser in der Città Vecchia gekauft und von seinen Baufirmen stilvoll renovieren und sanieren lassen.
Bevor die Norino-Familie die Fehde mit den Frulanis
vom Zaun gebrochen hatte, war er mehrmals im Monat
mit seiner Yacht nach Triest gesegelt. Dort besaß er ein
wunderbares Haus, das direkt unterhalb des Castello
di San Giusto lag. Wann immer er konnte, zog er sich
hierher zurück und genoss den traumhaften Blick über
die Stadt und den Hafen. Da er das Haus vor Jahren
über einen Mittelsmann gekauft hatte und es offiziell
nun einer Schweizer Gesellschaft gehörte, war es das
perfekte Versteck. Von hier aus würde er alle weiteren
Schritte zur Rettung des Frulani-Imperiums planen
und koordinieren. Dazu gehörte unter anderem ein Abstecher nach Kroatien, um seinen alten Freund Bruno
Marcovic zu treffen. Vor allem aber würde er sich den
Triestiner Hafenmeister vorknöpfen. Diesem Feigling
und Verräter, der sich von der Staatsanwaltschaft hatte
umdrehen lassen, würde er einen Denkzettel verpas-
sen. Zur Strafe und Abschreckung. Piccoletto seufzte.
Nur so funktionierte sein Geschäft. Deshalb hatte er
auch seinen alten Freund Lupino opfern müssen. Ganz
gleich, ob dieser ihn verraten hatte oder nicht. Strafe
und Abschreckung.

siebenunddreißig

Langsam, ganz langsam wachte er auf. Seine Arme und
Hände schmerzten. Sie waren hinter seinem Rücken zu-
sammengebunden, die Beine vor seinem Brustkorb an-
gewinkelt. Er hatte keinen Platz, um sich zu bewegen.
Wo war er? Rundum alles stockdunkel. Bedrohlich eng.
Es roch muffig nach Öl und Scheibenputzmittel. Lang-

sam dämmerte es ihm: Er war im Kofferraum eines Pkw. Auf engstem Raum gefangen. Dazu passte das Gerüttel, das das zusammengekrümmte Liegen noch unangenehmer machte. Er hörte das Brummen des Motors sowie alle möglichen Fahrgeräusche. Der Wagen war auf einer Autobahn oder Schnellstraße unterwegs. Hilfe! Wo bringen sie mich hin? Was machen die mit mir? Angst. Panik. Schweiß brach ihm in Strömen aus, binnen kürzester Zeit war er klatschnass. Er zitterte. Sein Magen krampfte sich zusammen. Wenn er vor absehbarer Zeit etwas gegessen hätte, müsste er sich jetzt übergeben. Er versuchte zu strampeln. Zu zerren. Er riss an den Fesseln. Es half nichts. Weder konnte er seine seitliche Liegeposition ändern, noch die Beine ausstrecken. Und dann das verletzte Knie, gegen das dieser Severino getreten hatte. Durch seine Verrenkungen und Strampeleien hatte er es beleidigt. Es schmerzte wie verrückt. Er stöhnte und wand sich. Schließlich ließ er los. Sein ganzer Körper erschlaffte, und er begann hemmungslos zu weinen. Das entspannte und beruhigte. Wie lange hatte er schon nicht mehr geweint? Ewigkeiten war das her. Irgendwann einmal in seiner Kindheit. Als seine Mama ihn geohrfeigt und später, als er von ihrem Tod erfahren hatte. Wie lange war sie nun schon tot? Sie war gestorben, als er seine erste längere Gefängnisstrafe abgebüßt hatte. Plötzlich war sie an einem Besuchstag nicht mehr erschienen. Während alle anderen Besuch von ihren Müttern und Familien erhalten hatten, war er alleine dagesessen. Am Tag danach wurde er in die Gefängniskanzlei beordert. Dort teilte man ihm mit, dass seine Mutter an Herzversagen gestorben war. Gebrochenes Herz, wie ihm sein Gewissen einzuflüstern versuchte. „Meine arme Mama ...", seufzte er. Allmählich trockneten die Tränen. Nun begann es auf seinem Gesicht tierisch zu kitzeln. Er konnte sich nicht kratzen. Es war zum Aus-der-Haut-Fahren. Von ohnmächtiger Wut erfasst, brüllte er wie ein Tier. Immer wieder. Laut. Manisch. Voll Hass. Plötzlich änderte sich das Motorengeräusch, der Wagen fuhr langsamer, rumpelte über mehrere Unebenheiten und blieb schließlich stehen. Er brüllte noch lauter. Türen wurden aufgerissen. Zuerst eine, dann eine zweite. Schritte. Er brüllte. Der Kofferraumdeckel wurde aufgemacht. Er sah die Silhouetten zweier Männer vor klarem Nachthimmel.

„Piantala!"[16]

Aufhören? Er dachte gar nicht daran! Er brüllte weiter. Terrorisierte sie mit seinem Gebrüll. Ein berauschendes Gefühl von Macht ergriff ihn. Er brüllte noch lauter. Plötzlich knöpfte einer der beiden Männer den Hosenladen auf. Augenblicklich verstummte Malherba. Verzweifelt bemühte er sich, sein Gesicht wegzudrehen. Es gelang nur zum Teil. Als der Mann seinen Hosenladen wieder zugeknöpft hatte, rammte sein Begleiter dem Gefesselten eine Spritze in den Oberschenkel.

„Figlio di puttana",[17] knurrte der Erste und warf den Kofferraumdeckel zu.

achtunddreißig

„Trieste. Trieste. Stazione terminale."

Die Lautsprecherdurchsage sickerte langsam in Lupinos Unterbewusstsein und ließ ihn aufwachen. Kein Rütteln, kein Fahrgeräusch. Der Zug stand still.

---

[16] Hör auf!
[17] Hurensohn

„Trieste. Stazione terminale."

Verdammt! Er hatte Cervignano glatt verschlafen und war nun in Triest gelandet. Das war nur deshalb möglich gewesen, da in den Regionalzügen kaum jemals Schaffner die Tickets der Fahrgäste kontrollierten und sich auch nicht darum kümmerten, wer wo ausstieg. Er stand auf, streckte sich, nahm seine Reisetasche und taumelte aus dem Waggon hinaus auf den Bahnsteig. Triest! Wie lang war er schon nicht mehr hier gewesen? Es mochten gut und gern zehn Jahre zwischen seinem letzten Aufenthalt in dieser Stadt und dem heutigen Tag liegen. Noch immer schlaftrunken ging er in die riesige Bahnhofshalle, nahm linkerhand den Seitenausgang und fand sich an der stark befahrenen Viale Miramare wieder. Aus einem unerfindlichen Grund wandte er sich nach links und spazierte bis zu einem Fußgängerübergang, auf dem er die Viale Miramare überquerte. Er ging neuerlich nach links, bis er zu einem kleinen Platz kam, auf dem sich rechts eine Bar befand. Dahinter führte die steile Scala dei Lauri zwischen den Häusern empor. Lupino betrat die Bar und bestellte sich einen Doppio und Wasser. Vor der Bar standen zwei Stehtische mit Barhockern. Er setzte sich auf einen von ihnen. Am Tisch neben ihm las ein Alter mit weißem Dreitagesbart Zeitung. Der Mann, der alleine hinter der Bar arbeitete, kam, servierte den Kaffee und blieb kurz stehen. Blinzelnd genoss er die milden Strahlen der Sonne und rief:

„Che bello giorno!"[18]

Der Alte grinste, nickte und murmelte: „È vero."[19]

---

[18] Was für ein schöner Tag!
[19] Stimmt.

Nun musste auch Lupino grinsen. Nach all dem Stress der letzten Wochen war das heute wirklich ein schöner und vor allem ruhiger Tag für ihn. Er hatte im Zug wunderbar geschlafen und saß nun hier – fernab von Venedig und Grado – in Triest. Vor ihm rauschten auf der Viale Miramare die Wellen des Verkehrs, dahinter erstreckten sich die grauen Betonwände der Nebengebäude des Bahnhofs. Da ihm diese Szenerie allmählich zu trist erschien, wandte er ihr den Rücken zu. Das Rauschen des Verkehrs hörte er zwar immer noch, doch vor ihm lagen in steinerner Ruhe die unzähligen Stufen der Scala dei Lauri. Die Sonne schien, und das Leben plätscherte unaufgeregt dahin. Eigentlich müsste er jetzt zurück zum Bahnhof gehen und den nächsten Zug nach Cervignagno nehmen. Musste er das wirklich? Eigentlich könnte er ja auch ein paar friedliche, entspannte Tage in Triest verbringen. Eigentlich. Er ging in die Bar hinein und bestellte aus einer Laune heraus einen Spritz Veneziano, den er dann mit Genuss in der Sonne trank. Da er nichts – kein Frühstück und auch kein Mittagessen – im Magen hatte, spürte er die Wirkung des Alkohols. All seine Sorgen versanken, und er fühlte sich befreit, obwohl in Wahrheit keines seiner Probleme auch nur ansatzweise gelöst war. Der Alte neben ihm rief in die Bar hinein: „Giorgio! Una birra!"

Und als der Barmann seinem Nachbarn das Bier servierte, fragte Lupino, ob er hier in der Gegend ein preiswertes Zimmer für zwei bis drei Übernachtungen wüsste. Der Barmann kratzte sich am Kopf und sagte schließlich zu dem Alten: „Die Familie Bartoli vermietet doch Gästezimmer im Erdgeschoss ihrer Villa?"

„Im Sommer haben die immer Gäste. Aber jetzt ...? Ruf sie an. Die müssten was frei haben."

Der Barmann murmelte in Richtung Lupino „Un momento …". Dann hörte man ihn telefonieren. Als er wieder herauskam, hatte er einen Zettel mit einer Adresse in der Hand, den er vor Lupino auf den Tisch legte.

„Da! Das ist fünf Minuten von hier. Einfach die Stiegen hinauf und dann hundert Meter nach links. Kostet 60 Euro pro Nacht. Frühstück inklusive."

Lupino grinste und murmelte „Perfetto". Er zahlte, gab dem Barmann ein ordentliches Trinkgeld und stieg sodann die steile Flucht der Scala dei Lauri empor zur Via Commerciale.

neununddreißig

Wie ein Blitz zuckte der Schmerz durch seinen Unterleib. Langsam kam er zu sich. Er lag auf einer Matratze. Grelles Scheinwerferlicht strahlte ihm direkt in die Augen. Als er blinzelte, stieß ein Stock ihm neuerlich in den Unterleib. Er schrie auf und krümmte sich vor Schmerz. Eine tiefe Stimme brummte: „Silvio, il Bombardiere?"

Malherba blinzelte misstrauisch. Hinter der Lichtquelle sah er einen riesigen Mann, der von zwei weiteren Männern flankiert wurde. Der Riese hatte einen Stock, dessen Spitze er dem schweigenden Malherba neuerlich in die Hoden rammte. Malherba schrie hysterisch. Das half ihm nichts. Im Gegenteil. Der Riese prügelte nun mit dem Stock auf ihn ein. Malherba wand sich und schrie. Er versuchte, sich wie ein Embryo einzurollen. Doch das nützte wenig. Die Wucht der Schläge schmerzte auch am Rücken. Schließlich schrie er: „Stop! Per favore, stop!"

„Silvio, il Bombardiere?"

„Sono io!"[20]

Augenblicklich hörten die Schläge auf und die Bass-
stimme brummte: „Du Hurensohn kannst ja doch dein
Maul aufmachen ..."

Die beiden Begleiter des Riesen zogen Malherba
hoch und setzen ihn an einen Tisch. Der Scheinwer-
fer wurde vor ihm auf die Tischplatte gestellt, so dass
er die Gesichter seiner Peiniger nicht genau erkennen
konnte. Das Licht brannte in den Augen, sein ganzer
Körper schmerzte. Außerdem war sein Mund staub-
trocken. Er stammelte: „Wasser ... bitte!"

Der Riese nickte, und einer der Begleiter verschwand. Kurze Zeit später stellte er ihm ein großes
Glas Wasser auf den Tisch. Malherba trank es gierig
leer und stöhnte: „Aaah ..." Der Riese nahm vis-à-vis
von ihm Platz.

„Willst du noch Wasser? Oder einen Schluck Wein?
Ein Bier?"

Malherbas Magen brummte unüberhörbar. Der Riese befahl: „Bringt ihm was zum Essen sowie eine Karaf-
fe Wasser und zwei Gläser. Und ein Schluck Friulano
aus den Colli wäre jetzt auch angebracht."

Die beiden Schatten verschwanden.

„Hör mir gut zu, Silvio. Ich mach dir jetzt ein Angebot. Du vergisst die Norinos und arbeitest für mich. Ich
sorge für alles. Essen, Trinken, Unterkunft. Und wenn
du deinen Job erledigt hast, bekommst du zusätzlich
fünfzigtausend Euro."

Malherba blinzelte sein Gegenüber an. Soviel er
erkennen konnte, hatte es eine Glatze, einen weißen

---

[20] Das bin ich.

Haarkranz und eine dicke Hornbrille. Ein alter Mann also. Malherba wunderte sich, woher er die Kraft genommen hatte, ihn dermaßen zu verprügeln. Zögernd fragte er: „Und was ist, wenn ich dein Angebot nicht annehme?"

Der Alte schwieg. Mahlherba begann zu schwitzen. Die Stille wurde unerträglich. Er rutschte nervös auf seinem Sessel hin und her. Nackte Angst überkam ihn, er stotterte: „O... okay! Ich ne... nehme dein Angebot an."

Keinerlei Reaktion. Malherba wiederholte mit gepresster Stimme: „Ich nehme es an. Wirklich ..."

Der Alte beugte sich vor und sagte leise: „Meine Familie züchtet Kampfhunde. Die Bestien sind Champions bei allen Hundekämpfen landauf und landab. Niemand hat aggressivere Hunde ..."

Malherba schwitzte nun nicht nur, er begann auch zu zittern.

„... wenn du den Job, um den es geht, vergeigst, verfüttere ich dich an die Champions ..."

Malherbas Mund klappte auf und er starrte die Silhouette des Alten mit aufgerissenen Augen an.

„... die machen dampfende Hundescheiße aus dir."

vierzig

Lupino fühlte sich befreit. Der Stress und die Angst, die in den letzten Wochen sein Denken und Handeln beherrscht hatten, waren verflogen. Er befand sich nun schon knapp eine Woche in Triest und es war großartig. Er kam sich vor wie auf Urlaub. All seine Sorgen hatte er hinter sich gelassen. Hier kannte ihn kein Mensch, hier war er völlig anonym, ein Fremder unter Fremden. Herrlich. Zu seinem Wohlbefinden trug auch das Zimmer in der Villa Bartoli bei. Die beiden Fenster gingen hinaus in einen Garten mit alten Bäumen, zwischen denen man auf den Hafen und das Meer sah. Wunderbar. Er saß vor seinem Mietzimmer auf einer steinernen Gartenbank und genoss den Blick auf die Bucht von Triest, die im vormittaglichen Sonnenlicht glitzerte. Träge bewegten sich zwei Frachtschiffe übers Wasser. Eines wurde im Laufe der Minuten immer kleiner und kleiner, bis es schließlich in der Ferne, dort, wo sich Himmel und Meer trafen, verschwand. Lupino übermannte die Sehnsucht wegzufahren. Auf einem Schiff irgendwohin. Weit weg. Das wunderbare Panorama, das sich vor ihm ausbreitete, beflügelte seine Fantasie. Er fühlte sich von all den Zwängen, denen er in den letzten Wochen und Monaten ausgesetzt war, befreit. Die Weite des Meeres beruhigte ihn. Plötzlich hörte er Schritte. Er schreckte aus seinen Träumereien auf. Vor ihm stand Signora Bartoli, in der Hand eine Mokka-Schale und eine Mini-Bialetti. Lächelnd fragte sie ihn: „Desidera un caffè?"

Lupino nickte dankbar, und sie stellte Schale und Bialetti vor ihn auf den rostigen Gartentisch. Der Kaffee duftete herrlich. Er bedankte sich, und sie verschwand so leise und schnell, wie sie erschienen war. Signora Bartoli ist eine liebenswürdige Gastgeberin, dachte Lupino, als er sich Kaffee einschenkte. Eigentlich war sie die Großmutter Bartoli. Denn in der Villa wohnten insgesamt drei Generationen: Nonna Bartoli mit ihrem rüstigen Ehemann, ihre Tochter Lara sowie die zwei bereits studierenden Enkel Carlo und Gianna. Da das Haus sehr geräumig war, und ihre Tochter und die beiden Enkel – sehr zu ihrem Verdruss – ständig in Italien beziehungsweise in Europa unterwegs waren, war sie froh, wenn sie hin und wieder Gäste hatte, mit denen sie sich unterhalten konnte. Was bei Ausländern ja gar nicht so leicht möglich war. Meist Amerikaner oder Deutsche, die verzweifelt versuchten, mit ihr Englisch zu reden. Doch Nonna Bartoli sprach nur Italienisch. Und so war ihre Freude über einen italienischen Gast verständlich. Damit dieser so lang wie möglich blieb, verwöhnte sie ihn nach Strich und Faden. Lupino nahm einen kleinen Schluck aus der Kaffeeschale und seufzte zufrieden. Ja, so stellte er sich la dolce vita vor. Nichts tun, verwöhnt werden und entspannen. Was zu seinem Glück fehlte, war Luciana. Sie ging ihm schmerzlich ab. Aber er hatte sich geschworen, solange er die Sache mit dem verdammten USB-Stick nicht geklärt hatte, würde er jeglichen Kontakt vermeiden. Irgendwer wollte ihn offensichtlich umbringen. Und solange dies der Fall war, musste er sich von ihr fernhalten.

Als er ein zartes Hungergefühl verspürte, beendete er seine meditative Phase und beschloss, in die Stadt hinunter essen zu gehen. Gemütlich schlenderte er die steile Via Commerciale hinab, bog rechts zur Piazza della Libertà ab, überquerte den großen Platz und schlenderte dann die Via Trento entlang in Richtung Stadtzentrum. Es gelüstete ihn nach etwas Fleischlichem. Genauer gesagt nach Schweinefleisch. Nach dampfenden gesottenen Schweinsfüßen, Zunge, Kaiserfleisch, Würsten – eigentlich nach allem zusammen. Serviert mit wunderbarem Sauerkraut, scharfem Senf und Meerrettich, den man hier allerdings in altösterreichischer Tradition Kren nannte. Sein Mund war ganz wässrig, und er beschleunigte seinen Schritt. Er überquerte den Canal Grande und ging zügig die Via Cassa di Risparmio zum Buffet da Pepi vor. Ha! Er hatte Glück. Im Vorgarten des Lokals wurde gerade ein Tisch frei. Allerdings war da auch eine Gruppe von deutschen Pensionisten. Als Fremdenführer erkannte er sie von weitem an ihrem untadelig properen, aber völlig unmodischen Outfit. Zögerlich standen die zwei Männer mit ihren Ehefrauen vor der Karte des Lokals und musterten mit kritischen Blicken die Preise. Die eine Frau schüttelte energisch den Kopf, doch ihr Mann maulte: „Mensch! Wir sind doch auf Urlaub!"

Dann setzte er seine Füße, die in blütenweißen Socken und Birkenstock Sandalen steckten, in Richtung des frei gewordenen Tisches in Bewegung. Doch Lupino war schneller. Er machte zwei große Schritte und war am Ziel. In Zeitlupe ließ er sich auf einem Sessel nieder und beobachtete aus den Augenwinkeln das enttäuschte Gesicht des Deutschen. Dessen Frau kommentierte mit Genugtuung in der Stimme: „Siehste! Ich hab's doch gleich gewusst. Es soll nich sein."

Die vier Deutschen gingen weiter in Richtung Piazza dell'Unità d'Italia. Wobei die beiden Männer schmollend hinter ihren Frauen hertrabten. Lupino bestellte beim Kellner ein großes Dreher-Bier und einen Piatto misto. Vom Bier nahm er einen großen Schluck, wischte sich mit dem Handrücken den Schaum vom Mund und streckte sich genüsslich. Was für ein herrlicher Sommertag! Noch ein Schluck Bier und dann einfach tagträumen. Als die Platte mit zahlreichen gekochten Teilen vom Schwein sowie mit prallen, gesottenen Würsten serviert wurde, machte sich er sich als Erstes über das Kaiserfleisch her. Das gekochte Bauchfleisch, das von weißen Fettäderchen durchzogen war, schmeckte herrlich saftig. Dazu eine Gabel würziges Sauerkraut und ein weiterer Schluck Dreher-

Bier. So ließ es sich leben! Nun widmete Lupino sich der gekochten Zunge. Mit sanften Schnitten zerteilte er das zarte Muskelfleisch, gab ordentlich Kren drauf und genoss dann diese wunderbare Kombination auf seinem Gaumen. Er hatte gerade das letzte Stück Zunge mit einem weiteren Schluck Bier hinuntergespült, als eine gewaltige Explosion die Erde erbeben ließ. Danach waren einige Sekunden alle Geräusche der Stadt erstorben. In diese unheimliche Stille ertönten aus Richtung Piazza dell'Unità d'Italia plötzlich Schreie. Ein Windstoß brachte den Geruch von Verbranntem und Verschmortem in die stille Seitengasse, in der das Buffet da Pepi lag. Alle Gäste blickten erstaunt beziehungsweise erschrocken. Die Kellner versammelten sich vor der Tür und begannen zu diskutieren. Ein kleiner Bub kam plötzlich dahergelaufen und brüllte: „Una bomba! Una bomba!"

Lupino schluckte, seine Hände begannen vor Nervosität zu schwitzen. Stimmt! Der Geruch, der plötzlich in der Luft lag, erinnerte ihn an die Explosion in der Osteria seines Schwagers. Santa Maria! Er hatte sich hier in Triest so sicher gefühlt. Wie von einer Tarantel gestochen sprang er auf, schrie „Il conto, per favore!", wartete voll Ungeduld, bis der Kellner ihm die Rechnung brachte, drückte diesem zwei 20-Euro-Scheine in die Hand und rannte in Richtung der Explosion. Die ursprüngliche Stille war einem Lärminferno gewichen. Von überall ertönten Sirenen der Einsatzfahrzeuge, die anfänglich vereinzelten Schreie waren nun zu einem gewaltigen Stimmchaos angeschwollen. Im Laufschritt stürmte er zur Piazza della Borsa vor und dann die Via Luigi Einaudi in Richtung Meer hinunter. Er bog in die Piazza Giuseppe Verdi ein. Dort, neben dem Haupteingang des Teatro Lirico, war dichter Rauch sowie eine große Menschenansammlung zu sehen. Etwas langsamer ging er nun zur Via San Carlo vor, die das Theater von dem Gebäudekomplex trennte, in dem sich die Prefettura und der Palazzo del Governo befanden. Je näher er kam, desto mehr Menschen sah er am Boden sitzen oder herumliegen. Ihre Kleider waren zerrissen, die blutenden Körper gespickt von Glassplittern, Mauerstücken und Metallteilen. All das erinnerte ihn an die Explosion in Venedig. Uniformierte Polizisten und Beamte in gut geschnittenen Anzügen, die alle aus dem Regierungsgebäude herausgeeilt waren, halfen verletzten Menschen, aus der engen, von beißendem Rauch erfüllten Via San Carlo herauszukommen. Schreie, Chaos, Kommandos. Ein Ambulanzwagen hielt quietschend neben Lupino, die Sanitäter schnappten sich eine Bahre und eilten im Laufschritt zum Zentrum der Katastrophe. Lupino zückte ein Taschentuch, hielt es sich vor Nase und Mund und folgte ihnen. Im dichten Rauch konnte er ein seitlich daliegendes, verkohltes Wrack eines Lieferwagens erkennen, das in einem bombenartigen Trichter in der Mitte der Via San Carlo lag. Rundum brannten Autos. Sowohl beim Regierungsgebäude als auch beim rückwärtigen Teil des Theaters hatte die Explosion Mauern beschädigt. Und dann sah Lupino die ersten Leichen und Schwerverletzen. Eine vor Schmerzen schreiende Frau mit Verbrennungen und blutenden Extremitäten wurde von den Sanitätern auf die Bahre gehoben. Lupino wandte sich ab und ging zurück zur Piazza Giuseppe Verdi. Unabsichtlich stieg er auf etwas Weiches. Erschrocken machte er einen Schritt zurück. In der Blutlache vor ihm lag ein abgetrennter Fuß, der in einem weißen Socken und einer Birkenstock-Sandale steckte.

einundvierzig

Malherba hatte einige Glassplitter abbekommen. Die Wunden im linken Bein brannten. Auch der Oberarm schmerzte. Als er mit der Hand drüberfuhr, war sie blutverschmiert. Trotzdem bückte er sich und hob eine Nierentasche auf. Eilig humpelte er, da ihn das Bein ziemlich stark schmerzte, aus der schmalen Straße hinaus. Auf der Piazza Giuseppe Verdi stürzte ein Polizist auf ihn zu. Nicht um ihn zu verhaften, sondern um ihm zu helfen. Malherba wehrte zuerst erschrocken ab, stützte sich dann aber doch auf den Uniformierten. Er drehte den Kopf weg, denn er sah etwas ganz und gar Unglaubliches. Seine Zielperson – Wolfgang Severino – eilte mit einem Taschentuch vor dem Gesicht mitten hinein in die von schwarzem Qualm verhangene Via San Carlo. Malherba ging hinter dem Polizisten in Deckung, so dass Severino ihn nicht erkannte. Kaum war Severino verschwunden, murmelte er „Grazie ... grazie mille" und verschwand in Richtung Piazza dell' Unità d'Italia. Ein Strom von Neugierigen und Helfern kam ihm entgegen. Die Nierentasche, die ein Tourist bei der Explosion verloren hatte, presste er an sich. Tief durchatmend betrat er das Caffè degli Specchi, erntete einige erschrockene Blicke, ließ sich davon nicht beeindrucken und verschwand in der Herrentoilette. Dort zog er das T-Shirt aus und betrachte die Wunde an der Schulter. Zum Glück war es nur ein Kratzer. Dann ließ er die Hose herunter und entfernte die größeren Glassplitter. Er tupfte die Schulterwunde mit kaltem Wasser und jeder Menge Klopapier ab, bis die Blutung einigermaßen gestillt war. Nun zog er das T-Shirt wieder an, griff in die Nierentasche und zog einen Pass, eine Kreditkarte sowie eine dick gefüllte Geldbörse

heraus. Gierig entnahm er ihr 800 Euro in Hunderter-
scheinen, einen 50- und einen 5-Euro-Schein sowie
eine Handvoll Hartgeld. Ja, das hatte sich ausgezahlt.
Mit einem breiten Grinsen im Gesicht verließ er das
Caffè und ging in Richtung Corso Italia. Dort betrat er
den erstbesten Shop, der Männerbekleidung führte. Er
beklagte sich bei der Signora, die die Boutique führte,
über das Unglück, zur falschen Zeit am falschen Ort gewesen zu sein. Sie bedauerte ihn und half voll mütterli-
cher Fürsorge ein attraktives Poloshirt sowie passende
Jeans zu finden. Neu eingekleidet hinkte er in Richtung
Città Vecchia. Das verletzte Bein schmerzte ihn. Er
brauchte dringend einen Arzt. Aber zuallererst musste
er sich ein Versteck suchen. Eine Unterkunft, in der ihn
Il Piccoletto und seine Handlanger nie suchen würden:
kein billiger Albergo, keine abgefuckte Locanda, sondern ein möglichst gutes Hotel. Wie von einer höheren
Macht geleitet, stand er plötzlich vor dem Eingang des
Urban Design-Hotels. Ohne lange nachzudenken, ging
er zur Rezeption und checkte, einen deutschen Akzent
imitierend, mit dem gefundenen Pass ein. Am Zimmer
machte er es sich auf dem Bett bequem, griff zum Telefon und wählte die Kontaktnummer zur Norino-Familie. Nach zweimaligem Läuten wurde abgehoben, eine
Männerstimme brummte: „Pronto ... "

„Silvio del sud."

Kurze Stille, der Handlanger, der abgehoben hatte, musste erst seine Gehirnwindungen in Gang setzen, um zu kapieren, dass das ein Codewort war. Das
Codewort, mit dem er zu seinem Auftraggeber Fabrizio
Norino verbunden wurde.

„Un momento ..."

Dann hörte Malherba Wählgeräusche, Knacksen,
Tuten.

„Pronto ...“

„Silvio del sud.“

„Un momento ...“

Neuerliches Rauschen, dann Fabrizio Norinos Stimme: „Malherba?“

„Ja. Ich bin in Triest. Habe Severino hierher verfolgt. Bin zufällig von einer Bombenexplosion verletzt worden und brauche ärztliche Hilfe und etwas Geld.“

Fabrizio Norino lachte: „Und du bist sicher, dass du die Bombe nicht selbst gezündet hast?“

„Ganz sicher. War ein blöder Zufall.“

Eine eiskalte Lüge. Malherba dachte nicht im Traum daran, Norino auf die Nase zu binden, in wessen Auftrag er die Bombe gebaut und gezündet hatte. Norino lachte schallend.

„Das nenn ich Ironie, dass dich eine fremde Bombe erwischt.“

In ernstem Tonfall fuhr er fort: „Von wo aus rufst du an?“

„Urban Design-Hotel, Triest. Zimmer 15.“

„Wir rufen zurück.“

zweiundvierzig

„Es wird piksen. Aber dafür spüren Sie nachher nichts mehr.“

Damit rammte der lederhäutige Junkie Malherba eine Spritze in die entblößte Arschbacke. Der Stich war kaum wahrnehmbar, aber das Zeug, das er gespritzt bekam, brannte in seinem Körper. Der Alte, der einst Arzt gewesen war und wegen seiner Sucht die ärztliche Zulassung verloren hatte, begann nun, Glassplitter aus Malherbas Hintern und Oberschenkel zu entfernen. Ein schwebend sorgloser Zustand hatte sich seiner bemächtigt, während er mit nacktem Arsch und nackten Beinen auf einer abgefuckten Couch lag. Er merkte, wie die Pinzette einen Splitter nach dem anderen entfernte, und hörte, wie sie klirrend in eine Metallschüssel fielen. Schmerz oder Unbehagen verspürte er nicht. Im Gegenteil. Eine Welle des Glücks durchströmte ihn. Er fühlte sich hammermäßig happy. Die dreckige Wohnung, in der der Junkie hauste, verschwamm vor seinen Augen. Die Gliedmaßen wurden schwer, und er betrachtete mit infantiler Freude die Spritze, die vor ihm auf dem abgewetzten Couchtisch lag. Seine Gedankengänge wurden immer wunderlicher. Er versuchte sich tatsächlich bei der Spritze, die ihn in diesen Rauschzustand versetzt hatte, zu bedanken. Mit Bedauern stellte er fest, dass seine Zunge ihm nicht mehr gehorchte. Statt eines freundlichen „Grazie" entfleuchte seinem Mund nur sinnloses Gelalle. Er hörte, wie der Junkie mit einem Lächeln in der Stimme seinen Zustand kommentierte: „Jetzt sind wir voll stoned. Das ist gut. Das ist sehr gut ..."

Eine Welle tief empfundener Sympathie, eine Gefühlsregung, die Malherba schon seit Jahrzehnten nicht mehr gehabt hatte, durchströmte ihn. Wenn das Auf-dem-Bauch-Liegen nicht so verdammt schön gewesen wäre, wäre er glatt aufgestanden und hätte den runzeligen Alten umarmt. Alles um ihn herum war warm und weich und erstrahlte in einem seltsam schönen Licht. Malherba war glücklich. Er hörte die scheppernde Türklingel der Wohnung. Ah, wir bekommen Besuch, dachte sein berauschtes Hirn erfreut. Voller Erwartung begann er blöde zu grinsen. Er hörte die Schritte des Alten. Wie er zur Tür ging, dann das Knarren der Tür, wie sie geöffnet wurde und schließ-

lich Männerstimmen sowie unterschiedliche Schritte,
die näher kamen.

„Ist er betäubt?"

„Stoned. Vollkommen stoned."

„Das reicht?"

„Ich hab ihm eine Dosis gespritzt, von der selbst ein
Elefant stoned wäre."

„Aber nicht, dass er uns krepiert ..."

„Keine Angst, der Kerl ist robust. Der hält das aus.
Wo ist meine Kohle?"

„Wofür willst du Kohle?"

„Ich hab den Kerl eurem Boss verkauft. Der wollte
ihn ja unbedingt haben. Also, wo ist die Kohle?"

„Hier hast du deinen Judaslohn. Zähl nach!"

„Was heißt da Judaslohn? Ich bin Geschäftsmann!"

„Ist in Ordnung. Beruhig dich. Wenn Il Piccoletto
eine Vereinbarung trifft, hält er sich daran. Merk dir
das. Stimmt die Kohle?"

„Ist okay. Das Arschloch gehört euch."

„Wo ist seine Hose? So können wir nicht mit ihm
auf die Straße."

„Ich heb ihn hoch, du steckst ihm die Beine in die
Jeans ..."

„Verdammt, der ist schwer!"

Malherba fühlte, wie ihn kräftige Arme hochzogen.
Er wurde in eine sitzende Position gebracht, die Beine
baumelten nach unten. Malherba war verwirrt. Wieso Il Piccoletto? Aus dessen Fängen hatte er sich doch
mittels der Explosion befreit. Und der Aufpasser, den
ihm Il Piccoletto mitgegeben hatte, war von der Bombe in tausend Stücke zerfetzt worden. Hatte der alte
Junkie ihn tatsächlich verkauft? Sein Hirn begriff nun,
dass er am besten Weg war, in eine äußerst missliche
Situation zu geraten. Zurück in die Fänge der Frulani-

Familie. Angst kroch in ihm empor. Er begann zu keuchen. Seine Augen suchten hektisch die Umgebung ab. Vor ihm kniete ein Typ und versuchte, ihm die Jeans anzuziehen. Ein zweiter Kerl stützte seinen Oberkörper. Nicht zurück zu den Frulanis. Nicht zurück! Die bringen mich um! Panik! Seine Hand zuckt vor. Packt die Spritze. Zustechen. Einmal, zweimal. Zigmal. Stechen! Stechen! Stechen! Ins Auge. In den Nacken. In den Hals. Blut spritzt. In noch ein Auge. Zwei Männer wälzen sich vor Schmerz am Boden. Der Alte steht mit vor Schreck geweiteten Augen und einem prall gefüllten Kuvert voll Geld da. Stechen! Stechen! Stechen! Der Alte sackt in sich zusammen. Die Hose hinaufziehen. Das Geldkuvert ergreifen. Schuhe ... Schuhe ... In die Schuhe schlüpfen. Zur Tür. Und nichts wie weg.

dreiundvierzig

Malherba! Lupino traute seinen Augen nicht, als er den Glatzkopf aus dem Epizentrum der Bombenexplosion heraustaumeln sah. Der Bombenleger der Norinos steckte also hinter dem Anschlag. War Malherba ihm hierher gefolgt? Wenn ja, warum hatte er hier und jetzt eine Bombe gezündet? Was steckte dahinter? Lupino geriet in Panik. Kalter Schweiß. Dabei hatte der Tag so schön begonnen. Blut hämmerte in seinem Schädel, während er planlos durch die Gegend lief. Über die Piazza dell'Unità d'Italia hinauf zur Burg und zum Dom. Dort hielt er keuchend inne, setzte sich auf eine Stufe und ließ seinen Blick über die Stadt schweifen. Merda! So wohl hatte er sich in Triest gefühlt und jetzt hatte ihn der Albtraum von Venedig und Grado eingeholt. Bomben, Blut, Verletzte, Tote. Was machte Malherba hier in Triest? Was sollte diese Bombe? Der Anschlag hatte ganz eindeutig nicht ihm gegolten. Fand der Krieg zwischen der Frulani- und der Norino-Familie jetzt auch in Triest statt? Wenn dem so war, musste er schleunigst verschwinden. Sich aus der Schusslinie entfernen. Nachdem er sich beruhigt hatte, ging er wieder hinunter in die Stadt und lenkte seine Schritte in die Via Fabio Filzi, ins Café Willy. Den doppelten Grappa, den er als Erstes bestellte, stürzte er auf einen Zug hinunter und schüttelte sich. Danach schlürfte er einen wunderbaren Espresso und überlegte. Es war höchste Zeit, Triest zu verlassen und seine Angelegenheiten endlich in Ordnung zu bringen. Er musste zurück nach Grado und dort versuchen, Kontakt zu Donna Antonella herzustellen. Er musste diesen Speicherstick mit den Daten endlich loswerden. Seitdem er ihn bei sich trug, haftete das Unglück an ihm. Er verließ die Bar mit einem tiefen Seufzer und spazierte zurück zu seinem Zimmer in der Villa Bartoli. In ihm sträubte sich alles, Triest zu verlassen. Doch es half nichts. Die Gefahr, hier neuerlich von Malherba attackiert zu werden, war zu groß. Mit unglaublich viel Glück hatte er das Attentat in der Bar und danach die Sprengfalle an seiner Wohnungstür überlebt. Doch sein Glück sollte man nicht überstrapazieren. Wenn ich jetzt hierbleibe, schafft es Malherba vielleicht wirklich, mich zu eliminieren. Deshalb muss ich weg. So schnell wie möglich.

Zur großen Überraschung von Signora Bartoli verkündete ihr sympathischer Gast, dass er leider sofort abreisen müsse. Mit Bedauern stellte sie ihm die Rechnung aus, er zahlte bar. Als Andenken an die schönen Tage in der Villa gab sie ihm ein Glas selbst gemachte Marmelade mit. Marmellata di cotogna[21]. Eine Spezialität des Hauses, hergestellt aus Früchten, die im Garten der Villa reiften. Lupino verabschiedete sich mit feuchten Augen und eilte dann die Via Commerciale und die Scala dei Lauri hinunter zum Bahnhof. Er hatte Pech. Knapp verpasste er den Regionalzug nach Cervignagno. Der nächste fuhr in einer Stunde. Er kaufte sich ein bigliet-to[22], schlenderte hinaus aus dem Bahnhof auf die Piazza della Libertà und nahm auf einer Bank neben dem Sisi-Denkmal Platz. Lupino genoss die nachmittägliche Sonne und versuchte, nicht nervös hin und her zu rutschen. Nur noch 43 Minuten. Dann würde der Zug aus Triest hinausrollen und ihn in Sicherheit bringen. Er schloss die Augen und zwang sich zu vollkommener Ruhe. Bald war der Albtraum vorbei. In Grado würde er den Speicherstick übergeben und dann nach Venedig zurückkehren. Dort würde er versuchen, mit Luciana ins Reine zu kommen. Er nahm sich fest vor, ihr alles zu erklären und ihr zu schwören, nie wieder einen Job von Il Piccoletto anzunehmen. Sie hatte ihn immer vor diesem alten Freund gewarnt. Leider hatte sie vollkommen Recht gehabt. Auch das würde er ihr sagen. Außerdem könnte er ihr einen Heiratsantrag machen. Als letzten Trumpf, falls sie sich ihm gegenüber ablehnend verhalten würde. Vielleicht würde sie das milde stimmen. Ach Luciana ...

„Na sowas! Des gibt's do net! Der Herr aus Venedig ...“

Lupino schreckte aus seinen Gedanken hoch. Wer zum Kuckuck sprach ihn an? Erschrocken riss er die Augen auf. Vor ihm stand eine attraktive Dame in hel-

---

[21] Quittenmarmelade
[22] Fahrkarte

len Leinenhosen, einer Leinenbluse, großen Sonnenbrillen und einem frechen rötlichblonden Haarschopf. Als sie seinen ratlosen Gesichtsausdruck sah, nahm sie lachend die Sonnenbrillen ab.

„Erkennen S' mich jetzt?"

Natürlich! Vor ihm stand die nette Dame aus Graz, die ihm vor etlichen Wochen am Campingplatz in Grado Unterschlupf gewährt hatte. Und die ihren Mann damals gebeten hatte, ihn zurück nach Grado zu fahren. Lupino grinste erfreut. Er stand auf, schüttelte ihr die Hand und fragte: „Wie geht's denn so immer?"

Das Lächeln auf dem Gesicht der Grazerin verschwand.

„Na ja. Mein Mann ist verstorben."

„Um Gottes willen! Wieso denn?"

„In der Nacht, als er Sie nach Grado g'führt hat, is er nachher in a Polizeisperre gedonnert. War sofort tot."

„Mein ... mein ... herzliches Beileid."

„Danke. Das war in den ersten Tagen fürchterlich für mich. Ich allein in dem fremden Land. Und dann die ganzen Behördenwege. Aber ich hab auf der Polizei a nette Übersetzerin zugeteilt bekommen. Die hat mir g'holfen, alles zu regeln. Meinen Mann hab ich in Graz begraben. Bin dann aber sofort wieder runter nach Grado. Schließlich hamma ja für den Standplatz unseres Wohnwagens das ganze Jahr im Voraus Miete bezahlt. Und wissen S' was? Das hat mir gutgetan. Mit der Übersetzerin treff i mi weiterhin regelmäßig. Das is a gute Freundin g'worden. Außerdem lernt s' mir Italienisch. Kommen S', gemma auf einen Kaffee ..."

Lupino staunte. Die einst so bieder wirkende Frau hatte eine erstaunliche Wandlung durchgemacht. Rein optisch sah sie nicht mehr wie ein österreichisches Mutterl, sondern wie eine italienische Signora aus. Was doch geschmackvolle Kleidung, elegantes Schuhwerk und ein flotter Haarschnitt bewirken konnten ...

„Ich hab aber nicht viel Zeit. In einer halben Stunde geht mein Zug."

„Gemma in den Bahnhof und trink ma dort an Kaffee."

Lupino konnte und wollte sich dieser Einladung nicht entziehen. Schließlich fühlte er sich am Tod ihres Mannes mitschuldig. Und überhaupt: Damals am Campingplatz hatte sie ihm ohne großes Wenn und Aber Unterschlupf und Hilfe geboten. Sie gingen in die Caffè-teria des Bahnhofs, ein moderner, seelenloser Shop mit Selbstbedienung. Für Lupino verstand es sich von selbst, dass er sie auf einen Cappuccino einlud. Als er mit dem Tablett, auf dem die Getränke standen, zu dem gemein-samen Tisch ging, murmelte er vor sich hin: „Una bel-la donna." Bakschierlich, hätte seine Mutter gesagt. Er grinste. Immer, wenn es emotional wurde, blitzten Aus-drücke aus dem Wienerischen in seinem Bewusstsein auf. Er überlegte, wie man die Grazerin wohl auf Hoch-deutsch am besten beschreiben könnte, und es fielen im Vokabel wie gepflegt, fesch und attraktiv ein.

„Was grinsen S' denn so?"

„Nur so ..."

„Freuen Sie sich?"

„Ja schon. Sie haben mir in der Nacht damals wirk-lich sehr geholfen. So was vergisst man nicht."

Sie nahm einen Schluck von ihrem Cappuccino und lächelte verlegen.

„Geh, das war doch selbstverständlich."

„Selbstverständlich ist gar nichts. Auch nicht, dass man als Mann auf der Straße von einer fremden Frau angesprochen wird ..."

Sie lachte und nahm noch einen Schluck Kaffee.

„Ist das schlimm?"

Lächelnd winkte Lupino ab: „Ganz und gar nicht. Von einer attraktiven Frau wird man immer gerne angesprochen …"

„Ui! Der berühmt-berüchtigte Charme der italienischen Männer. Apropos, wieso sprechen Sie eigentlich so gut Deutsch?"

„Meine Mutter war eine Wienerin."

„Und Sie sind hier in Italien aufgewachsen?"

„In Venedig. Meine Mutter hatte sich vor über fünfzig Jahren in einen Venezianer verliebt und ist dann zu ihm gezogen. Wenn mein Vater nicht daheim war, hat sie immer Wienerisch mit mir geredet. Später habe ich dann ein paar Semester Germanistik studiert. Schließlich bin ich zur Polizei gegangen."

„Sie sind Polizist?"

Lupino winkte ab.

„Schon lange nicht mehr. Ich bin Privatdetektiv und … ehrlich gesagt lebe ich davon, dass ich deutschsprachige Gruppen durch Venedig führe."

„Würden S' mir einmal eine Privatführung geben?"

„Gerne, jederzeit."

„Jössas na! Ihr Zug fährt in zwei Minuten!"

„Madonna!"

Lupino sprang wie von einer Tarantel gestochen auf und packte seine Tasche. Die Grazerin packte seine Hand.

„Wo fahren S' denn hin? Nach Venedig?"

„Nach Cervignagno."

„Aber das liegt ja ganz in der Nähe von Grado. Vergessen S' den Zug. Ich bring Sie hin."

Lupino zögerte kurz.

„Eigentlich muss ich nach Grado …"

„Na bitte! Da fahr ma gemeinsam. Allein im Auto ist es sowieso fad."

vierundvierzig

Sein Schwager Salvatore hatte ihm die aktuelle Ausgabe von Il Piccolo[23] mit der Schlagzeile La bomba islamica gereicht. Zufrieden fuhr er sich mit der flachen Hand über die Glatze, so wie es kahlköpfige alte Männer gelegentlich zu tun pflegen. Sein Plan war aufgegangen. Die Presse hatte sich gierig auf die von ihm lancierte Meldung gestürzt. Wie ein ausgehungerter Hund auf einen dicken Knochen. Versonnen blickte er durch das Grün der Bäume hindurch auf die Weite des vor ihm liegenden Meeres und grinste. Jetzt würden die Behörden in Triest ein neues Betätigungsfeld haben. Die Frulani-Familie und die Verhaftung ihres Oberhauptes war ab sofort nur mehr von untergeordneter Bedeutung. Nun galt es, Terroristen des Stato Islamico[24] aufzuspüren und dingfest zu machen. Hinter ihm wurde an die Scheibe der gläsernen Verandatür geklopft. Il Piccoletto schreckte aus seinen selbstzufriedenen Überlegungen hoch und brummte: „Entra!"

Piero trat neben seinen im Liegestuhl lümmelnden Boss. In der rechten Hand hielt er ein Handy, das er mit der linken abdeckte. Er beugte sich hinunter und flüsterte: „Donna Antonella ..."

Il Piccoletto nickte. Er dachte kurz nach und deutete dann Piero, dass er sich wieder zu ihm hinunterbeugen solle.

„Sag ihr, dass ich sie morgen hier erwarte. Die Zeit kann sie sich aussuchen. Nicht zu früh ... Du führst sie

---

[23] Triestiner Tageszeitung
[24] Islamischer Staat (IS)

her. Nimm zwei Wagen. Falls die Bullen Antonella folgen, verwickelt sie der zweite Wagen in einen Auffahrunfall. Capito?"

Piero nickte, richtete sich auf und verließ telefonierend die Terrasse. Nicht ohne leise die Terrassentür hinter sich zu schließen. Salvatore Bassetto, der neben Il Piccoletto ebenfalls in einem Liegestuhl lag, murmelte: „Sollen wir nicht noch eine Blockade einplanen? Einen Sattelschlepper, der im Fall des Falles die Straße blockiert ..."

Il Piccoletto strich sich neuerlich über die Glatze, kniff die Augen zusammen und starrte aufs Meer. Schließlich brummte er: „Schaden kann es nicht. Es ist immer gut, wenn man ein zweites Ass im Ärmel hat."

„Tesoro mio!"[25]

„Zia!"[26]

Der alte, kahlköpfige Mann stand ächzend aus dem Liegestuhl auf und umarmte die um gut zwei Köpfe kleinere Verwandte. Sein Antlitz zeigte eine Regung, die normalerweise nicht zum Repertoire seiner Mimik gehörte: ein liebevolles Lächeln. Nachdem er Antonella ausreichend gedrückt hatte, bot er ihr mit einer einladenden Geste an, im zweiten Liegestuhl Platz zu nehmen.

„Madonna mia! Du bist alt geworden, Piersandro. Die letzten Monate haben dich ziemlich hergenommen."

„Was meinst du?"

„Deine Haare sind ganz weiß ... und die Glatze ..."

---

[25] Mein Schatz!
[26] Tante!

Il Piccoletto lachte sein tiefes, kehliges Lachen.

„Tantchen, mach dir keine Sorgen. Das ist alles nur Camouflage."

„Was?"

„Die Glatze ist rasiert, und die Haare sind gefärbt. Außerdem trage ich jetzt immer eine dicke Brille aus Fensterglas und Altherrenkleidung. Zusätzlich stütze ich mich auf einen Stock."

„Bin ich erschrocken, als ich dich gesehen habe."

„Magst du was trinken?"

„Einen Kaffee."

Il Piccoletto stand auf, öffnete die Schiebetür. Dort standen zwei Leibwächter. Leise gab er Anweisungen. Sie nickten, und einer verschwand. Mit einem Lächeln kehrte er auf die Terrasse zurück und ließ sich in den Liegestuhl fallen.

„Nicht einmal meine ältesten Schulfreunde haben mich wiedererkannt. Es ist ein Vergnügen, unerkannt durch die Gegend zu spazieren."

„Waren dir die Norinos so sehr auf den Fersen?"

„Eher die Bullen. Aber das ist Geschichte. Übrigens: Hast du von meinem Boten endlich den Speicherstick mit den Daten bekommen?"

„Nein. Der ist nie bei mir aufgetaucht."

„Das gibt es nicht. Lupino ist absolut verlässlich."

„Wann hast du ihm den Stick gegeben?"

„Am Tag bevor die Norinos dein Geschäft in Grado in die Luft gejagt haben."

Donna Antonella öffnete ihre Gucci-Handtasche, holte eine Sobranie heraus und rauchte sie an. Nervös klimperte sie mit den Augenlidern und fragte: „Wie sieht er aus?"

„Groß, schlank, dunkelhaarig. Der Liebling aller Frauen. Wieso?"

„Tony hat am Tag der Explosion einen Typ ange-
schleppt, der sich in ganz Grado nach mir erkundigt
hatte. Wir dachten, er ist der Bombenleger – oder ein
Komplize ...“

„Und?“

„Er hat hartnäckig behauptet, er habe nichts mit der
Bombe zu tun. Da habe ich Tony befohlen, ihm auf der
Herdplatte ein bisschen das Gesicht zu grillen.“

„Autsch!“

Donna Antonella machte einen tiefen Lungenzug,
staubte einen Aschenkegel ab und sah Il Piccoletto
fragend an: „Seit wann bist du so zimperlich, Piersandro?“

„Er ist ein Schulfreund von mir.“

„Na und? Er hat es überlebt. Und ob ein Mann eine
Narbe im Gesicht hat oder nicht, ist völlig gleichgültig.
Als ich jung war, haben die Kerle alle Narben gehabt.
Mein Mann hatte auch eine Narbe im Gesicht.“

Es folgte ein tiefer Lungenzug.

„Diese Narbe war jedenfalls nicht der Grund, warum ich ihn ursprünglich nicht heiraten wollte. Damals
war ich in einen anderen verliebt. Aber dann hat mich
Tommaso gemeinsam mit seinen Kumpels entführt.
Und als er mich wieder freigelassen hatte, musste ich,
um die Ehre der Familie zu retten, einer Matrimonio
riparatore[27] zustimmen.“

Il Piccoletto lachte auf: „Das wusste ich gar nicht,
dass Onkel Tommaso dich mit einem Trick zur Ehe
gezwungen hat.“

---

[27] Gesetzlich verankerte Heirat zur Wiederherstellung der Familien-
ehre

„Das geht auch niemanden etwas an. Schließlich haben wir über dreißig Jahre lang eine tadellose Ehe geführt."

„Wann wurde eigentlich die Matrimonio riparatore aus dem Codice civile[28] gestrichen?"

„Im Jahr 1981. Ich erinnere mich genau. Da war ich gerade mit Umberto schwanger."

Donna Antonella trat mit dem Absatz ihres Gucci-Pumps den Zigarettenstummel aus. Il Piccoletto erhob sich schnaufend und verschwand im Zimmer, wo er seinen Laptop anwarf. Es klopfte. Ein Leibwächter trat ein, ging durchs Zimmer hinaus auf die Terrasse und servierte einen Espresso, Cantucci, Wassergläser und eine Flasche Mineralwasser. Einen zweiten Espresso stellte er seinem Boss auf den Schreibtisch. Piccoletto nahm einen Schluck und hackte wie wild auf die Tastatur seines Laptops. Dabei ging ihm ein Gedanke nicht aus dem Kopf: Lupino hatte die Daten also immer noch. Falls er sie an Ranieri weitergegeben hätte, wären sämtliche Geschäftspartner der Frulani-Familie aufgeflogen. Dem war aber nicht so. Also hatte Lupino ihn nicht verraten. Il Piccoletto beschloss, seine Leute zurückzupfeifen. Zum Glück war ihnen Lupino in Venedig durch die Lappen gegangen. Um ein Haar hätte er seinen Freund geopfert. Endlich hatte er alle Daten überspielt. Er zog den Speicherstick aus dem Gerät, fuhr den Rechner herunter und kehrte zu seiner Tante auf die Terrasse zurück.

„Hier hast du die Daten. Nutze sie so, wie du es für richtig erachtest."

„Ohne deinen Rat einzuholen?"

---

[28] Zivilgesetzbuch

„Ich bleibe weiterhin untergetaucht. Ich treffe morgen Bruno Marcovic. Vielleicht verbringe ich einige Zeit in Kroatien ... Bitte kümmere dich hier in Triest um die Geschäfte unserer Familie. Du hast völlig freie Hand."

Donna Antonella schlürfte Kaffee und nickte. Dann hielt sie den Stick hoch.

„Und da finde ich alles über unsere Geschäfte?"

Il Piccoletto nickte.

„Damit die Rahmenbedingungen hier in Triest für uns wieder ersprießlicher werden, wurde die Tochter des Hafenmeisters entführt. Sie sitzt hier im Keller des Hauses und macht sich vor Angst in die Hose. Zum Zweiten habe ich eine kleine Entlastungsaktion gestartet. Ich gab die Bombe, die in der Via San Carlo hochgegangen ist, in Auftrag. Danach haben meine Leute einen syrischen Flüchtling ein Bekennerschreiben auf Arabisch im Namen des IS verfassen lassen. Das haben wir ins Internet gestellt."

„Ich habe es heute im Radio gehört. Sie sagten, die Bombe in der Via San Carlo sei ein Anschlag des Stato Islamico gewesen."

Piccoletto lachte.

„Wunderbar! Genau so hatte ich es geplant. Damit verringert sich der Druck auf unsere Familie. Die Staatsanwälte, die Bullen und alle anderen beschäftigen sich nun mit der Suche nach IS-Sympathisanten. Damit sind die Geschäfte der Frulani-Familie von untergeordnetem Interesse."

Donna Antonella schmunzelte. Mit Genuss zerkaute sie ein Cantuccio und spülte mit einem letzten Schluck Kaffee nach. Sie öffnete neuerlich ihre Handtasche, holte eine weitere Sobranie heraus und rauchte sie an. Entspannt lehnte sie sich in den Liegestuhl zurück, blies eine steile Rauchwolke in den Himmel und sagte mit leiser Stimme: „Piersandro, du bist ein Genie."

fünfundvierzig

„O Herr, ich habe gesündigt. Vergib mir."

Es folgten fünf Ave Maria, dann murmelte der Alte neuerlich: „O Herr, ich habe gesündigt. Vergib mir."

Es folgten ein Paternoster und danach Stille. Der Koloss von einem Mann, der unauffällig in einer hinteren Bank im Mittelschiff der Kathedrale San Giusto Martire saß und tonlos die Lippen bewegte, war versunken in der Zwiesprache mit Gott.

„O Herr, ich habe gesündigt. Ich habe ein Kind getötet. Kein unschuldiges, das nicht. Aber trotzdem. Der kleine Nino hatte sein zwölftes Lebensjahr noch nicht vollendet. Und trotzdem musste er sterben. Herr, ich musste es tun. Die kleine Ratte hat mich und meine Familie verraten. O Herr, vergib mir! Aber Nino war ein Mistkerl. So jung und schon so verdorben. Ich hatte ihm in meiner unendlichen Großzügigkeit einen Job als Läufer gegeben. Er verrichtete all die Botendienste, die ich brauchte, schnell und zuverlässig. Und ich bezahlte ihn üppig. Seine Eltern, beide Alkoholiker, konnten sich endlich wieder regelmäßig Essen und neue Kleidung für sich und ihre fünf Kinder leisten. Ich vermietete ihnen sogar eine Wohnung, die nicht so wie die, in der sie mit Nino bis dahin gehaust hatten, von Schimmel befallen war. O Herr, ich sorgte mich um Nino und seine Familie. Und was tat er als Dank? Er verriet mich an die Norinos. So wussten sie von ihm, dass ich in Santa Croce untergetaucht war. Dorthin schickten sie ihre rumänischen Handlanger, um mich zu töten. Herr, ich musste es tun. Wenn ich ihn nicht umgebracht hätte, hätten es die Norinos mit mir getan. Nino hat mich meinen Feinden am Silbertablett serviert. Zum Glück war ich so vorsichtig, dass ich ihn nie direkt in einem meiner Verstecke getroffen habe. Ein einziges Mal hatte ich diesen Fehler gemacht, in Mestre. Als ich Nino zu Lupino gesandt hatte und ihn zu mir holen ließ. Kaum war Lupino weg, kamen die Killer der Norinos. Gott sei Dank wurden sie von den Polizisten, die mein Versteck überwachten, gestoppt. Fast hätte es eine Schießerei und Tote gegeben. All das wegen diesem kleinen Verräter. O Herr, ich musste es tun. Vergib mir. Genauso wie ich die Tochter des Hafenmeisters entführen und ihr erst ein Ohr und dann auch noch den kleinen Finger abschneiden musste. Ihr Vater, dieses Schwein, hatte mich an den Staatsanwalt verraten. Obwohl ich ihn ein Jahrzehnt lang durchgefüttert habe. Ohne meine finanzielle Unterstützung hätte der feine Herr nicht ständig in Nobellokalen speisen und in exklusiven Bordellen ficken können. Herr, verzeih mir diesen Ausdruck! Er hätte sich auch nie eine BMW X5 leisten können. All das habe ich ihm ermöglicht. Und dann, o Herr, hat er mich verraten. Was ist das für ein Mensch? Nachdem ich ihm das Ohr seiner Tochter geschickt hatte, war er noch immer nicht kompromissbereit. Er arbeitet weiter gegen mich. Erst, als er ihren kleinen Finger in einem Päckchen empfangen hatte, lenkte er ein. O Herr, in was für einer Welt leben wir? Ich bin umzingelt von Menschen ohne Anstand, ohne Loyalität und ohne Mitgefühl. Hat denn niemand mehr ein Herz? O Herr, vergib mir, dass ich das Mädchen verstümmeln musste. Es ging nicht anders ... Vater unser im Himmel, geheiligt werde dein Name, dein Reich komme, dein Wille geschehe ...“

Und während er weiter Gebete vor sich hin murmelte, kramte der Alte in seiner Hosentasche nach
einem Taschentuch. Er entfaltete es, wischte sich die
Tränen aus den Augenwinkeln und schnäuzte sich. Ein
reuiger Sünder, der den Herren um Vergebung anflehte.
Mühsam stand er auf, nahm seinen Stock und ging zum
Ausgang der Kathedrale. Bevor er sie verließ, drehte
er sich um, hielt inne und genoss die wunderbar spiri-
tuelle Atmosphäre dieser dreischiffigen romanischen
Kirche. Dann nestelte er einen 100-Euro-Schein aus
seiner Hosentasche und steckte ihn in den Opferstock.
Er tippte Zeige- und Mittelfinger in das Weihwasser-
becken, bekreuzigte sich und zappelte aus der Kirche
hinaus. Im grellen Sonnenschein setzte Il Piccoletto
seine Sonnenbrille auf, atmete tief durch und verließ
auf seinen Stock gestützt den geweihten Ort.

Grado

sechsundvierzig

Sie redete wie ein Wasserfall. Lupino saß still neben ihr, genoss die Fahrt und beobachtete sie. Irgendwie faszinierte ihn diese Österreicherin. Er bestaunte ihre gepflegten, sonnengebräunten Arme und Hände. Besonders angetan war er von ihren Füßen. Sie hatte nach dem Einsteigen ihre Sandalen abgestreift und fuhr nun bloßfüßig. Lupino konnte nicht anders. Er musste diese schmalen, braungebrannten Füße, die ein perfekt zur Hautfarbe passender Nagellack besonders attraktiv machte, anstarren. Die Nagellackfarbe war ein helles Rot, fast ein Orange. Die Frau hat Geschmack, dachte er anerkennend.

„Was schaun S' denn dauernd auf meine Zecherln? Muss ich mich genieren?"

„Auf gar keinen Fall ..."

„Soll ich die Schuhe wieder anziehen?"

„Um Gottes willen! Nein!"

Sie schmunzelte und fragte dann schelmisch: „Aber warum schaun S' denn dann dauernd hin?"

„Weil Sie wunderschöne Füße haben."

Ein forschender Blick streifte ihn.

„War das jetzt ein Kompliment?"

„Das ist die Wahrheit."

Nun wurde die Grazerin ganz still. Lupino meinte, eine leichte Röte in ihrem Gesicht wahrzunehmen. Die Stille währte an, und Lupino dachte verzweifelt nach, was er nun Unverfängliches sagen könnte. Sein Hirn war wie gelähmt. Ihm fiel nichts ein. Wie ein Depp saß er da und starrte nun nicht mehr ihre Füße, sondern die vorbeiziehende Landschaft an.

„Wieso hat man Ihnen eigentlich das G'sicht verbrannt? Wer macht denn so was?"

Lupino zuckte mit der Achsel und drehte seinen Kopf zum Seitenfenster, damit sie so wenig wie möglich von seinem verunstalteten Gesicht sehen konnte. Verschämt murmelte er: „Das geschah im Zuge eines Jobs ... natürlich nicht als Fremdenführer, sondern als Privatdetektiv."

„Zahlt sich denn das aus?"

„In diesem konkreten Fall schon. Ich hab zehntausend Euro bekommen."

Sie verriss das Steuer nach rechts und bremste. Der Cinquecento blieb abrupt am Straßenrand stehen. Sie schaute ihn entsetzt an.

„Bist du deppert? Für zehntausend Euro lasst du dir das Gesicht verbrennen?"

Lupino musste lachen.

„Freiwillig nicht. Es ist halt passiert. Übrigens können wir gerne per Du sein. Meine Freunde sagen Lupino zu mir."

Die Grazerin sah ihn ernst an. Dann streichelte sie sanft über die verbrannte Wange.

„Armer Lupino."

Er zuckte mit den Schultern. Sie startete und fuhr weiter.

„Ich heiß übrigens Erna. Ich mag es lieber, wenn wir per Du sind. Das ist nicht so förmlich."

„Mit einer schönen Frau bin ich immer gerne per Du."

„Lupino! Schon wieder ein Kompliment."

„Noch immer die Wahrheit ..."

siebenundvierzig

Lupino hatte keine Unterkunft. Das gestand er Erna knapp vor Grado. Sie winkte ab und meinte, das sei kein

Problem. Erna nahm ihn einfach zu ihrem Wohnwagen mit. Es war ein heißer Nachmittag, und Erna entschied kurzerhand: „Jetzt trinken wir zuerst einmal ein Bier. Dann können wir zur Erfrischung kurz ins Meer gehen und dann werf ma den Griller an und machen uns einen schönen Abend."

„Bei dir da?"

„Ja, bei mir. Aber nicht in meinem Bett, du Schlingel."

Lupino verschluckte sich und hustete. Erna klopfte ihm kräftig auf den Rücken und präzisierte ihre Einladung.

„Ich hab zwei Schlafstellen. Einerseits das Bett, dort schlaf ich. Und andererseits die Küchenbank, die man zu einem Bett umbauen kann. Dort hat mein Mann g'schlafen. Der hat so fürchterlich laut geschnarcht, dass ich neben ihm nie einschlafen konnte."

„Mir ist alles recht."

Erna nahm einen Zug aus ihrer Bierflasche und sah ihn prüfend an.

„Ist dir das wirklich recht? Weil sonst können wir schau'n, ob einer der Bungalows hier am Campingplatz noch frei ist."

Lupino schüttelte den Kopf.

„Ich bleib gerne bei dir."

„Fein."

Später spazierten sie zum Einkaufszentrum des Campingplatzes, wo Lupino eine Badehose erstand. Sie zogen sich im Wohnwagen um, wobei Lupino mehrere indiskrete Blicke riskierte. Erna hatte eine Superfigur. Tadellos braun, feste, mittelgroße Brüste und einen wunderbaren wohlgeformten Hintern. Was Lupino am meisten verblüffte, war die Tatsache, dass sie weder auf den Schenkeln noch auf dem Popo Cellulitis hatte. Da war nichts verunstaltet, da hing und wabbelte kein Stückchen Fleisch. Nach dem Bad im Meer, das herrlich erfrischend war und das seine Lebensgeister aufs Angenehmste weckte, machte er Feuer im Holzkohlengrill. Erna bereitete im Wohnwagen das Fleisch und den Salat zu. Und während er beim Feuer stand und heftig eine Zeitschrift hin und her schwang, überkam ihn das merkwürdige Gefühl, Erna schon eine Ewigkeit zu kennen. Später nach dem Abendessen saßen sie dann beim glühenden Feuer, tranken Bier und plauderten über Gott und die Welt. Dabei vergaß Lupino all seine Sorgen. Er war herrlich entspannt, und Luciana, Il Piccoletto, Malherba und auch der Auslöser seines privaten Schlamassels, der Speicherstick, waren ihm völlig egal.

achtundvierzig

„Na, habt ihr heut Nacht kräftig gepoppt?"

Lupino sah überrascht von seinem Morgenkaffee auf. Die unsympathische Visage des Nachbars lugte grinsend zwischen den Büschen hervor.

„Gepoppt?"

Das von einem weißen Dreitagesbart umrahmte Gesicht des Deutschen grinste noch unverschämter.

„Gefickt, Mensch!"

Lupino wurde knallrot. Mühsam beherrschte er sich. Am liebsten hätte er dem unverschämten Kerl die gusseiserne Bialetti in die Fresse geschleudert.

„Ich weiß nicht, was Sie das angeht ..."

„Mann, sei nicht so prüde. Man kann doch über alles reden."

„Nicht mit Fremden und schon gar nicht beim Frühstück."

„Hab dich nicht so ..."

Plötzlich tauchte Erna in der Tür auf. Frisch geduscht, eingewickelt in ein großes weißes Badetuch. Sie warf einen Blick auf den unter dem Zeltvordach sitzenden Lupino und dann auf den sie frech musternden Nachbarn.

„Was gibt's Karlheinz?"

„'nen wunderschönen guten Morgen, schöne Frau!"

„Ach Karlheinz! Nicht schon wieder ..."

„Noch immer! Noch immer! Einer schönen Frau wie dir werde ich immer den Hof machen."

„Komm, schleich dich!"

„Wie bitte?"

„Verpiss dich!"

„Ach Erna, wo wir uns gerade so schön unterhalten ..."

„Du störst."

„Das war aber jetzt nicht nett."

„Ich bin nicht nett."

„Na gut, bis später. Tschü-üs!"

Das bärtige Antlitz des Widerlings verschwand. Erna atmete tief durch und setzte sich zu Lupino. Der schenkte ihr Kaffee ein und brummte: „Hast du mit dem Kerl was gehabt?"

„Spinnst du?"

Lupino zuckte mit den Schultern, biss von seinem Brioche ab und nahm einen großen Schluck Kaffee.

„Wie kommst du da drauf?"

„Er hat mich gefragt, ob wir heute Nacht ge... nun ja ... ob wir ... was miteinander gehabt haben."

„So ein Arsch!"

Lupino duckte sich. So, als ob Erna ihm ein kräftiges Kopfstück gegeben hätte. Erna schmunzelte.

„Und was hast ihm geantwortet?"

„Dass ich mich mit einem Fremden nicht darüber unterhalte."

Erna lehnte sich zurück und lächelte maliziös. Wie zufällig berührte ihr schlanker Fuß Lupinos Bein. Lupino überbekam, so sehr er es auch zu verhindern suchte, eine mächtige Erregung. Das war an sich ganz natürlich, schließlich faszinierte ihn Erna. Das einzig Peinliche an dieser Situation war, dass er in der neu erstandenen, eng anliegenden Badehose dasaß. Andererseits wollte er um keinen Preis der Welt sein Bein von ihrem Fuß zurückziehen. Der Hautkontakt tat unglaublich gut. Also rückte er ganz nahe an die Tischkante und saß so aufrecht wie möglich, um seine Reaktion auf ihre Berührung zu kaschieren. Erna nahm wie selbstverständlich zwei Bissen von seinem Brioche und spülte mit mehreren Schlucken Kaffee nach. Dann stand sie auf, wobei ihr Handtuch ein Stück verrutschte und Lupino den Ansatz ihrer Brüste sehen konnte. Er bekam einen roten Kopf.

„Bist du auch schon fertig?"

Lupino steckt den letzten Zipfel Brioche in den Mund und stammelte: „Ja ..."

„Dann hilf mir, das Geschirr hineinzutragen. Wir waschen es gleich ab."

Nun kam der Augenblick der Wahrheit. Lupino fasste blitzschnell einen Entschluss: Es ist mir völlig egal, ob sie es sieht oder nicht. Ich spaziere jetzt – in jeder Hinsicht – aufrecht hinein und helfe ihr beim Geschirrabwasch. Erna ging mit der Bialetti in einer und mit ihrer Kaffeetasse in der anderen Hand voraus. Wobei das Badetuch entlang ihres Rückgrats bei jedem Schritt ein kleines Stück weiter nach unten rutschte. Lupino konnte nicht anders, als auf ihren nackten Rücken zu starren und hinter ihr in den Wohnwagen zu stolpern. Vor der Küchenzeile blieb sie abrupt stehen. Lupino rannte in sie hinein. Sie stellte die Bialetti und ihre Tasse in das Spülbecken. Dabei rutschte das Badetuch endgültig zu Boden. Lupino sah erstmals ihren nackten Hintern: knackig braun mit einem strahlend weißen Dreieck in der Mitte. Sie kicherte und sagte „Huch!" Dann trat sie einen Schritt zurück und schmiegte sich an ihn. Lupino, immer noch seine Tasse und einen Teller in den Händen haltend, schloss die Augen und genoss es. Mit einem Ruck drehte sie sich um, nahm ihm das Geschirr aus der Hand, stellte es in die Spüle, packte seine Hand und zog ihn mit sich.

„Komm, jetzt mach ma das, wovon der Karlheinz träumt! Morgen kannst ihm dann alle Details schildern ..."

neunundvierzig

Wach lag er da und wälzte sich hin und her. Neben ihm atmete Erna tief und regelmäßig, wobei sich zu ihrem Atem hin und wieder ein zartes Schnarchen gesellte. Luciana hatte wie ein Tier geschnarcht. War das, weil sie rauchte und ihre Nase oft verlegt war? Oder war das Schnarchen angeboren? Luciana hatte immer ganz zart nach Rauch und Tabak gerochen. Das Tabakaroma hatte sich mit ihren femininen Ausdünstungen zu einer zartbitteren Mischung vermengt, die er liebte. Sich beim Einschlafen an sie zu kuscheln und in ihre Geruchsaura einzutauchen, hatte etwas Beruhigendes. Erna war anders. Nicht nur dass sie nicht schnarchte, roch sie auch viel zarter. Eine olfaktorische Mischung aus Sonnenmilch und Feuchtigkeitscreme umgab sie. Das war Lupino ebenfalls nicht unangenehm. Es war aber ungewohnt. Madonna! Was tat er hier im Bett mit dieser fremden Frau? Und als er darüber nachdachte, schlich sich einer Würgeschlange gleich das schlechte Gewissen an. Es flüsterte ihm zu, dass er eigentlich nur hier lag, weil er den Tod von Ernas Mann mitverschuldet hatte. Hätte ihn der damals nicht nach Grado gefahren, würde er noch leben. Und er hätte sicher was dagegen gehabt, dass seine Frau hemmungslosen Sex mit Lupino hatte. Ja, Erna war eine leidenschaftliche Frau. Und Lupino immer noch ein potenter Liebhaber. Endlich wieder Sex! Nachdem Luciana ihn aus ihrer Wohnung hinausgeschmissen hatte, war ja nichts mehr gewesen, da all seine Gedanken fast ausschließlich um das Abliefern des verfluchten Speichersticks kreisten. Außerdem hatte er sich ständig auf der Flucht befunden. Vor Malherba und auch vor jenen, die frühmorgens in seine Wohnung eingedrungen waren und auf ihn geschossen hatten. Unter diesen Bedingungen war ihm jegliches sexuelle Begehren vergangen. Das hatte erst Erna wieder geweckt. Nicht nur ihr attraktiver Körper, sondern vor allem ihre warmherzige, fast mütterliche Art. Lupino fühlte sich bei ihr geborgen und beschützt. Hier, rund um Ernas Wohnwagen, war die Welt in Ordnung. Da explodierten keine Bomben und es gab keine Gangster. Zumindest jetzt nicht mehr. Erna hatte ihm erzählt, dass der Trailer, in dem Antonellas Leute ihm das Gesicht verbrannt hatten, von der Polizei beschlagnahmt worden war. Ihre Freundin und Sprachlehrerin hatte ihr berichtet, dass die Polizei alle Gäste des Campingplatzes nun laufend überprüfte. Gangster fanden hier kein sicheres Versteck mehr. Mit Schaudern erinnerte sich Lupino an den Tag des

Bombenattentats zurück. Er war damals durch Grado geirrt und hatte verzweifelt Kontakt zu Donna Antonella gesucht. Sie hatte von seiner Suche Wind bekommen, ihn mit K.o.-Tropfen betäubt und in den Wohnwagen bringen lassen. Bei diesen Erinnerungen lief Lupino ein kalter Schauer über den Rücken. Hellwach wälzte er sich im Bett herum. An Schlaf war nicht mehr zu denken. Schließlich stand er auf, schlüpfte in Jeans und T-Shirt und verließ den Wohnwagen. Draußen merkte er, wie stickig es drinnen im Trailer gewesen war. Beglückt atmete er die frische Nachtluft ein und genoss die Stille rundum. Er setzte sich in einen Campingstuhl und betrachtete den funkelnden Sternenhimmel. Eine sanfte Brise wehte vom Meer zu ihm, und er hörte in der Ferne das leise Rauschen der Wellen. Ob eine Aussöhnung mit Luciana wohl möglich war? Er wusste es nicht. Wollte er überhaupt noch mit Luciana zusammen sein? Auch das wusste er nicht. Das zufällige Wiedersehen mit Erna hatte ihn seinen Trennungsschmerz fast völlig vergessen lassen. Natürlich war da noch etwas. Ein tiefes Bedauern, dass eine vier Jahre dauernde Beziehung plötzlich zerbrochen war. Dass Luciana offensichtlich nicht mehr bereit war, die manchmal unangenehmen Begleiterscheinungen seines Berufs in Kauf zu nehmen. Oder war es einfach sein verbranntes Gesicht? Wollte sie ihn nicht mehr, weil ihn eine riesige Narbe verunstaltete? Hing sie so sehr an Äußerlichkeiten? Oder war es einfach alles zusammen? Lupino starrte hinauf aufs Firmament und dachte sich: Erna störte die Narbe offensichtlich nicht. Sonst hätte sie mich ja nicht verführt. Dieser Gedanke beruhigte ihn. Es erfasste ihn eine wunderbare Leichtigkeit. Augenblicke später schlief er im Campingstuhl ein.

fünfzig

Mit einem „Bling" fiel die Metallkapsel auf den Boden, wo sie munter weiterrollte.

„Was war das?"

Lupino zuckte mit der Schulter. Er konnte sich zwar denken, was da aus seiner Hosentasche herausgerutscht, hinuntergefallen und über den Boden gekullert war, wollte darüber aber nicht reden. Schon gar nicht jetzt. Entspannt und splitternackt lag er neben Erna und döste in postkoitaler Erschöpfung vor sich hin.

„Das war irgendetwas Metallisches ... Hoffentlich ist nichts kaputtgegangen."

Erna war plötzlich unruhig. Kurze Zeit später stand sie auf und begann, den Boden des Wohnwagens genau abzusuchen. Schließfand fand sie das Objekt ihrer Neugierde. Triumphierend kehrte sie zu Lupino ins Bett zurück und präsentierte ihm ihren Fund.

„Siehst du, ich hab Recht gehabt! Gehört das dir?"

Lupino blinzelte und versuchte, ihr die Hülse wegzunehmen, doch er war zu langsam. Nun befand sie sich in Ernas Faust, und er befand sich in einem Schlamassel.

„Es gehört also dir. Was ist das?"

„Glaub mir, es ist besser, wenn du das nicht weißt."

„Hast du Geheimnisse vor mir?"

„Jede Menge ..."

„Komm, spann mich nicht auf die Folter. Heraus mit der Sprache, was ist das?"

Lupino ahnte, dass sie nicht lockerlassen würde. Er war ihr eine Erklärung schuldig.

„Weißt du noch, wie ich mit der frischen Brandwunde zu dir in den Wohnwagen geflüchtet bin?"

„Freilich!"

„Das wäre nie passiert, wenn ich das Ding nicht bei mir gehabt hätte. Es ist brandgefährlich. Drum: Gib es mir bitte."

Erna runzelte die Stirn, besah sich die Hülle und gab sie ihm widerstrebend.

„Ist da Sprengstoff drinnen?"

„In gewisser Weise ja."

„Wolfgang, bring das Ding sofort weg! Ich möchte nicht in die Luft fliegen."

Lupino lachte.

„Davon fliegen wir nicht in die Luft. Da sind Daten gespeichert. Brisante Daten. Inhaltlicher Sprengstoff. Deswegen wird man höchstens umgebracht."

Erna war beunruhigt. In den folgenden Tagen lag sie ihm ständig in den Ohren, das Ding loszuwerden. Schließlich machte sich Lupino auf, um Donna Antonella zu suchen. Erna fuhr ihn in die Stadt hinein. Während sie in der Fußgängerzone bummeln ging, schlenderte er mit pochendem Herzen zur Via Barbana. Was er bei Nummer 58 sah, ließ ihn kurz anhalten. Das von der Bombenexplosion verwüstete Lokal war fast wiederhergestellt. Der Verputz der gesamten Hausfassade war neu. Drinnen im Geschäft arbeiteten Handwerker, die offensichtlich eine Bar oder eine Trattoria aus dem ehemaligen Textil- und Handarbeitsgeschäft machten. Bei Lupino fiel sofort der Groschen. Im Grunde war das Bombenattentat für die Frulani-Familie ein Segen gewesen. Damit war das alte Geschäft Geschichte, und sie richteten jetzt ein Lokal ein, das sicher mehr Profit abwerfen würde. Typisch Il Piccoletto & Co. Lupino holte tief Luft und ging schnurstracks in die Baustelle hinein. Der Vorarbeiter hielt mit seinen Anweisungen inne und sah den Fremden feindselig an.

„Ich suche Donna Antonella ..."

„Wen?"

„Donna Antonella."

„Wer soll das sein?"

„Die Besitzerin des alten Ladens. Des Heimtextiliengeschäfts. Donna Antonella."

„Die ist nicht da."

„Ich habe eine Nachricht für sie. Ich muss ihr etwas geben."

„Gib's mir."

„Ich muss es ihr persönlich geben."

„Komm in einer halben Stunde wieder."

„D'accordo."

In Lupino keimte die leise Hoffnung auf, die verfluchte Metallhülse endlich loszuwerden. Er fühlte sich unendlich erleichtert und schlenderte zum alten Hafen. Dort traf er Erna. Entspannt tranken sie einen Aperitif und knabberten an Chips. Nach einer Dreiviertelstunde kehrte Lupino in die Via Barbana zurück. Er betrat das Lokal, und der Polier deutete ihm mit einer Kopfbewegung, dass er weiter nach hinten gehen solle. Lupinos Nerven kribbelten, und er marschierte an einer fast fertigen Küche vorbei den Gang entlang in Richtung Toiletten. Er machte die Toilettentür auf, das Licht ging an – und vor ihm stand Tony. Der Kerl, der ihm das Gesicht verbrannt hatte. Noch bevor Lupino einen Ton sagen konnte, hatte er Tonys Messer am Hals und wurde gegen die Wand gedrängt.

„Du gibst wohl nie auf, Toast-Gesicht?"

„Ich muss Donna Antonella ..."

Das Messer ritzte die Haut seiner Kehle. Lupino fühlte Blut an seinem Hals.

„Du musst gar nichts. Außer für immer Ruhe geben. Das hat Donna Antonella angeordnet."

„Ich hab was für sie ... in meiner rechten Hosentasche."

Tony blinzelte misstrauisch. Dann ließ der Druck
des Messers nach, und Tonys grobe Hand fuhr in seine
rechte Hosentasche. Sie zog Geldscheine und Münzen
heraus. Tony steckte sie ein. Neuerlich fuhr die Hand
in Lupinos Hosentasche und griff nun nach der Metallhülse. Lupino riss sein linkes Knie hinauf. Volltreffer.
Tony wurde weiß im Gesicht, ließ das Messer fallen
und fasste sich mit schmerzverzerrtem Gesicht in den
Schritt. Lupinos Faust landete krachend auf seiner
Nase. Tony sackte zusammen. Lupino nahm ihm das
zuvor eingesteckte Geld ab. Die Euromünzen klimperten gemeinsam mit der Metallhülse in seiner Hosentasche, als er über den Bewusstlosen hinwegstieg und aus
dem Lokal hinausrannte. Der Polier und die Arbeiter
sahen ihm verblüfft nach.

einundfünfzig

Erna sprang wie von einer Tarantel gestochen auf, als
sich Lupino blutend neben sie setzte. Er deckte mit der
Hand die Wunde am Hals ab.

„Um Gottes willen, was ist passiert?"

„Ein Betriebsunfall ..."

„Komm, wir gehen!"

Erna, die bereits gezahlt hatte, nahm Lupino bei der
anderen Hand und führte ihn im Laufschritt zu ihrem
Cinquecento. Sie startete, kurvte durch die engen Gassen, bremste vor einer Apotheke, in der sie wortlos
verschwand. Mit energischem Gesichtsausdruck stieg
sie wenig später wieder ins Auto ein, startete und fuhr
aus der Altstadt hinaus zu einem der Parkplätze an der

Riva Slataper. Dort parkte sie den Wagen, klappte Lupinos Sitz so weit es ging nach hinten und nestelte aus ihrer Handtasche einen Desinfektionsspray sowie eine Verbandsrolle. Sanft nahm sie Lupinos Linke von der blutenden Wunde. Dann sprayte sie drauf. Das alkoholhaltige Desinfektionsmittel brannte wie die Hölle. Lupino stöhnte. Nun gab sie ein nicht klebendes Pad auf die Wunde und wickelte den Verbandsstoff um Lupinos Hals. Abschließend verknotete sie ihn in seinem Nacken.

„Komm, steig aus!"

„Schickst du mich jetzt zum Teufel?"

„Ich möchte deine blutigen Finger abwaschen. Aber das mach ich sicher net im Auto herinnen."

Zurück beim Wohnwagen, für ihn war es fast so etwas wie ein Nachhausekommen, legte er sich sofort auf einem Campingbett unter dem Vordach nieder. Er fühlte sich total matt, da er doch einiges an Blut verloren hatte. Außerdem steckte ihm der Schock in den Knochen. Lupino bekam mit, dass Erna ihre Einkäufe verstaute. Dann fiel er in einen tiefen Schlaf. Als er aufwachte, dämmerte es draußen. Erna saß neben ihm und schmökerte in ihrem Italienisch-Lehrbuch.

„Wie lang hab ich denn geschlafen?"

„Den ganzen Nachmittag ..."

„Ich hab einen Mordshunger."

Erna klappte das Buch zu, stand auf, streichelte liebevoll über Lupinos Haarschopf und verschwand im Wohnwagen. Lupino hörte Geschirr klappern sowie die Kühlschranktür, die geöffnet und wieder geschlossen wurde. Erna erschien mit einem Tablett, auf dem eine riesige Salatschüssel, Teller, Besteck, frisches Brot sowie eine Flasche Rotwein und Gläser standen. Vorsichtig stellte sie es vor Lupino auf den Campingtisch. Lupino strahlte und murmelte „Danke". Dann verschlang er mit großem Appetit eine gewaltige Portion Salat, der außer Salatblättern kleingeschnittene Stücke von Paprika, Tomaten, Mozzarella und gekochtem Schinken enthielt. Anschließend spülte er mit mehreren Schlucken Rotwein nach und rülpste laut. Hinter der Hecke, dort wo Karlheinz Wohnwagen stand, erschallte empört: „Sauerei, sowas!"

Und während Lupino ein schuldbewusstes „Scusi!" murmelte, schimpfte Erna: „Karlheinz, du nervst! Kümmer dich gefälligst um deinen eigenen Dreck!"

Postwendend lugte das bärtige Antlitz des Nachbars durch die Thujenhecke.

„Aber Erna, ich möchte doch nur, dass sich der junge Mann dir gegenüber wie ein Gentleman verhält."

Erna beachtete ihn nicht weiter. Sie stand auf, räumte die Reste des Nachtmahls zurück auf das Tablett und verschwand damit im Wohnwagen. Karlheinz guckte ihr mit sehnsüchtigen Blicken nach. Dann wandte er sich Lupino zu: „Erna ist ein echt heißer Feger. Donnerlüttchen, die Frau hat Feuer im Hintern. Wenn ihr da drinnen poppt, wackelt nicht nur der ganze Wohnwagen, man hört euch auch auf dem gesamten Campingplatz. Alle Achtung! Die Frau ist fast 60 und hat noch so viel Spaß am Sex ..."

Weiter kam er nicht. Ein Schwall kaltes Wasser ergoss sich über sein Haupt. Blitzschnell verschwand der Nachbarsschädel. Erna stand böse grinsend mit dem leeren Wasserkübel in der Tür, während von jenseits der Hecke erklang: „Donnerlüttchen! Das nenn ich Temperament."

zweiundfünfzig

Erna war laut. Sehr laut. Und Lupino musste ununterbrochen an diesen widerlichen Karlheinz denken. So ein Spinner! Sicher lauschte er schon wieder nebenan. „Komm, entspann dich ...", stöhnte sie und ihre Fingernägel kratzten zärtlich über seinen Rücken. Ein wollüstiger Schauer überrieselte ihn. Nun war ihm alles egal. Diese Frau reizte ihn über alle Maßen. Wenig später lagen sie dann schweißgebadet nebeneinander und Lupino begann zu sinnieren. In einem Anflug von postkoitaler Tristesse dachte er: Madonna mia! Was tue ich hier? In den Armen einer fremden Frau! Eigentlich bin ich noch immer mit Luciana verlobt. Luciana ... ach Luciana! Aber seine Verlobte war in jeder Hinsicht weit weg. Nicht nur, dass er sich hier in Grado und sie sich in Venedig befand. Auch seelisch war eine gewaltige Distanz entstanden.

Später ging er mit Erna zum Meer. Nachdem er sich in den angenehm temperierten Wogen der Adria abgekühlt und erfrischt hatte, kehrte er an den Strand zurück und legte sich auf das Badetuch. Entspannt beobachtete er, wie Erna weit draußen im Meer schwamm. Lupino, der kein sonderlich begeisterter Schwimmer war, bewunderte sie dafür. So hielt sie sich seit Jahren fit. Deshalb hatte sie auch eine wunderbare Figur. Er lag faul am Strand und hing seinen Gedanken nach. Seltsamerweise hatte ihn diese Frau in ihren Bann gezogen. Obwohl er immer noch Luciana liebte. Luciana, die Ferne, die Unerreichbare. Erna hingegen war hier. Lebendig, erotisch, verführerisch. Das pralle Leben. Dass er Erna getroffen hatte, war ein ausgesprochener Glücksfall. Er war ihr unendlich dankbar, dass sie ihm nach der Auseinandersetzung mit Tony die Halswunde fachkundig verbunden hatte. Schließlich war sie diplomierte Krankenschwester und hatte fast drei Jahrzehnte am Landeskrankenhaus in Graz gearbeitet. Dort hatte sie auch ihren Ehemann, der in der Klinik als Oberarzt beschäftigt und um 15 Jahre älter als sie gewesen war, kennengelernt. Nach dessen Pensionierung hatte er den Luxuswohnwagen gekauft, ihn nach Grado gefahren und einen Fixstellplatz gemietet. Hier hatte das Ehepaar nun den Großteil des Jahres verbracht. Nur rund um Weihnachten und Silvester kehrten sie für ein paar Wochen nach Graz zurück.

„Woran denkst du?"

„An nichts ..."

„Willst du zurück nach Venedig?"

„Nein. Warum sollte ich?"

„Vielleicht wartet dort jemand auf dich?"

„Wer soll auf mich warten?"

„Du bist sicher verheiratet. Alle italienischen Männer in deinem Alter sind verheiratet und haben eine Schar Bambini."

Lupino lachte. Erna auch.

„Du vergisst, dass ich nur zur Hälfte Italiener bin."

„Du bist nicht verheiratet?"

Lupino schüttelte den Kopf.

„Geschieden?"

„Auch nicht."

Sie lehnte sich an ihn, blinzelte versonnen auf die glitzernde Meeresoberfläche und fuhr nach einer kurzen Pause fort: „Normalerweise würde ich jetzt annehmen, dass du schwul oder asexuell bist. Aber das trifft ja beides nicht zu ..."

Sie streichelte seinen Bauch, dann seine Oberschenkel. Mit Unbehagen registrierte Lupino eine spontane

Reaktion in seiner Leibesmitte. Vorsichtig stoppte er ihre Hand und murmelte: „Nicht hier. Bitte. Gleich springt Karlheinz hinter einem Sonnenschirm hervor."

Beide lachten.

„Okay, mein Wölfchen, was ist los mit dir? Ich will das jetzt wissen."

„Nichts! Was soll los sein?"

„Wartet wenigstens eine Freundin in Venedig auf dich?"

„Nicht mehr ..."

„Also warst du doch mit einer Frau zusammen."

Lupino grunzte zustimmend, legte sich auf den Bauch und ließ sich von ihr den Rücken graulen. Er hatte absolut keine Lust, mit ihr über Luciana zu reden.

„Ich geh jetzt vor in den Supermarkt und hol mir ein Eis und ein Wasser. Willst du auch ein Eis?"

„Ja, bitte."

Zehn Minuten später saß sie wieder neben ihm auf dem Badetuch. Mit Genuss verschlang er das Eis und trank nachher fast die halbe Mineralwasserflasche leer. Lupino fühlte sich wohl. Erna hatte die heutige Ausgabe von Il Gazzetino mitgebracht und begann, in der Tageszeitung zu schmökern. Wenn sie eine Phrase oder ein Vokabel nicht verstand, fragte sie Lupino. Ihre Fragen störten ihn nicht. Im Gegenteil, er bewunderte ihren Eifer, Italienisch zu lernen.

„Sag, kennst du einen gewissen Piersandro Frulani? Auch Il Piccoletto genannt?"

Wie vom wilden Schwein gebissen fuhr Lupino hoch.

„Wie kommst du auf den?"

„Na, da steht ... wenn ich es richtig verstanden habe ... dass er ein gesuchter Mafioso ist ... Du warst doch früher bei der Polizei, also müsstest du ihn kennen oder zumindest von ihm gehört haben. Er stammt aus der Familie der Frulani ... er war, so steht es hier ... il capo della famiglia ..."

„Und? Was ist mit ihm?"

„Vorgestern ist er in Kroatien bei einem Autounfall ums Leben gekommen."

Venedig

dreiundfünfzig

Was für ein grauenhaftes Wetter! Sturm und strömender Regen. Solange sich Lupino zurückerinnern konnte, hatte es so etwas mitten im Sommer nicht gegeben. Was für eine Scheißwelt! Dachte Lupino ausnahmsweise auf Deutsch. Eine Phrase, die er von seiner Mutter übernommen hatte. Wenn seine Mutter in einer ausweglosen Lage gewesen war, hatte sie ausnahmslos auf Deutsch geschimpft. Ihr Diagnose lautete dann: „Was für eine Scheißwelt! Jetzt bin ich in der Rue de la Gack gelandet." Genau so fühlte sich nun Lupino. Er saß in der nicht sehr einladenden Snack Bar und stierte hinaus auf den Campo Santi Giovanni e Paolo. Regengüsse peitschten über den Platz, Teile waren von riesigen Lachen überschwemmt. Schlimmer, viel schlimmer konnte ein Sommertag nicht sein. Die Krönung der Misere war die Tatsache, dass in der Kirche vis-à-vis gerade die Totenmesse für jenen Mann gelesen wurde, der Lupino aus dieser Scheißgasse hätte herausholen können: Il Piccoletto. Auch in der Bar herrschte eine triste Stimmung. In der Vitrine gammelten Stöße von Tramezzini und Piadini vor sich hin, ohne dass sie auch nur irgendwem Appetit hätten machen können. Hinter dem Tresen stand ein kräftiger schwarzhaariger Typ mit dichtem Vollbart. Finster schmökerte er in den rosafarbenen Seiten der Gazzetta dello Sport. Außer Lupino hockte nur noch ein einsamer Tourist im Lokal. Ein Deutscher mit heller Schirmkappe von Boss, bekleidet mit einer billigen Regenjacke. Seine Füße steckten in weißen Adidas-Sneakers, die rundum dunkle Feuchtigkeitsränder hatten. Je länger Lupino auf die Schuhe des Fremden starrte, desto kälter wurde ihm. Ja, er bildete sich plötzlich ein, selbst Feuchtigkeit in den Socken zu verspüren. Was allerdings unmöglich war, da seine Füße in Gummistiefeln steckten. Die Basilika Santi Giovanni e Paolo war rundum abgesperrt. Eine Doppelreihe von uniformierten Mitarbeitern eines Sicherheitsdienstes hatte nur Gäste durchgelassen, die eine schriftliche Einladung vorweisen konnten. Vor dem Kirchenportal standen drei schwer bewaffnete, uniformierte Polizisten, die die Trauergäste nach Waffen abgesucht hatten. Weitere vier saßen in dem Polizeiboot, das im Kanal vor dem Platz angelegt hatte. Dicht hinter dem Bestattungsboot. Da Lupino keine Einladung besaß und da er keinesfalls den Handlangern von Donna Antonella in die Hände fallen wollte, hockte er in der Snack Bar und beobachtete das Spektakel: Il Piccolettos Totenmesse und die Überführung des Leichnams nach San Michele[29]. Als der Gottesdienst endlich vorbei war, Lupino hatte inzwischen das vierte Glas Cabernet Franc getrunken, trugen Il Piccolettos engste Kumpane den Sarg hinaus auf den Campo und hievten ihn mit Hilfe der Bestattungsmitarbeiter in das Boot. Dem mit einem gut zwei Meter langen und ein Meter breiten Blumenkreuz geschmückten Sarg folgten seine uralte Mutter, die von seinem Bruder Momo gestützt wurde. Dann kamen Momos Frau und Kinder, seine Schwester Loredana mit Ehemann Salvatore Basetto und Kindern, Donna Antonella sowie alle weiteren Mitglieder des Frulani-Clans. Was auffiel, war, dass Il Piccolettos Frau Vittoria und seine Tochter fehlten. Wo um alles in der Welt waren sie? Es wurde eifrig mit Handys telefoniert, es erschienen

---

[29] Venedigs Friedhofinsel

private Motorboote beziehungsweise Wassertaxis, die die sehr große Menschengruppe aufnahmen, und die halfen, Il Piccolettos letzten Weg über die Gewässer der Lagune zu begleiteten. Lupino blieb zurück und wartete, bis der Trubel vorbei war. Als ihn der andere Barbesucher in einem deutschgefärbten Italienisch fragte, wer denn da begraben werde, zuckte er mit den Achseln. Was ging diesen neugierigen Fremden an, dass hier der wahrscheinlich mächtigste Mann Venedigs zu Grabe getragen wurde? Lupino nahm sich vor, in den nächsten Tagen mit dem Vaporetto nach San Michele zu fahren und in aller Stille bei der Gruft der Frulanis von Il Piccoletto Abschied zu nehmen. Dabei ertappte er sich bei dem Gedanken, die verdammte Metallhülse, die ununterbrochen mit dem Kleingeld in seiner Hosentasche um die Wette klimperte, als Mitbringsel vor die Frulani-Gruft zu legen. So wie andere Menschen es mit Blumen taten. Als der Träger der nassen Adidas-Sneakers mit breitem bayrischen Akzent „Un birra, prego!" bestellte und aus dem Radio, das der Bärtige zuvor aufgedreht hatte, „Ciao, ciao bambina" erklang, reichte es Lupino. Zu viel Tristesse. Er zahlte und ging zügigen Schrittes die Fondamenta dei Mendicanti entlang. Links der Kanal, rechts die Häuserfront des größten Spitals Venedigs. Das Ospedale Santi Giovanni e Paolo war ein Bau der venezianischen Renaissance. Lupino schritt an den zahlreichen Anlegestellen der Ambulanzboote vorbei, ab dem Eingang zur Spitalskirche San Lazzaro dei Mendicanti gab es eine Wegstrecke mit besonders großen Pfützen. Doch das war Lupino egal. Er hatte sich bereits in der Früh in einem Touristen-Ramschladen Gummistiefel um wohlfeile 15 Euro gekauft. Seine Schuhe hatte er in den Rucksack gepackt. So ausgerüstet watete er durch das zum Teil knöchelhohe Wasser. Bei den Fondamente nove angelangt, bliesen ihm Sturmböen ins Gesicht. Er stieg auf die Brücke, die sich über den Kanal der Fondamenta dei Mendicanti spannte, und genoss den Ausblick. Vor ihm tobten die Wasser der Lagune. Ein Rettungsboot mit eingeschaltetem Blaulicht pflügte durch die aufgewühlten Wogen. In der Ferne waren die letzten Boote des Trauerzugs zu sehen. Sie schaukelten wie Nussschalen hin und her. Der Wind trieb Regenschauer in Lupinos Gesicht, Gischt spritzte und er murmelte: „Addio Piersandro ...“

vierundfünfzig

Eine Hand packte ihn bei der Schulter. Lupino zuckte zusammen.

„Seit wann bist du so schreckhaft?“

„Vaffanculo!“

„Hab ich dich bei 'ner Andacht für deinen Kumpel, den Obergangster, gestört?“

„Verdammt, Ludwig! Über Tote redet man nicht schlecht.“

Ranieri lachte bitter.

„Was soll ich denn Gutes über ihn sagen? Faktum ist, dass er mindestens ein Dutzend Menschenleben auf dem Gewissen hat. Dass er im großen Stil mit Drogen gehandelt und dass er Bordelle mit Sexsklavinnen aus Osteuropa betrieben hat. Dass er in jeden Bauskandal im Veneto involviert war und dass er in allem, was illegal ist, seine Finger drinnen gehabt hat ... ach Mensch!“

„Ich kannte ihn seit meiner Kindheit ... er war mein Freund.“

„Dein Freund?“

Nun lachte Ranieri höhnisch.

„Er war dafür verantwortlich, dass du deinen Job als Polizist verloren hast. Und jetzt hat er dich in diese Sache hineingeritten, in die du seit Wochen verwickelt bist."

„Dass ich meinen Job als Polizist verloren habe, daran bin ich einzig und alleine ich selber schuld. Ich hätte mich nicht bestechen lassen sollen. Er war ein Freund und hatte mir damals einen Vorschlag gemacht. Diesen Vorschlag hätte ich ja ablehnen können."

„Und du glaubst, das hätte er akzeptiert? Mensch, Wölfchen, sei nicht so naiv. Wach auf!"

Lupino starrte hinaus in die Lagune. Nach wie vor peitschte ein unbarmherziger Sturm die Wassermassen vor sich her. Tief in seinem Inneren wusste Lupino, dass Ranieri Recht hatte. Trotzdem empfand er Trauer.

„Wo warst du eigentlich die ganze Zeit? Ich habe gestern Signora Bagotti getroffen. Sie ist total verzweifelt, weil du wie vom Erdboden verschluckt bist. Sie hat jede Menge deutschsprachige Reisegruppen und niemanden, der sie kompetent führt. Sie schlägt sich im Augenblick mit zwei Germanistikstudenten durch. Leider sind die jungen Herrschaften unpünktlich, unzuverlässig und sprechen zusätzlich nicht wirklich gut Deutsch. In ihrer Verzweiflung hat sie mich gebeten, nach dir zu suchen."

Es gab tatsächlich jemanden, dem er abging: Laura Bagotti, seine Chefin, die geführte Touren durch Venedig anbot. Lupino grinste verlegen.

„Und Luciana?"

„Wir haben sie auf ihren Wunsch aus dem Schutzprogramm entlassen. Sie hat eine neue Wohnung. Mehr weiß ich nicht."

„Wie geht's ihr?"

„Ihr Verlobter ist untergetaucht. Ihr Bruder ist schwer verletzt. Ihr Arbeitsplatz wurde von einer Bombe zerstört. Was meinst du, wie es ihr geht?"

„Kannst du mir ihre neue Wohnadresse geben?"

„Die ist an sich geheim. Aber meinetwegen. Schließlich hättet ihr ja fast geheiratet ..."

Ranieri zückte sein Notizbuch sowie einen schmalen Kugelschreiber und kritzelte die Adresse auf eine Seite, die er dann herausriss. Das zusammengefaltete Blatt drückte er Lupino in die Hand.

„Sei lieb zu ihr. Sie hat es sich verdient."

Damit machte er auf dem Absatz kehrt und ging. Lupino blickte ihm mit stierem Blick nach. Plötzlich drehte sich Ranieri um und rief: „Ach ja ... Noch etwas: Stimmt es, dass du brisante Informationen von Il Piccoletto bekommen hast? Die würden mich sehr interessieren!"

Lupino wurde noch eine Spur blasser, als er schon war. Er schüttelte den Kopf und rief: „Kompletter Blödsinn!"

„Wollte nur mal nachfragen ..."

Dann bog Ranieri um die Ecke und war aus Lupinos Blickfeld verschwunden.

fünfundfünfzig

Aus dem Radio erklang nun Paolo Contes Reibeisenstimme „... mentre tutto intorno è solamente pioggia e Francia". Nicht nur in Frankreich regnet es, dachte Fabrizio Norino und lächelte still vor sich hin. Der venezianische Dauerregen in diesem Sommer war auch kein Schmarr'n. Schmarr'n war das bayrische Lieblingswort Norinos. Wieder lächelte er still vor sich hin. Er war zufrieden. Letztendlich hatte Il Piccoletto ohne sein Zutun das Zeitliche gesegnet. Da draußen hatten sich sechs Männer abgemüht, den Sarg des Fettsacks auf das Boot des Bestatters zu heben. Wenn es nach Norino gegangen wäre, hätten sie die Leiche ruhig in den Kanal kippen können, wo ihn die Ratten oder die Fische gefressen hätten. Il Piccoletto als Fischfutter. Auch dieser Gedanke amüsierte Norino. Tja, nun stand ihm in Venedig keiner mehr im Wege. Die Frulanis hatten das auch schon kapiert und sich offensichtlich aus Venedig zurückgezogen. Norinos Leute hatten in den letzten Tagen mehrere Geschäftsfelder in der Lagunenstadt an sich gerissen. Wie zum Beispiel die Versorgung der ultrareichen Klientel, die in Venedigs Fünf-Sterne-Hotels abstieg, mit Kokain und Luxusnutten. Der von den Frulanis aufgezogene Callgirl-Ring war plötzlich untergetaucht, nicht mehr erreichbar, weg. Auch das Schutzgeldgeschäft lief gut an. Norino war zufrieden. Er nahm einen kräftigen Schluck Bier und dachte an sein Lieblingsprojekt: An die Franziskaner Birreria. Der Besitzer des Lokals, dem auch das Haus gehörte, war etwas verstockt. Alle bisherigen Verhandlungen hatte er abgeblockt. Aber das würde sich bald ändern. Mit dem Verschwinden des Sohns würde auch die Verhandlungsbereitschaft des Vaters steigen. Norino hatte bereits seine Leute auf den Sohnemann, der in Bologna studierte, angesetzt. Zufrieden nahm Norino neuerlich einen Schluck Bier. Er beschloss, dem bockigen Kerl nicht nur das Lokal, sondern das ganze Haus abzuknöpfen. Ein ganzes Haus für einen ganzen Sohn. Falls nicht, würde er höchstpersönlich, den Sohn in Streifen schneiden und diese dem Herrn Vater zukommen lassen. Spätestens dann würde seiner Birreria nichts mehr im Wege stehen. Natürlich würde er nicht mehr den Kaufpreis bezahlen, den er ursprünglich vorgeschlagen hatte. Mit jedem Körperteil, den er dem Söhnchen abtrennen würde, würde auch der Kaufpreis sinken. Fabrizio trank zufrieden den Rest des Bieres aus. Noch eines? Warum nicht. Schließlich tranken Deutsche ja Unmengen Bier.

„Un birra, prego!"

Aus dem Radio ertönte Toto Cotugnos ironische Hymne „... sono un italiano, un italiano vero ..." und nun lachte Norino laut auf. Er fühlte sich in seinen Überlegungen bestätigt. Er war ein echter Italiener. Darauf lohnte es sich zu trinken. Gut gelaunt beobachtete Norino, wie sich draußen im Regen der ganze Zauber rund um Il Piccolettos Begräbnis auflöste. Einsam und erhaben stand nun das Reiterstandbild Bartolomeo Colleonis auf der Piazza dei Santi Giovanni e Paolo. Mit dem Generalleutnant und Söldnerführer Colleoni, der einst für Glanz, Ehre und Reichtum der Serenissima gekämpft hatte, fühlte Norino eine starke Seelenverwandtschaft. Beide waren sie Männer des Geldes, der Gewalt und der Macht. Amüsiert beobachtete Norino das traurige Gesicht Lupino Severinos, als dieser die Bar verließ und langsam über den Platz in Richtung Fondamente nove ging. Das Leben spielte schon merkwürdige Stücke, dass er Severino zufällig in dieser Bar hier traf. Er hatte ihn an der gegrillten Gesichtshälfte erkannt. Umgekehrt war das jedoch nicht der Fall. Severino hatte ihn wie einen Deutschen behandelt. Von oben herab mit einer gewissen, vielen Venezianern eigenen Distanz. Und das war gut so. Norino liebte es, inkognito unterwegs zu sein. Noch mehr liebte er aber den Gedanken, dass Severino sehr bald seinem Freund Il Piccoletto nachfolgen würde.

sechsundfünfzig

„Weißt du, was mir keine Ruhe lässt?"

Marcello starrte seinen Beinahe-Schwager an. Lupino wandte den Blick ab. Er ertrug es nicht, in dieses zerstörte Antlitz zu schauen. Ein Augenlid und die darüber befindliche Augenbraue waren von einer länglichen Narbe verunstaltet. Rot verschwollen. Das Augenlid hing herunter und verdeckte fast das ganze Auge. Die Wange darunter war ein einziges Narbenfeld. Bläulich-rot, geschwollen, den Mund entstellend. Lupino blickte stur auf die Tischplatte. „Warum ging bei mir die Bombe hoch? Warum in meiner Osteria? Ich habe keine Feinde. Keine Neider. Keine Konkurrenten. Ich bin immer mit allen in unserem Viertel gut ausgekommen. Wer hat mir das angetan? Wer?"

Das ist alles meine Schuld, dachte Lupino. Doch er hütete sich, die Wahrheit auszusprechen: Die Bombe hatte mir gegolten, und du, lieber Schwager, bist völlig unschuldig zum Handkuss gekommen. Marcellos Linke packte die Weinflasche und goss sich ein weiteres Glas Valpolicella ein. Die rechte Hand konnte er noch immer nicht benutzen. Sie war von einem Neurochirurgen, so gut es ging, zusammengeflickt worden und sah aus wie eine Kreuzung aus menschlicher Hand und Schweinepfote. Luciana saß nicht am Tisch, sie kramte im Nebenzimmer herum. Lupino konnte sich des Eindrucks nicht erwehren, dass sie ihn mied. Als er vorhin an ihrer Haustür geläutet hatte, hatte sie ihm mit maßlos erstauntem Gesichtsausdruck geöffnet. Lupino hatte gelächelt und gesagt: „Ciao Luciana."

Sie hatte kein Wort erwidert, sondern ihn nur fixiert und die Stirn gerunzelt. Als er sich ihr vorsichtig genähert hatte, um sie auf die Wange zu küssen, hatte sie sich abgewendet und war zurück in die Wohnung gegangen. Zu seiner Überraschung war Marcello hier. Er war nach dem Krankenhausaufenthalt zu Luciana gezogen. Sie wechselte seine Verbände und sorgte sich auch sonst um ihn. Nun saß Marcello mit dem schweigsamen Lupino am Tisch und trank Rotwein. Marcello beäugte Lupinos Gesicht.

„Erzähl mir doch noch einmal, wie dir das mit deinem Gesicht passiert ist. Das war doch unmittelbar vor der Bombenexplosion ..."

Lupino schluckte.

„Nun ja ... ein Klient hatte mich mit jemand anderen verwechselt. Und wollte mich so zum Reden bringen."

„Und wie hat er das angestellt?"

„Sie haben mein Gesicht auf eine heiße Herdplatte gepresst."

Marcello fuchtelte mit der Hand in der Luft herum und rief: „Ai!"

Luciana stand plötzlich neben Lupino und fragte in sachlichem Ton: „Waren das nicht zufällig die Kerle, die dann unsere Osteria in die Luft gejagt haben?"

Lupino wurde blass.

„Nein ... gar nicht. Wie kommst du darauf?"

„Weil das auf der Hand liegt. Marcello und ich zermartern uns seit Wochen die Köpfe. Wir fragen uns, warum hat ausgerechnet uns dieser furchtbare Schicksalsschlag getroffen? Warum?"

Sie näherte sich Lupino, sodass er ihren Atem spüren und den wunderbaren Duft ihrer Haare riechen konnte.

„Sag es mir!"

„Ich ... ich ... hab k... kei... keine Ahnung!"

Luciana verabreichte ihm eine Ohrfeige, die ihn fast vom Sessel riss. Wie eine Furie stürzte sie sich auf Lupino und schlug mit den Fäusten auf ihn ein. Er kippte samt dem Stuhl um, sie trat nach ihm und warf ihm die Weinflasche nach. Splitter flogen um seine Ohren und Luciana kreischte: „Sag es mir! Du Lügner! Sag es mir! Feigling! Ich werde die Wahrheit aus dir herausprügeln."

Sie rannte zu einem großen Kasten im Vorzimmer, riss die Kastentür auf und schnappte einen Besen. Mit dessen Holzstiel drosch sie auf Lupino ein. Der hob schützend die Arme über den Kopf und rannte an Luciana vorbei zur Wohnungstür. Hinaus! Nichts wie weg!

siebenundfünfzig

Strauchelnd stolperte Lupino durch die engen Gäss-chen des Sestiere[30] Castello. Hier im Schatten der alten Wehrmauern des Arsenals, zwischen der Insel San Pie-tro di Castello und der Fondamenta Sant'Anna war es untertags meistens still. Selten verirrte sich ein Tourist in diese Gegend. Es gab ja auch nichts. Keine kunstge-schichtlich interessanten Kirchen, keine prunkvollen Palazzi und auch keine angesagten Restaurants. Hier war das Wohngebiet der Venezianer. Allerdings nicht das der Reichen und Schönen, sondern jenes Teils der Bevölkerung, die einen ganz normalen Job hatten und deshalb untertags nicht hier, sondern an ihrem Arbeits-platz waren. Lupino begegneten einige Schulkinder und einige alte Leute, die sich auf krummen, wackli-gen Beinen über eine der Brücken mühten, die den Rio de S. Ana überquerten. Er gelangte auf die breite Via Giuseppe Garibaldi. Hier war es etwas belebter, und er

---

[30] Bezirk

zwang sich, aufrecht und normal zu gehen. Nicht nur Lucianas Faustschläge und Stockhiebe schmerzten, ihr lodernder Hass tat viel mehr weh. Er empfand noch immer Liebe für sie, allerdings vermengt mit Schuldgefühlen. Warum hatte er diesen verdammten Job angenommen? Warum um Gottes willen? Warum hatte er nicht sein wunderbar sorgenfreies Leben weitergeführt? War sein Verdienst nicht ausreichend gewesen, um ein Leben in Ruhe und bescheidenem Glück gemeinsam mit Luciana zu verbringen? Hatte Marcello ihn nicht verköstigt und ihm in seiner Osteria ein zweites Zuhause geboten? All das war ruiniert. Sein bisheriges Leben lag in Trümmern. Und darüber hinaus hatte er auch das Leben von Marcello und Luciana zerstört. In einem Anfall von Selbsthass überlegte er kurz, in die schmutzigen Fluten der Lagune zu springen. Später saß er auf der Terrasse einer Bar an der Riva dei Sette Martiri und blickte auf die Lagune und die von der Sonne dramatisch beleuchteten Gebäude von San Giorgio Maggiore. Die Regenwolken hatten sich verzogen, vom Sturm vertrieben. Nun durchbrachen Sonnenstrahlen die dichten Wolkenbänke und trockneten die unzähligen Pfützen, die der Regen verursacht hatte. Lupino schüttete einen doppelten Grappa hinunter und schlürfte dann an einem Espresso doppio. In seiner Verzweiflung schaltete er sein Handy ein und rief Ranieri an: „Ciao Ludwig!"

„Wölfchen ... ciao! Hast du es dir anders überlegt? Hast du Informationen für mich?"

„Macché!"[31]

„Und warum rufst du dann an?"

---

[31] So ein Quatsch!

„Ich dachte, du bist mein Freund ...“

„Naturalmente.“

„...“

„Wölfchen, was ist los? Was bedrückt dich?“

„Luciana hat mich gerade rausgeworfen ...“

„Hör zu, Wölfchen, ich muss jetzt dringend zu einer Besprechung mit dem Vize-Questore. Geh doch heim, leg dich nieder, versuch eine Runde zu schlafen.“

„Es ist erst Nachmittag, Ludwig!“

„Mach ein Nachmittagsnickerchen, d'accordo?“

„Okay ...“

Und dann hatte Ranieri aufgelegt. Wenn man einmal einen Freund brauchte, dann hatte er keine Zeit. Allerdings, Dienst war Dienst. Wenn Ranieri zu einer Besprechung musste, hatten private Angelegenheiten Nachrang. Lupino seufzte, zahlte und schlenderte vor zur Vaporetto-Station Arsenale. Mit einem Schiff der Linie 1 schipperte er langsam den Canal Grande entlang zum Ponte Rialto. Er stieg aus und drängelte zur Brücke, um seinen Heimatbezirk San Polo zu erreichen. Genervt mischte er sich unter die Touristen, die sich in quälend langsamem Tempo über die Brücke bewegten. Eine träge Masse, die keinerlei Rücksicht auf Passanten nahm. Nachdem er dieses Nadelöhr passiert hatte, eilte er heim. Seine seit Wochen nicht mehr benutzte Wohnung erschien ihm nun als willkommener Zufluchtsort. Voll Vorfreude, endlich wieder daheim zu sein, stieg er die Treppen hinauf, holte seine Schlüssel heraus, sperrte auf, trat ein und atmete erleichtert auf. Die Tür fiel hinter ihm ins Schloss, er schlüpfte aus seinen Schuhen und ging auf Socken in die Küche, um sich ein Glas Wasser zu holen. Er öffnete das Küchenfenster und danach den Kühlschrank. Komisch, er hatte doch drei oder vier Flaschen Mineralwasser hier gebunkert gehabt. Er fand jedoch nur mehr eine halbvolle. Durstig, wie er war, dachte er nicht lange nach, schnappte sich die Flasche, schraubte sie auf und trank in langen gierigen Zügen. Erfrischt und erleichtert setzte er die nun leere Flasche ab und atmete tief durch.

„Bevi come una spugna."[32]

Lupino zuckte zusammen, drehte sich um und sah in einen Pistolenlauf.

achtundfünfzig

Lupino glaubte, einen Geist vor sich zu sehen. Nie und nimmer hatte er damit gerechnet, noch einmal die Visage von Silvio Malherba zu Gesicht zu bekommen.

„Auf die Knie, Severino!"

Lupino gehorchte zögernd. Malherba setzte den Lauf der Pistole an seine Stirn.

„Am liebsten würde ich dir jetzt das Hirn wegblasen. Falls in deinem Schädel überhaupt so etwas vorhanden ist. Aber vorher möchte ich noch etwas von dir wissen."

Malherba trat Lupino zwischen die Beine. Der schrie auf, fiel um und krümmte sich vor Schmerzen. Der nächste Tritt landete in seinen Nieren. Lupino brüllte neuerlich.

„Das ist Musik in meinen Ohren!"

Nun trat der Killer seinem Opfer in den Magen. Lupino würgte und spie Teile des zuvor getrunkenen Wassers aus.

„Musik, Musik, Musik, Musik ..."

---

[32] Du säufst wie ein Loch.

Wie ein Verrückter tanzte Malherba um sein Opfer herum und trat es immer wieder. Schließlich verlor Lupino das Bewusstsein. Malherba fluchte. Er überlegte kurz, dann legte er die Pistole weg und durchwühlte sämtliche Küchenladen. Er fand aber nicht, was er suchte. Wütend stapfte er ins Wohnzimmer, riss den Stecker einer Stehlampe heraus, zückte ein Klappmesser und schnitt das lange Kabel am Fußende der Lampe ab. Fröhlich pfeifend kehrte er in die Küche zurück, drehte den zusammengekrümmten Lupino auf den Bauch, nahm dessen Hände und fesselte sie mit dem Kabel auf dem Rücken. Dann ging er immer noch pfeifend ins Wohnzimmer, wo die Reste einer Mahlzeit auf dem Tisch standen. In Ruhe speiste er fertig, trank danach die Bouteille Wein aus, die er vor Stunden geöffnet hatte, und konstatierte, dass ihm der Raboso außerordentlich gut schmeckte. Zufrieden legte er sich auf das Sofa und verdaute vor sich hin. Sein letzter Gedanke vor dem Einschlafen:

Endlich habe ich Severino. Ich werde ihn kaltmachen, die Kohle kassieren und aus diesem verfluchten Venedig endlich verschwinden.

Als Lupino aufwachte, wusste er zuerst nicht, wo er war. Sein ganzer Körper schmerzte. Jede kleinste Bewegung tat höllisch weh. Er stöhnte. Nun bemerkte er, dass er mit dem Gesicht auf dem Terrazzoboden seiner Küche lag. Dann kehrten nach und nach die Erinnerungen zurück. Hatte er tatsächlich heute Nachmittag geglaubt, dass er am absoluten Tiefpunkt seines bisherigen Lebens angelangt war? Nun wusste er, es ging noch viel weiter bergab. Aber nicht mehr lange. Lupino war erschreckend klar, dass sein Ende bevorstand. Malherba würde ihn foltern und danach liquidieren.

Verzweifelt versuchte er, sich von der Fesselung zu befreien. Null Chance. Das Kabel schnitt tief in das Fleisch seiner Handgelenke ein. An ein Lockern war nicht zu denken. Tränen traten ihm in die Augen. Und dann tat er das, was er seit seiner Kindheit nicht mehr getan hatte: Er betete.

Erfrischt wachte Malherba nach einem mehrstündigen Schläfchen auf. Laut gähnend stand er auf und stapfte verschlafen zum WC. Nachdem der Druck auf seiner Blase verschwunden war, begann er nachzudenken. Was ihn interessierte, was ihn wirklich interessierte, war: Warum hatte er von Fabrizio Norino den Auftrag erhalten, Severino zu töten? Was wusste dieser Kerl, was für Norino gefährlich war? Oder hatte Severino die Norinos um Geld betrogen? Wenn ja, wo war die Kohle? Diese Fragen galt es zu klären, bevor er seinen Auftrag ausführen und Severino töten würde. Vielleicht ergab sich dadurch ein kleiner oder auch ein größerer Nebenverdienst ...

Severino hörte Malherbas Schritte vor der Küchentür. Er machte sich vor Angst fast in die Hose. Die Tür wurde aufgerissen, Malherba trat ein, Lupino sah seine Füße, die in neuen Designer-Sneakers steckten. Lupinos Haarschopf wurde gepackt. Er stöhnte und schrie vor Schmerz. Es half nichts. Malherba schleifte ihn an den Haaren ins Badezimmer, wo Wasser in die Wanne plätscherte.

„Du stinkst wie ein Schwein. Deshalb wirst du jetzt baden."

Malherba zieht Lupinos Oberkörper über den Wannenrand und taucht seinen Kopf unter. Die Fessel verhindert, dass Lupino sich abstützen kann. Er schluckt jede Menge Wasser. Ein brutaler Griff in seine Haare, dann taucht sein Kopf wieder auf. Wasser spucken. Luft schnappen. Luft!

„Warum wollen dich die Norinos töten? Warum?"

„Ich ... ich ... weiß es nicht ..."

„Falsche Antwort."

Lupinos Gesicht rast wieder auf das Wasser zu. Luft anhalten. Die Faust in seinem Haarschopf drückt. Presst sein Gesicht brutal an das Email der Wanne. Luftblasen entweichen. Luft wird knapp. Blut pocht. Sein Schädel droht zu explodieren. Lungen schmerzen. Plötzlich wieder oben. Luft! Luft! Luft!

„Warum wollen dich die Norinos töten?"

Husten und spucken.

„Antworte!"

Noch mehr husten. Talfahrt. Wasser. Kollision mit dem Wannenemail. Pochendes Blut. Schlucken. Würgen, husten. Luft!!!

Wieder heraußen. Husten. Wasser herauswürgen.

„Warum wollen dich die Norinos töten?"

„Bin ein Freund ... ein Freund von ... Il ... Il Piccoletto."

„Und?"

Lupino hatte einen knallroten Kopf und schrie vor Wut: „Und was? Was? Was?"

Hinunter. Wasser. Kaltes Wannenemail. Pochendes Blut. Schlucken. Schlucken. Luft!!!

Draußen. Husten. Wasser erbrechen.

Wieder hinunter. Wasser. Pochendes Blut. Schlucken. Würgen, husten, schlucken. Lungen schmerzen. Schlucken. Schlucken. Schwarz. Hinauf. Würgen. Röcheln. Malherba brüllt: „Warum wollen dich die Norinos töten? Du verdammter Il Piccoletto-Freund!"

„Ich habe ... einen Spei... Speicher... Stick."

„Einen Speicherstick? Womit? Was ist da drauf?"

„Geschäftskontakte ...“

„Kontakte? Was für Kontakte?“

„Weiß ... weiß ich nicht ...“

„Falsche Antwort.“

Wasser. Wasser. Email. Wasser. Schwarz. Plötzlich keine Faust am Kopf. Aufbäumen. Luft holen. Vorkippen. Untertauchen. Neuerlich aufbäumen. Eine Hand. Packt den Kragen. Luft. Endlich Luft.

neunundfünfzig

Lupino saß in einem Zimmer des Kommissariats San Marco und wartete. Er hatte sich geduscht und frische Sachen angezogen, bevor er mit Ranieri mitfuhr. Das Polizeiboot hatte sie und den verhafteten Malherba hierher gebracht, wo dieser nun verhört wurde. Lupino wartete, um als Zeuge auszusagen. Nachdem er den dritten Kaffee getrunken hatte, wurde er unruhig. Er stand auf, öffnete vorsichtig die Tür zum Nebenzimmer und sah Ispettore Viti in Akten stöbern. Es war Sommer, und die Polizistin trug einen unverschämt kurzen Rock, der nur einen kleinen Teil ihrer wohl geformten Beine verhüllte. Lupino konnte nicht umhin, sie anzustarren. Silvana Viti sah auf und grinste: „Wie geht es deiner Verlobten?“

Lupino senkte den Blick.

„Weiß nicht. Vermutlich nicht so gut.“

„Warum denn das?“

„Sie hat keinen Job und einen halbinvaliden Bruder bei sich daheim. Außerdem ist sie ...“

„Magst du noch einen Kaffee?“

Obwohl ihm der Kaffee beim Hals heraushing, nickte Lupino. Silvana Viti stand auf und bewegte sich aus dem Zimmer hinaus. Kaum war Lupinos Ex-Kollegin draußen, durchquerte er, so schnell es sein schmerzender Körper erlaubte, das Dienstzimmer, in dem er lange Zeit als Polizist gesessen hatte. Er ging durch die zweite Tür zum rückwärtigen Gang, lief diesen entlang und die hinteren Stiegen hinunter. Dann mäßigte er seinen Schritt, durchquerte die Eingangshalle des Kommissariats, grüßte den uniformierten Polizisten, den er von früher kannte, und war draußen. Eilig ging er den Rio San Lorenzo entlang und verschwand in Richtung Academia. Seine Schritte lenkte er zum Campo Santo Stefano, von wo er in die enge Calle de le Botteghe einbog. Vor dem Bacaro da Fiori war die Hölle los. Das enge Lokal war knallvoll, die beiden Stehtische vor der Tür waren umlagert von unzähligen Gästen. Lupino drängte sich zur Bar durch, wurde von Julia begrüßt und gefragt: „Come sempre?"[33]

Er nickte, nahm das Glas Ribolla Gialla entgegen und drängte hinaus auf die Gasse. Dort lehnte er sich an die Hausmauer und machte einen kräftigen Schluck. Meraviglioso![34] Er fühlte, wie Lebenskraft in seinen ausgepumpten, windelweich geprügelten Körper zurückkehrte. Plötzlich begann sein Magen zu knurren, und er trank auf einen Zug den Rest des Glases aus. Tief durchatmen. Er konnte sein Glück noch immer nicht fassen, dass er Malherbas Hinterhalt überlebt hatte. Energisch steuerte er durch die Menschenansammlung zur Theke und sagte zu Julia: „Devo mangiare un boccone."[35]

„Giulio! Hai una tavola per Lupino?"[36]

---

[33] Wie immer?
[34] Wunderbar!
[35] Ich muss einen Bissen essen.
[36] Hast du einen Tisch für Lupino?

In der Tür, die zu dem kleinen Speisesaal nebenan führte, tauchte Giulios Lockenkopf auf. Er grinste und deutete Lupino weiterzukommen. Lupino drängte sich zu ihm durch, Giulio klopfte ihm auf die Schulter und führte ihn zu einem winzigen Tisch mit zwei Sesseln dabei flüsterte er verschwörerisch: „Wir haben heute eine wunderbare Orata[37] ...“

Lupino nickte und sagte: „Und ein Glas Ribolla Gialla ...“

Eine Bestellung, die Giulio mit einem breiten Grinsen und einem „Perfetto!“ quittierte.

sechzig

Malherba hatte die Hände auf den Rücken gefesselten. Vis-à-vis von ihm saß Ranieri. Schräg hinter ihm war Ispettore Botterolli als Aufpasser postiert. Ein langjähriger Mitarbeiter Ranieris, der das Tonband betätigte, mit dem der Verlauf des Verhörs aufgezeichnet wurde.

„Sagt dir die Osteria da Marcello etwas?“

Malherba starrte ihn an und schwieg.

„Wir haben Zeugen, die dich in dieser Osteria beobachtet haben.“

Keine Antwort.

„Du hast dort einen Rucksack zurückgelassen ...“

Malherba blickte Ranieri in die Augen und grinste.

„In dem Rucksack war eine Bombe, die das Lokal verwüstete. Es gab zahlreiche Verletzte. Zum Glück keinen Toten.“

---

[37] Goldbrasse

„Un miracolo ...[38]"

„Wolltest du jemanden Bestimmten töten?"

„Ich weiß nicht, wovon Sie reden. Wieso sollte ich jemanden töten wollen?"

„Silvio, il Bombardiere."

„Wer soll das sein?"

„Heißt du nicht Silvio?"

Nun starrte ihn Malherba wieder an. Mit einem leicht ironischen Zucken in den Mundwinkeln. Ranieri schwollen die Zornadern an.

„Machen wir eine kurze Pause?"

Enrico Botterolli nickte und schaltete das Tonband aus. Ranieri verließ den Verhörraum. Er ging auf die Toilette, wusch sich danach mit großer Sorgfalt die Hände und trocknete sie mit Akribie ab. Dann schlenderte er zum Kaffeeautomaten, drückte sich einen Espresso herunter und trank ihn mit großer Gelassenheit. Erfrischt und gut gelaunt kehrte er in den Verhörraum zurück.

„Enrico, mach doch auch eine Pause ..."

Sein Mitarbeiter nickte und verließ das Zimmer. Ranieri setzte sich, faltete die Hände über seinem Bauch zusammen und betrachtete Malherba mit Interesse. Der blinzelte ihn aus zwei blau geschlagenen Augen an. Aus seinem Mund tröpfelte Blut. Seine Hände waren an den Heizkörper gefesselt. An dessen gusseisernen Rippen klebten Blutspritzer, Barthaare und Hautfetzen.

„Nun Silvio ... plaudern wir doch ein bisschen weiter. Wenn du nichts dagegen hast, schalte ich das Tonband wieder ein. D'accordo?"

Malherba blinzelte ihn an und nickte.

---

[38] Ein Wunder ...

„Also, kennst du die Osteria da Marcello?"

Malherba nickte neuerlich. Ranieri belehrte ihn in ruhigem Ton: „Antworte bitte mit ja oder nein beziehungsweise in kurzen klaren Sätzen. Also, kennst du die Osteria da Marcello?"

„Ja ..."

„Hast du dort eine Rucksackbombe deponiert?"

„Ja."

„Wen wolltest du damit töten?"

„Severino."

„Das war also kein Terroranschlag, sondern ein Mordversuch?"

Malherba nickte.

„Du sollst mir laut und deutlich antworten!"

„Ja."

„Ein Mordanschlag?"

„Ja."

„Warum Severino?"

„War ein Auftrag."

„Von wem?"

Malherba gab keine Antwort.

„Von wem, verdammt noch einmal?"

Malherba schwieg bockig. Ranieri stand auf und schaltete das Tonbandgerät ab. Dann baute er sich vor dem an den Heizkörper gelehnten Bombenleger auf.

„Wenn du willst, machen wir noch eine Pause. Ich gehe hinaus, und mein Kollege kommt wieder herein. Ich trinke in Ruhe einen Kaffee und komme nach zehn Minuten zurück. Willst du das?"

Malherba schüttelte den Kopf. Ranieri gab ihm eine kräftige, verkehrte Ohrfeige.

„Von wem?"

Der Killer stöhnte auf und stammelte: „No... Norino. Fa... Fabrizio ... Norino."

Ranieri ging zum Tonbandgerät, schaltete wieder ein und fragte: „Wer hat dir den Auftrag gegeben, Severino zu erledigen?"

„Fabrizio Norino."

einundsechzig

Ranieri stierte auf den Teller vor sich. Lustlos stocherte er im Fritto misto herum. Der Ärger hatte sich auf seinen Magen geschlagen. Wölfchen hatte sich sang- und klanglos aus dem Staub gemacht. Keine Aussage, kein Addio, nichts. Und von Dankbarkeit konnte natürlich auch keine Rede sein. Wenn er nicht aus Sorge und aufgrund eines merkwürdigen Bauchgefühls am Abend bei seinem Freund vorbeigeschaut hätte, wäre dieser jetzt nicht mehr am Leben. Ertränkt oder erschossen. Ranieri schüttelte erbost den Kopf.

„Schmeckt es dir nicht?"

Seine Frau, die ihm das Fritto misto zu später Stunde frisch zubereitet hatte, legte besorgt ihre Hand auf seine Schulter. Neuerlich schüttelte er den Kopf.

„Ich habe die Frutti di Mare heute frisch am Markt gekauft."

Ranieri lächelte müde und steckte einen kleinen Calamaro mit winzigen, knusprigen Tentakeln in den Mund. Kauend erwiderte er: „Wunderbar. Es schmeckt wirklich köstlich. Mein mangelnder Appetit hat nichts mit deiner Küche zu tun."

„Hast du beruflich Ärger?"

„Ja und nein."

„Muss ich mir Sorgen machen?"

Ranieri nahm einen Schluck Wasser und atmete danach tief durch.

„Lupino wäre heute fast umgebracht worden."

„Madonna!"

„Ein Berufskiller, und zwar der, der ihn schon mit der Bombe in der Osteria da Marcello liquidieren wollte, hat ihm in seiner Wohnung aufgelauert und überwältigt."

„Woher wusste der Kerl, wo Lupino wohnt?"

„Das ist nicht schwer herauszufinden. Außerdem hatte der Killer vor einem Monat ja auch schon eine Sprengfalle an Lupinos Wohnungstür montiert. Die haben wir damals entschärft, dann ist Lupino verschwunden. Heute bei Il Piccolettos Begräbnis habe ich ihn unter den Schaulustigen erkannt und danach kurz angesprochen. Er fragte mich nach Lucianas neuer Adresse und ich gab sie ihm."

„Wie geht es Luciana?"

„Beschissen, denke ich. Lupino war bei ihr, und sie hat ihn aus der Wohnung hinausgeprügelt ..."

„Geprügelt?"

Ranieri lachte bitter.

„Mit einem Besenstil."

„Der arme Lupino."

„Jedenfalls hat er mich danach angerufen. Total verzweifelt. Ich bekam Angst, dass er sich was antut. Deshalb habe ich ihm geraten, nach Hause zu gehen und ein kleines Nachmittagsschläfchen zu machen. Ich selbst musste dringend zu einer Besprechung mit Mastrantonio.[39]"

Nachdem sich durch das Erzählen seine Anspannung gelöst hatte, kam der Hunger wieder. Er erzählte kauend weiter: „Nach der Besprechung versuchte ich

---

[39] Vize-Questore und Vorgesetzter von Ranieri

Lupino anzurufen, doch er hatte wie meistens in den letzten Monaten sein Handy abgedreht. Ich machte mir Sorgen und so beschloss ich, bei ihm daheim vorbeizuschauen. Aus einem unerfindlichen Grund nahm ich meine Dienstwaffe mit. Als ich vor seiner Wohnungstür stand, hört ich ihn drinnen brüllen. Ich erstarrte. Dann hörte ich eine fremde Stimme schreien: Warum wollen dich die Norinos töten? Ohne nachzudenken zog ich meine Dienstwaffe und schoss auf das Schloss. Die Wohnungstür ging auf, ich stürmte hinein. Der Killer kam aus dem Badezimmer, ich richtete die Waffe auf ihn. Ich schrie ihn an, dass er sich auf den Boden legen solle. Er zögerte kurz, legte sich aber dann nieder. Ich stürzte ins Badezimmer und zog Lupino, der mit Kopf voran in der vollen Wanne hing heraus. Ich rettete ihn vor dem Ersaufen."

„Santa Maria!"

Ranieri stopfte nun das restliche Fritto misto in sich hinein. Als der Teller leer war, rülpste er laut, entschuldigte sich und stürzte ein Glas Wasser nach. Seine Frau streichelte ihm über die Wange.

„Jetzt ist aber alles gut."

„Gar nichts ist gut. Ich rief meine Leute und wir brachten den Killer ins Commissariato. Gleichzeitig bat ich Lupino mitzukommen, um eine Zeugenaussage zu machen. Nachdem ich Silvio Malherba verhört hatte, war Lupino plötzlich verschwunden. Der Saukerl ist einfach abgehauen."

„Nein!"

„Doch. Das Sackgesicht ist abgehauen und untergetaucht."

„Hat er sich wenigstens bei dir bedankt?"

„Lupino und bedanken? Vergiss es. Seitdem er eine verbrannte Visage hat, ist er völlig durchgeknallt."

zweiundsechzig

Vom guten Essen und dem wunderbaren Wein beschwingt schlenderte Lupino in Richtung Rialto. Selbst in der Nacht war auf der historischen Brücke noch immer verdammt viel los. Die Fremden sollten doch jetzt eigentlich in den Touristenlokalen sitzen oder in ihren Betten in den Hotels und Alberghi liegen! Stattdessen streunten sie in der Stadt herum. Porca miseria! Lupino drängte sich durch die Massen und war erleichtert, als er nach der Brücke die Ruga dei Oresi erreichte und hier neben dem Haupttrampelpfad unter den Arkaden flott weiterkommen konnte. Nicht, dass er es eilig gehabt hätte. Es erwartete ihn ja niemand. Bei diesem Gedanken gab es Lupino einen Stich ins Herz. Wie schön waren die Zeiten gewesen, als er heimkam und Luciana da war. Vor allem an den Montagen, an denen die Osteria da Marcello Ruhetag hatte. Damals hatte es meist köstlich gerochen, denn Luciana war eine Köchin, die ihr Handwerk verstand. Gemeinsam mit einem geliebten Menschen essen – was gibt es Schöneres? Der Traum, zusammen mit Luciana ein geruhsames Leben zu führen, war jedoch zerplatzt wie eine Seifenblase. Luciana hatte er für immer verloren. Sein Freund Il Piccoletto war tot. Sein Lieblingslokal, die Osteria da Marcello, lag in Trümmern genauso wie die Freundschaft mit seinem Lebensretter Ranieri. Und obendrein sah seine linke Gesichtshälfte wie ein scharf angebratenes Steak aus. Cazzo! Das alles wegen diesem verdammten Speicherstick. In der Hosentasche ballte sich seine Faust um die Metallhülse. Am liebsten hätte er sie in den nächsten Kanal geschleudert. Aber da war keiner. Seine Faust entspannte sich wieder, Tränen traten ihm in die Augen und er blieb kurz stehen. Er fühlte sich total einsam und musste sich eingestehen, dass sein Leben vollkommen aus der Bahn geraten war. Wollte er wirklich nach Hause? In die Wohnung, die von Ranieri aufgebrochen und danach nur notdürftig wieder verschlossen worden war? Was tat er dort? Sich verstecken? Wer immer hinter ihm her war, kannte diese Wohnung. Aber wo sollte er hingehen? Er brauchte neue Kleidung und frische Wäsche. Wann hatte er eigentlich das letzte Mal Wäsche gewaschen? Er konnte sich nicht erinnern. Plötzlich stand er vor der Cantina do Spade. Ein Lokal, das er hin und wieder besucht hatte, weil es gleich um die Ecke von seiner Wohnung lag. Warum nicht noch einen Drink nehmen? Also ging er hinein, kämpfte sich durch die Menschenmenge zur Theke und bestellte ein Glas Ribolla Gialla. Der Wein schmeckte nicht übel, aber mit dem im Bacaro da Fiori konnte er nicht mithalten. Trotzdem bestellte er sich ein weiteres Glas, das dann schon besser mundete. Ich muss meine Wäsche waschen. Ich habe nichts mehr Sauberes zum Anziehen. Ich gehe hinauf in die Wohnung, wasche die Wäsche, werfe sie in den Trockner und packe anschließend alles in meine große Reisetasche. Und dann? Zurück zu Erna. Was soll ich sonst tun? Ich habe sonst niemanden. Lupino bestellte noch ein Glas. Eigentlich graute ihm davor, hinauf in die Wohnung zu gehen. Sollte er sich nach einem Zimmer in einem Albergo oder einer Locanda umsehen? Wie spät war es eigentlich? Er schielte auf die Armbanduhr des Mannes hinter dem Tresen. Knapp vor 23 Uhr. Zu spät, um in der von Touristen überfüllten Stadt ein Zimmer zu bekommen. Also doch nach Hause. Oder sollte er mit einem Vorortezug hinaus nach Mestre fahren? Im Plaza beim Bahnhof würden sie vielleicht noch freie Zimmer haben. Und wenn nicht? Dann gab es nebenan ja noch das Best Western und das Trieste und, und, und ... Er müsste sich nun aufmachen und vor zum Bahnhof gehen. Daran war aber nicht zu denken. Bleierne Müdigkeit lähmte seine Glieder, und der Gedanke, jetzt zur Stazione Santa Lucia zu gehen, kam ihm wie ein unendliches Martyrium vor. Nein. So übermüdet und besoffen wie er war, reichte es, die Stiegen in seine Wohnung hinaufsteigen zu müssen. Das war mühsam genug.

„Il conto, per favore ...[40]"

Schwankend stand er vor seiner Wohnung. Die Tür war notdürftig mit polizeilichen Absperrbändern zugeklebt. Lupino zerriss die Bänder und ging hinein. Er machte Licht und sah sich im Vorzimmer um. Das Türblatt hing traurig in den Angeln, dort, wo einst ein Schloss war, befand sich ein Riesenloch. Am Boden lagen die Reste des Schlosses, eine Patronenhülse sowie zahlreiche Holzstücke und Späne. Wie konnte er die Tür verschließen? Mit einem Klebeband oder mit einem Strick? Blödsinn. Wenn er heute hier übernachtete, dann nur hinter einer gut gesicherten Wohnungstür. Und so schob er einen Kasten aus dem Wohnzimmer ins Vorzimmer. Nachdem er einige Minuten verschnauft hatte, verfrachtete er ihn vor die Eingangstür. Jetzt konnte niemand einfach hinein- oder hinausspazieren. Lupino grinste. Morgen, wenn er zurück zu Erna nach Grado fahren würde, würde er das alles so belassen. Er beschloss, den Abgang über den Balkon und über den Hinterhof zu machen. So wie unlängst, als ihm die Killer auf den Fersen waren. Er

---

[40] Ich möchte zahlen, bitte.

kramte in den Küchenkästen, fand noch Waschpulver und stopfte seine Jeans, T-Shirts und einen Kapuzensweater in die Waschmaschine. Während sie wusch, ordnete er seine restlichen Sachen, packte in die große Reisetasche ein zweites Paar Schuhe sowie die wenigen sauberen Wäschestücke, die er noch im Kasten vorfand. Dann öffnete er eine Flasche Raboso, setzte sich vor die Waschmaschine und starrte aufs Bullauge. Das Hin und Her der in der Lauge schwimmenden Wäsche war beruhigend. Er schlürfte Raboso und auch der schmeckte ihm vorerst überhaupt nicht. Er trank einen großen Schluck Wasser und dann weiter den Rotwein. Zunehmend mundete er besser. Als der erste Waschkessel fertig war, nahm er das saubere Zeug und steckte es in den Trockner. Dann kam der Rest der Schmutzwäsche in die Maschine. Wieder sah er fasziniert dem Treiben hinter dem Bullauge zu. Das zweite – oder war es schon das dritte Glas Raboso? – schmeckte schon wesentlich besser. Bevor er im Sitzen vor der Waschmaschine einschlief, geisterte eine fundamentale Erkenntnis durch sein benebeltes Hirn: An Geschmäcker muss man sich gewöhnen, an Einsamkeit auch.

dreiundsechzig

Er hatte ein Morgennickerchen gemacht. Plötzlich ging die Tür der Zelle auf und zwei bewaffnete Männer rissen ihn von der Pritsche hoch. Sie hatten blaue, schussfeste Jacken an, auf denen in großen Lettern Polizia stand. Er bekam Handschellen verpasst. Dann packten die beiden ihn links und rechts unterm Arm und schubsten ihn durch zahlreiche Gänge. Verdammt, wo bringen die mich hin? Malherba bekam ein flaues Gefühl im Magen. Komme ich jetzt in eine Gemeinschaftszelle? Hoffentlich nicht in eine, in der Gefolgsleute der Frulanis sitzen. Das könnte extrem unangenehm werden. Und dann überkam ihn siedend heiß die Gewissheit, dass auch Mitglieder der Norino-Familie ungünstig für sein Wohlbefinden wären. Schließlich hatte er gestern im Verhör Fabrizio Norino verraten. Widerstrebend ließ er sich aus dem Kommissariat hinaus in ein Polizeiboot schleppen. Der Fahrer wartete mit laufendem Motor. Kaum hatte das Trio in der engen Kabine Platz genommen, löste der Fahrer die Leinen, klemmte sich hinters Steuerrad und legte ab. Die Fahrt führte durch einige Kanäle zu den Fondamente nove. Bevor sie jedoch die offene Wasserfläche der Lagune erreicht hatten, musste das Polizeiboot seine Fahrt drosseln. Vor ihnen lag ein Frachtschiff, auf das Arbeiter Abbruchmüll von einem Haus luden. Das Polizeiboot hupte, und einer der Männer trat an den Rand des Lastkahns und begann, das Polizeiboot durch die enge Schneise zu lotsen. Im Zeitlupentempo steuerte der Fahrer durch die Passage. Malherba gähnte lautstark und maulte: „Non farsela addosso![41]"

Der Polizist rammte ihm die Faust in die Rippen, und der Fahrer knurrte: „A cuccia![42]"

Plötzlich ein Stoß von hinten. Zwei Maskierte springen auf das Polizeiboot. Reißen die Tür auf. Schüsse. Der Polizist neben Malherba schaut erstaunt. Ein Loch in seiner Stirn. Blut sickert über sein Gesicht. Der Polizist neben dem Fahrer kippt vornüber. Der

---

[41] Scheiß dich nicht an!
[42] Kusch!

Fahrer röchelt. Arme zerren Malherba aus dem Sitz. Zu einem Boot hinter dem Polizeiboot. Ein Stoß ins Kreuz. Malherba schreit vor Schmerz. Taumelt. Fällt. Kracht mit dem Gesicht auf den Bootsboden. Blutende Nase. Brummender Schädel. Alles verschwimmt. Motor heult auf. Boot fährt retour. Kehrtwende. Vollgas. Mahlherba kugelt auf dem Boden hin und her. Knallt an die Bootswand. Höllischer Schmerz im Ellbogen. Schreit neuerlich. Tritt in den Magen. Würgen. Röcheln. Kräftige Hand hält die Nase zu. Mund auf! Luft! Tuch dringt in die Mundhöhle ein. Widerlich. Beißender Geschmack. Motoröl. Merda!

Grado, Triest, Venedig

vierundsechzig

Beim Aufwachen fiel Lupino fast vom Sessel. Er konnte sich gerade noch mit der rechten Hand am Boden abstützen. Mühsam richtete er sich auf. Jede Faser seines Körpers schmerzte. Das verdankte er Malherba und seinen Tritten. Zittrig erhob er sich, nahm die frisch gewaschene und getrocknete Wäsche und stopfte sie in die Reisetasche. Dann verfrachtete er das restliche Zeug aus der Waschmaschine in den Trockner und schaltete neuerlich ein. Dann schlurfte er ins Schlafzimmer und ließ sich aufs Bett fallen. Sollte er nicht Jeans und T-Shirt ausziehen? Noch ehe er sich dazu aufraffen konnte, war er wieder eingeschlafen.

„Apra la porta! Polizia![43]"

Lupino schreckte aus dem Schlaf hoch. Verdammt! Hektisch schlüpfte er in seine Sneakers und wuselte in die Küche. Heftiges Klopfen an der beschädigten Tür. Jemand versuchte, den Kasten wegzuschieben.

„Signore Severino, apra la porta!"

Lupino raffte die Wäsche, die sich im Trockner befand, zusammen, stopfte sie in die Reisetasche, packte diese und stolperte, am Reißverschluss herumnestelnd, zum Balkon. Dort – er hatte sie endlich zugezippt – warf er sie in den Hof hinunter. Dann kletterte er über das Balkongeländer und sprang. Merda! Der Aufprall tat höllisch weh. Malherba soll der Teufel holen! Lupino humpelte zur Dachrinne. An ihr rutschte er in den Hof, schnappte sich die Reisetasche und verschwand.

---

[43] Öffnen Sie die Tür! Polizei!

Im Bahnhof kaufte er sich beim Buffet einen Tramezzino sowie einen Becher mit doppeltem Espresso und stieg in den nächstbesten Zug nach Mestre. Der Espresso doppio weckte seine Lebensgeister. Was tat er eigentlich in Mestre? Sollte er wieder zu Erna nach Grado fahren? Oder sich in Mestre in einem Hotel einquartieren? Letzteres wäre ziemlich bescheuert. Hier würde Ranieri ihn bald aufspüren und mit Fragen quälen. Außerdem würde er ihn nötigen, ins Kommissariat mitzukommen, um dort gegen Malherba auszusagen. Er wollte aber nicht aussagen. Eigentlich wollte er im Augenblick nur seine Ruhe haben. Das sprach auch gegen eine Weiterfahrt nach Grado. Aus der Distanz betrachtet war ihm die Sache mit Erna viel zu schnell gegangen. Wollte er wirklich eine Beziehung mit ihr? Porca miseria! Er wusste es nicht. Unschlüssig stand er vor dem Fahrkartenautomaten. Er schielte zur Biglietteria hinüber und bekam plötzlich unglaubliche Sehnsucht, sich abzusetzen. Ganz weit weg. Fort. Nach Wien. Dort hatte er immerhin einige Verwandte, bei denen er eine Zeit lang unterschlüpfen könnte. Zögernd lenkte er seine Schritte zur Biglietteria. Als er die langen Schlangen vor den beiden Fahrkartenschaltern sah, drehte er um. Nein, da stellte er sich jetzt nicht an. Ganz sicher nicht. Vielleicht später. Er schlenderte aus dem Bahnhofsgebäude hinaus, überquerte die Straße und setzte sich ins Soul Kitchen Café. Er bestellte einen doppelten Espresso und ein Brioche. Danach das Gleiche noch einmal. Nachdem er den nunmehr dritten Espresso in seinem Körper hatte, konnte er endlich konzentriert denken. Er schaltete sein Handy ein und überlegte, in Wien bei seinem Onkel Ferry anzurufen. Während er noch nachdachte, ob er wirklich nach Wien fahren sollte, läutete sein Handy. Eine unbekannte Nummer. Abheben oder nicht? Lupino bekam schweißnasse Hände. Schließlich nahm er das Gespräch an und murmelte: „Pronto ...“

„Lupino, bist du's?“

Ernas steirischer Akzent war unverkennbar.

„Ja ...“

„Wie geht's dir denn? Ich hab dich schon zigmal versucht anzurufen. Aber dein Handy war immer abgedreht.“

„Tut mir leid.“

„Wann kommst du denn wieder?“

„Ich weiß nicht ...“

„Du gehst mir ab ... wirklich ... ohne dich ist es so einsam hier.“

„Wieso? Du hast doch Karlheinz.“

„Das ist aber nicht dein Ernst?“

Nun musste Lupino schmunzeln.

„War nicht böse gemeint ...“

„Willst du nicht zu mir nach Grado zurückkommen?“

Lupino atmete tief durch. Er musste sich entscheiden.

„Lupino? Hallo ...?“

„Ich komme.“

„Wann?“

„Heute.“

„Heute? Ich freu mich. Soll ich dich abholen?“

„Ja ...“

„Vom Bahnhof in Cervignano?“

„Bitte ...“

„Wann?“

„Ich habe einen Zug um 10.53.“

„Wo bist du?“

„In Mestre.“

„Okay, ich bin um 12.00 in Cervignagno.“

„Danke.“

„Ich freu mich. Bis später.“

215

fünfundsechzig

Erna parkte ihr Auto in Aquileia auf dem Parkplatz des Hotel Patriarchi.

„Komm, gemma was essen. Ich hab Hunger."

„Hier?"

„Die haben erstklassige friulanische Küche."

Lupino folgte ihr wortlos in das große Restaurant, in dem etliche Tische gedeckt waren. Eine rundliche Kellnerin mit dicken Brillengläsern kam herbei.

„Buongiorno."

„Buongiorno. Ha una tavola per due?"[44]

Lupino staunte. Erna nahm das Italienischlernen wirklich ernst. Die Kellnerin nickte und führte sie in den etwas kleineren Speisesaal nebenan, wo sie an einem Ecktisch Platz nahmen. Sie brachte ihnen die Speisekarten und fragte: „Da bere?"[45]

„Una grande bottiglia d'acqua minerale naturale."[46]

Lupino nickte und ergänzte: „Con due bicchieri, per favore."[47]

„Du magst gar keinen Aperitif?"

„Hab gestern ziemlich viel getrunken."

„Einfach so oder weil's dir nicht gut geht?"

„Eher Letzteres ..."

„Was ist denn Schlimmes passiert in Venedig?"

Lupino seufzte. Sollte er Erna wirklich von den ganzen Kalamitäten, die ihm widerfahren waren, erzählen? Zum Glück brachte die Kellnerin das Mineralwasser. Sie schenkte ein, und Lupino nahm ei-

---

[44] Haben Sie einen Tisch für zwei?
[45] Zu trinken?
[46] Eine große Flasche stilles Mineral.
[47] Mit zwei Gläsern bitte.

nen großen Schluck. Das tat gut. Nach einem kurzen Blick auf die Karte wusste er, was er wollte: Toc' in Braide. Diese friulanische Spezialität wurde hier als cremiger Polenta-Brei in einem knusprigen Parmesankörbchen serviert. Beim Gedanken an die Kombination von kross und cremig lief Lupino das Wasser im Mund zusammen. Die Kellnerin erwähnte, dass es heute zusätzlich zu dem, was auf der Karte stand, Rombo alla griglia gab. Das klang verlockend, und so bestellten Lupino und Erna den gebratenen Steinbutt als Hauptspeise. Als ersten Gang nahm Erna einen Insalata mista. Nach der Bestellung und anschließendem Schweigen gab er ihr schlussendlich doch eine Antwort: „Schlimm? Nein, so kann man das nicht beschreiben ... Ich war beim Begräbnis eines Schulfreundes, meine Ex-Verlobte hat mich endgültig rausgeschmissen, ein alter Freund ist total sauer auf mich und ... ja ... die Tür meiner Wohnung wurde aufgebrochen."

„Um Gottes willen! Hat man dir was Wertvolles gestohlen?"

Lupino schüttelte den Kopf.

„Es waren keine Wertgegenstände drinnen. Die Einrichtung ist uralt und abgewohnt. Das ist die Wohnung meiner Eltern, in der ich seit dem Tod meiner Mama alleine wohne."

„Hast du nie eine eigene Wohnung gehabt?"

„Als junger Polizist war ich einige Jahre in Ligurien. Dort hatte ich eine eigene Wohnung. Damals hat meine Mama Himmel und Hölle in Bewegung gesetzt, damit ich zurück nach Venedig versetzt werde. Schließlich kam ich ins Commissariato San Marco. Ab diesem Zeitpunkt wohnte ich wieder bei ihr."

„Und dein Vater?"

„Der starb, als ich fünfzehn war. Seit damals war ich mit meiner Mama alleine. Und was die Wohnung betrifft: Man hat mir nichts gestohlen. Außer meine Sicherheit, mein Wohlbefinden und meine Privatsphäre."

Später, am Strand der Camping-Anlage, lag Lupino inmitten von hunderten anderen Sonnenhungrigen. Eigentlich hasste er es, wie eine Sardine am Rost in der Sonne zu braten. Erträglich wurde die Situation dadurch, dass er sich im Schatten befand und rund um seinen Liegeplatz einen Wall aus Sand errichtet hatte. Die Grube war kühl und sogar ein klein wenig feucht. Darüber befand sich ein schattenspendender Sonnenschirm. Alles in allem ein wunderbarer Platz, um diesen wahnwitzig heißen Sommertag zu überstehen. In seiner Kuhle hatte er ein kleines Loch gegraben, in dem er eine Mineralwasserflasche kühlte. Er sah aufs Meer hinaus, wo Erna kraulend ihre Runden durch die Wellen zog. Lupino liebte es, ihr dabei zuzusehen, an ihren sportlichen Körper zu denken und sich auf die nächste gemeinsame Nacht zu freuen. Das war die eine Seite seines derzeitigen Seelenzustandes. Die andere Seite war ein dunkles Eck, in dem ein Zwillingspärchen kauerte. Sein doppelt schlechtes Gewissen. War es nicht eine Frage der Pietät, dass er endlich versuchte, Donna Antonella den Speicherstick zu übergeben? Aber wie? Er hatte es versucht und hatte sich eine hässliche Schnittwunde am Hals eingehandelt. Nein, das würde er nicht noch einmal riskieren. Und dann war da noch Luciana. Es war deprimierend, wie die Beziehung mit ihr vor die Hunde gegangen war. Er hatte diese Frau wirklich geliebt, doch sie hatte ihn kalt abgewiesen. In der Stunde seiner größten Verzweiflung, als er ein frisch vernarbtes Gesicht und jede Menge Ärger gehabt hatte. Das schlechte Gewissen ihr gegenüber nagte also völlig grundlos. Nein, er betrog Luciana nicht. Das ging nicht, denn die Beziehung mit ihr war beendet. Aus. Finito. Er schüttelte sich und fokussierte seinen Blick auf das Meer. Erna schwamm gerade zum Ufer zurück. Mit Wohlgefallen beobachtete er, wie sie sich aus den Wellen erhob und erhobenen Hauptes durch das flache Wasser zurück zum Strand spazierte. Durch den dünnen Stoff ihres Bikinioberteils konnte man ihre festen Brüste und steifen Brustwarzen sehen. Lupino spürte eine prickelnde Erregung und plötzlich fiel ihm eine oft gehörte Redewendung seiner Mutter ein: Glück im Unglück haben.

sechsundsechzig

„Pronto?"

„Ludwig, ich bin's ..."

„Wölfchen, du Sackgesicht. Wo steckst du?"

„Nicht in Venedig."

„Wenn du willst, dass wir Freunde bleiben, dann bewegst du dich umgehend aufs Kommissariat."

„Ich bin doch nicht verrückt. Jetzt, wo Malherba wieder frei herumläuft."

„Der läuft nicht frei herum."

„Aber er wurde doch aus dem Polizeigewahrsam befreit. Überfall auf ein Polizeiboot. Habe ich gerade in der Zeitung gelesen. Seine Bewacher sind tot. Der Fahrer des Polizeiboots ist schwer verletzt. Deshalb rufe ich dich an. Ich mach mir ernsthafte Sorgen. Malherba ist sicher schon wieder in Venedig unterwegs und sucht mich."

„Du bist paranoid."

„Einen Scheißdreck bin ich. Malherba hat versucht, mich in der Osteria da Marcello zu liquidieren. Dann hat er an meiner Wohnungstür eine Sprengfalle installiert. Ich setze mich nach Triest ab, plötzlich rennt mir Malherba dort über den Weg. Schließlich komme ich zurück nach Venedig in meine Wohnung. Wer sitzt in meinem Wohnzimmer, trinkt meinen Raboso und wartet auf mich? Malherba! Und da behauptest du, ich sei paranoid?"

„Moment! Wie war das? Du hast Malherba in Triest gesehen?"

„So ist es."

„Wann und wo?"

„Minuten nach dem Bombenanschlag auf den Palazzo del Governo und das Teatro Lirico Giuseppe Verdi."

„Das ist ja hochinteressant. Wölfchen, ich bitte dich, komm und mach deine Aussage. Das ist wichtig."

Lupino stutzte. Noch nie hatte ihn Ranieri so inständig um etwas gebeten. Immerhin kannte er den Commissario seit seiner Jugend.

„Ich will aber nicht nach Venedig zurück. Dort lauert Malherba."

„Ich brauche aber deine Aussage. Mensch, du warst doch selbst lange genug Polizist. Du weißt, wie das ist."

„Ich wiederhole: Ich komme nicht nach Venedig."

„Na gut. Wo sollen wir uns treffen? Soll ich nach Triest kommen?"

„Wieso nach Triest?"

„Bist du nicht dort?"

Lupino überlegte blitzschnell. Falls irgendwer dieses Telefonat abhörte, würde derjenige ihn in Triest vermuten.

„Doch."

„Okay, ich komme mit der Staatsanwältin, die den Fall Malherba leitet, zu dir nach Triest. Könntest du dort in die Quästur kommen?"

„Eine Bar wäre mir lieber."

„D'accordo. Ich rede mit Dotoressa Moser. Und noch einmal: Du kannst beruhigt sein, Malherba läuft meines Wissens nach nicht frei herum. Die Details erfährst du, wenn wir uns in Triest treffen. Kann ich dich bezüglich dieses Treffens zurückrufen?"

„Nein. Ich melde mich wieder."

siebenundsechzig

Lupino hatte überhaupt keine Lust, in die Quästur zu kommen. Stattdessen schlug er die Caffètteria Willy vor. Eine winzige Bar in der Via Filzi, gleich um die Ecke der Piazza Guglielmo Oberdan. Sie hatten sich um zehn Uhr vormittags hier verabredet. Lupino war schon um neun Uhr da und bestellte einen doppelten Espresso sowie einen Tramezzino con funghi. Eine Spezialität dieser Bar, die für ihren fantastischen Kaffee in der ganzen Stadt bekannt war. Lupino saß an einem der drei kleinen Metalltische, die auf dem Gehsteig standen. Er beobachtete Passanten, Familien, die in dem nebenan gelegenen Hotel ein- und auscheckten, Handwerker, die vorbeigingen und laut in die Bar hineingrüßten sowie büromäßig adjustierte Menschen, die auf einen schnellen Kaffee und ein Brioche vorbeikamen. Lupino genoss jeden Bissen des Tramezzino, der mit Mayonnaise, getrüffelten Pilzen und feingehackten Speckstücken gefüllt war. Genießerisch schloss er beim Kauen die Augen. Ja, das war nicht die übliche Tramezzini-Pampe. Als er den letzten Bissen hinunterschluckte, hörte er Ranieris Stimme:

„Mensch, Wölfchen, pennst du jetzt schon am frühen Vormittag?"

„Ich genieße ..."

Der Commissario nahm auf dem rot lackierten Eisensessel neben Lupino Platz, stellte ein tragbares Tonbandgerät auf den schmalen Tisch und grummelte: „Eine noch kleinere und engere Bar haste nicht finden können, was?"

„Ich hab das hier vorgeschlagen, weil's einfach tolle Tramezzini und herrlichen Kaffee gibt."

„Wir sind hier nicht auf einem Gourmettrip. Wir sind hier, um deine Zeugenaussage aufzunehmen."

„Hätt ich beinahe vergessen ..."

„Was haben Sie beinahe vergessen?"

Eine schneidende Stimme mit unverkennbarem Südtiroler Akzent beendete das Geplänkel. Lupino sprang auf, reichte Staatsanwältin Moser die Hand und deutete eine Verbeugung an. Ranieri tat es ihm gleich. Die Staatsanwältin runzelte die Stirn und sah sich mit einem kritischen Blick um.

„Hier mitten auf der Straße sollen wir die Zeugenaussage machen? Das gefällt mir gar nicht. Wer hatte diese Schnapsidee?"

„I... ich ..."

„Ispettore ... äh ... Signore Severino, das sieht Ihnen ähnlich."

Lupino bekam einen roten Kopf. Plötzlich fühlte er sich um Jahre zurückversetzt. Damals, als er noch Inspektor am Commissariato San Marco gewesen war. Moser hatte ihn nie sonderlich geschätzt und ihn dies oft auch spüren lassen. Er hatte nach wie vor gewaltigen Respekt vor dieser kleinen, stämmigen Südtirolerin mit blondem Kurzhaarschnitt, modischen Hornbrillen und eiskalten Augen. Lupino holte tief Luft: „Die Bar hier war nur als Treffpunkt gedacht. Wir wechseln gleich die Lokalität. Dann sehen wir, ob wir beobachtet oder verfolgt werden."

Er stand auf, ging in die Bar hinein und bezahlte. Drinnen hörte er, wie Moser zum Commissario sagte: „Ziemlich paranoid dieser Severino ..."

„Er hat in den letzten Monaten viel mitgemacht. Da ist so eine Reaktion normal."

„Wenn Sie meinen ..."

Lupino kam aus der Bar und führte die kleine Gruppe zur Piazza Guglielmo Oberdan. Dort stieg er wortlos in die Straßenbahn nach Opicina ein. Die Staatsanwältin und der Kommissar folgten ihm zögernd. Lupino entwertete drei Tickets und setzte sich auf eine Zweierbank. Ranieri nahm neben ihm Platz, die Staatsanwältin gegenüber. Sie knurrte: „Severino, wenn Sie glauben, dass Sie mich an der Nase herumführen können, haben Sie sich getäuscht. Ich habe gute Lust, diese aberwitzige Aktion abzubrechen."

„Dottoressa, ich bitte Sie! Beruhigen Sie sich. Ich wollte nur sichergehen, dass uns niemand folgt."

Mit einem Ruck fuhr die Tram an, Lupino sah sich nach allen Seiten gründlich um und lächelte dann: „So, Dottoressa, ich bin bereit. Beginnen wir mit der Aussage."

Moser verdrehte die Augen, Ranieri fummelte am Tonbandgerät herum und brummte: „Es kann losgehen."

Nachdem er Angaben zu seiner Person gegeben hatte, schilderte Lupino in allen Einzelheiten die Nacht, in der er daheim von Malherba fast umgebracht worden war. Er erklärte auch, warum er sich danach aus dem Kommissariat auf Französisch verabschiedet hatte.

„Ich habe die verdammte Warterei nicht länger ausgehalten. Ich war völlig fertig. Stellen Sie sich vor, sie werden mit Waterboarding gefoltert und müssen danach in einer Amtsstube stundenlang auf ihre Zeugenaussage warten. Das geht nicht. Das geht gar nicht. Da will man irgendwann nur mehr weg. Weit weg und sich ablenken, von all dem, was man zuvor erlebt hat. Ich bin schnurstracks in eines meiner Stammlokale gegangen, habe mit einigen Gläsern Wein alles hinuntergespült. Anschließend habe ich gut gegessen und gefeiert, dass ich noch am Leben bin. Dann kehrte ich in meine devastierte Wohnung zurück, hab meine Wäsche gewaschen und bin dabei eingeschlafen. Als ich aufwachte, habe ich alles in den Trockner gestopft und danach in meine Reisetasche. Dann machte ich mich aus dem Staub."

Mit einem Ruck blieb die Tram stehen, fuhr dann sogar ein kleines Stück zurück und kuppelte an ein Standseilbahntriebwerk an. Danach ging es sehr steil bergauf. Moser stöhnte: „Madonna! Hoffentlich stürzt diese alte Kiste nicht ab."

Lupino grinste.

„Keine Angst, Dottoressa. Keine Angst."

Ächzend und knatternd schob sich der historische Tramwaywaggon den Berghang empor. Außer ihnen gab es nur noch zwei Fahrgäste: Eine Jugendliche, die mit ihren Kopfhörern stampfenden Heavy Metal hörte, sowie ein alter Mann, der Zeitung las. Lupino wandte sich an Ranieri: „So, jetzt habe ich meine Aussage getätigt. Nun erklär mir bitte, wieso du der Ansicht bist, dass mich Malherba nicht mehr verfolgt."

Ranieri sah die Staatsanwältin fragend an, die zuckte mit den Schultern.

„Das ist jetzt vertraulich. Das bleibt unter uns."

Neuerlich sah Ranieri die Staatsanwältin fragend an. Sie nickte.

„Die ballistische Auswertung der Geschosse ergab, dass eine der Waffen, mit denen meine Kollegen auf dem Polizeiboot erschossen wurden, eine Glock war. Eine Waffe, mit der schon mehrere Gewalttaten verübt wurden. Verbrechen, die immer im Dunstkreis der Frulani-Familie stattgefunden hatten. Also haben wir uns sämtliche Mitglieder des Frulani-Clans vorgeknöpft, was gar nicht so einfach war. Schließlich ist uns Chicco Perlone, ein treuer Soldat der Frulanis, ins Netz gegangen. Der Blödmann trug die Glock noch bei sich. Natürlich haben wir aus dem Kerl keinen Ton herausbekommen. Aber eines ist klar: Malherba befindet sich in den Fängen der Frulanis. Warum sie das getan haben? Nun, ich denke, es geht um Rache. Schließlich hat Malherba die Deckadresse von Donna Antonella in Grado in die Luft gesprengt. Der Bombenbauer hat bei diesem Job Fingerabdrücke hinterlassen. Das wissen wir, und das weiß mittlerweile auch der Frulani-Clan. Dafür werden sie Malherba bestrafen. Wahrscheinlich schwimmt er schon mit Betonklötzen beschwert am Grunde der Lagune. Vielleicht haben sie ihn aber auch in ein neues Fundament der MOSE-Schleusen eingemauert. Also, mach dir mal keine Sorgen, Wölfchen."

Dottoressa Moser nickte zustimmend und fragte: „Stimmt es, dass Sie Malherba am Ort des Bombenattentats in Triest gesehen haben?"

„Ich habe die Explosion gehört und bin zum Teatro Lirico Guiseppe Verdi gelaufen. Auf der Piazza vor dem Theater herrschte blankes Chaos. Verwundete, Verwirrte, Gaffer, Hilfsmannschaften, dichter schwarzer Rauch, der aus der Via San Carlo kam. Ich bin in diese Seitenstraße hineingegangen, um zu sehen, wo die Bombe explodiert war. Und genau da kam Malherba wankend aus der Via San Carlo heraus. Splitter hatten ihn am Fuß und am Oberkörper verletzt. Ich war wie vom Donner gerührt und bin wenige Stunden später aus Triest abgereist."

„Das heißt, Sie haben Malherba am Tatort gesehen."

„So ist es."

„Es könnte also sein, dass er die Bombe gezündet hat?"

„Das ist durchaus möglich. Schließlich war er der Explosion so nahe gewesen, dass er etliche Splitter abbekommen hat."

„Haben Sie irgendwelche Araber an diesem Tatort gesehen?"

„Keinen einzigen."

Die Straßenbahn hatte mittlerweile die Berghöhe erklommen, war von der Standseilbahn-Vorrichtung wieder abgekoppelt und fuhr zügig in Richtung Opicina. Die Staatsanwältin und Ranieri befragten Lupino noch zu etlichen Details rund um das Bombenattentat in Triest. Lupino gab, so gut er konnte, Auskunft. Das dauerte bis zur Station Obelisco. Dort stieg eine Gruppe von Touristen ein. Plötzlich sprang Lupino auf, war mit einem Satz aus dem Waggon draußen und rief der verblüfften Staatsanwältin und seinem Freund Ranieri zu: „Buona giornata. Ciao!"

Er winkte den beiden freundlich nach, als sie mit der Tramway in Richtung Opicina verschwanden.

achtundsechzig

Der Strand war wohltuend leer. Die Sonne hatte auch nicht mehr die sengende Kraft, die sie vor wenigen Wochen noch hatte. Ein angenehmer Wind wirbelte die Luft erfrischend durcheinander. Lupino saß am Strand, beobachtete Erna beim Schwimmen und hing seinen Gedanken nach. Immer wieder musste er an die verblüfften Gesichter von Ranieri und Moser denken, als er aus der Tramway hinausgesprungen war. Damit hatten sie nicht gerechnet. Ursprünglich hatte er diesen Abgang auch nicht geplant gehabt. Tatsache war, dass er sich spätestens in Opicina von ihnen verabschiedet hätte. Erna wartete dort in der Trattoria Max auf ihn. Spontan hatte er sich entschlossen, einen kleinen Spaziergang auf der Via Vicentina zu machen. Diese alte Straße führte auf einer malerischen Trasse vom Obelisken nach Prosecco. Lupino war einfach losgegangen. Mit seinem Handy, das er ausnahmsweise kurz einschaltete, hatte er Erna von seiner Spontanaktion erzählt. Sie hatte lachend geantwortet, dass sie nach Prosecco vorausfahren, das Auto parken und ihm entgegenkommen würde. Dies geschah dann auch, und sie genossen es, den letzten Teil der Via Vicentina gemeinsam entlang zu spazieren. In Prosecco kehrten sie in die Cantina Sociale ein, genossen einige Gläser Wein und ein fantastisches Mittagessen. Danach waren sie zurück nach Grado gefahren. Ja, das Leben war schön. Seit der Begegnung mit Ranieri und Moser in Triest fühlte er sich befreit. Malherba war höchstwahrscheinlich tot. Ein düsterer Schatten, der ihn lange genug verfolgt hatte, war endlich verschwunden.

„Woran denkst du?"

Er hatte in den Himmel gestarrt und die dort dahintreibenden Wolken beobachtet. Nun stand Erna neben ihm. Triefnass und leise zitternd. Der Wind war kühl. Ächzend erhob sich Lupino, faltete ein Badetuch auseinander und drapierte es um ihre Schultern. Erna schmiegte sich an ihn.

„Ich hab an Opicina und Prosecco gedacht. An den schönen Tag, den wir uns nach meiner Zeugenaussage gemacht haben."

„Das war eine super Idee von dir."

„Ich hab's mit den beiden einfach nicht mehr ausgehalten. Ich musste raus aus der Tramway."

„Aber Ranieri ist doch dein Freund ..."

„Das schon. Aber in dieser Situation war er in erster Linie Polizist. Und irgendwie kann ich Polizisten im Moment überhaupt nicht ausstehen."

„Weil du zu viel mit Gangstern zusammen warst ..."

Plötzlich war Lupinos Unbeschwertheit verschwunden. Er trocknete Erna fertig ab und setzte sich nieder. Nachdenklich schlang er die Arme um seine Beine, stützte den Kopf auf die Knie und starrte hinaus aufs Meer.

„Hab ich was Falsches gesagt?"

Lupino antwortete nicht. Er sah den Möwen bei ihren Flugmanövern im Wind zu, beneidete sie um ihre Leichtigkeit und wünschte sich, einfach abheben und so wie sie fortfliegen zu können. Weit fort. Er griff in die Seitentasche seiner Badehose, und da war sie immer noch: die Metallhülse mit dem verdammten Speicherstick. Als Möwe würde er irgendwo weit draußen über dem Meer kreisen und den Stick einfach fallen lassen. Auf dass er für immer in den Tiefen der Adria verschwände.

„Ich geh in den Wohnwagen und zieh mir das nasse Zeug aus. Kommst du mit?"

„Ich bleib da. Bringst du mir bitte eine Flasche Mineralwasser mit?"

„Willst du sonst noch was?"

„Nein danke."

Erna ging, und er starrte wieder hinaus aufs Meer. Sollte er es wie eine Möwe machen? Nicht hinausfliegen, aber hinausschwimmen. Und draußen dann die Metallhülse aus der Tasche der Badehose nehmen und einfach fallen lassen. Nein, das war zu riskant. Die Hülse war womöglich wasserdicht und würde irgendwo an Land gespült werden. Das wollte er auf gar keinen Fall. Er nahm die Hülse aus der Hosentasche, öffnete sie und zog den Speicherstick heraus. Wenn er damit aufs offene Meer schwämme und dort einfach die Hand öffnete und den Stick losließe, wäre er für immer verschwunden. Außerdem würde ihn das Salzwasser dauerhaft beschädigen. Lupino stand mit einem Ruck auf und ging zum Meer vor, bis das Wasser seine Zehen und Knöchel umspülte. Er blieb stehen und sah nachdenklich auf die unendlich weite Fläche.

„Gehst du schwimmen?"

Erna war zurückgekehrt. Er schreckte aus seinen Gedanken auf, sah mit Wohlgefallen ihren gebräunten Körper, den nun ein knallgelber Bikini zu einem kleinen Teil verhüllte, und lächelte. Das Leben war schön. Warum machte er es sich künstlich schwer? Er steckte den Stick in die Metallhülse zurück und ließ diese in seiner Hosentasche verschwinden. Flotten Schrittes ging er zu Erna, machte von der ihm dargebotenen Mineralwasserflasche einen kräftigen Schluck, stellte die Flasche in den Sand, nahm ihre Hand und lief mit ihr in Richtung Wohnwagen. Nachbar Karlheinz, der diese Szene von Ferne beobachtete, murmelte neiderfüllt: „Nee ... nich' schon wieder ..."

neunundsechzig

Die Zeit verstrich, und der September neigte sich dem Ende zu. Nun gab es auch immer wieder Regentage, die Lupino zum Schlafen und Faulenzen nutzte. Seit Wochen lebte er im Stand-by-Modus. In der Früh schlief er, solange er wollte, dann frühstückte er, wobei Erna ihm meistens den Kaffee ans Bett brachte. Danach ging es entweder an den Strand, oder Erna animierte ihn dazu, nach Grado zu radeln. Die Fahrräder mieteten sie immer tageweise. In Grado verbrachten sie die Zeit mit Shoppen, Bar- und Restaurantbesuchen. Besonders liebten sie es, abends auf der langgestreckten Piazza Duca d'Aosta zu sitzen, gleich neben der Markthalle. Sie sahen den vorbeiziehenden Menschen zu, schlürften den einen oder anderen Aperitif, aßen eine Kleinigkeit. Hier überredete Lupino Erna, seinen Lieblingsaperitif zu kosten: Cynar con limone e ghiaccio. Wobei Erna ihn nicht pur, sondern mit Soda gespritzt bevorzugte.

„Da schmeckt er nicht so bitter."

„Was heißt bitter? Das ist die doch Würze des Lebens."

Erna lachte: „Die Würze des Lebens! So ein Blödsinn!"

Zwei Mal pro Woche fuhr Erna zum Supermarkt, um Lebensmittel einzukaufen. Das interessierte Lupino nicht, während ihrer Abwesenheit kümmerte er sich meistens um den Wohnwagen. Er räumte auf, saugte, wusch das Geschirr ab, putzte Fenster und steckte die Schmutzwäsche in die Waschmaschine. Erna liebte es, wenn er ihr zur Hand ging.

„Weißt du, mein Mann war ein totaler Pascha. Der hat sich von vorn bis hinten bedienen lassen. Deshalb genieß ich es sehr, wenn du mir hilfst."

Nach und nach erfuhr Lupino, ohne dass er nachfragte, zahlreiche Details über Ernas Ehe. Der Oberarzt war ein schwerer Alkoholiker, der sich für wenig außer Wein und edle Brände interessierte. Genau deshalb war er in seiner Pension auch nach Friaul-Julisch Venetien übersiedelt, weil er hier zahlreiche

Weingüter direkt vor der Haustür hatte. Die Weine waren ausgezeichnet und obendrein zu äußerst wohlfeilen Preisen erhältlich. All das hätte er auch in seiner steirischen Heimat haben können, aber diese Weine hatte er sowieso sein ganzes Leben lang getrunken. Im Ruhestand war der passionierte Alkoholiker zu neuen Ufern aufgebrochen. Da er eine stattliche Pension sowie große finanzielle Rücklagen hatte, blieb Erna bei ihm. Nach dem Motto: Es kommt nichts Besseres nach. Außerdem war er kein Tyrann. Er ließ Erna ihr Leben leben. Schwimmen, Radfahren, Shoppen und Hausarbeit, das war ihr Tagesablauf. Der Herr Doktor war ein ruhiger, introvertierter Trinker, der auch in völlig besoffenem Zustand niemals aggressiv oder laut wurde. Außer in der Nacht. Da schnarchte er wie eine Horde Walrösser. Erna hatte Ohrstöpsel gekauft und sich so mit der nächtlichen Lärmentwicklung arrangiert. Als er vor mehr als einem halben Jahr in die Straßensperre der Carabinieri gedonnert war, war Erna zunächst tief betroffen. Doch nachdem sie den Toten nach Graz überführen und dort einäschern hatte lassen, fühlte sie sich plötzlich befreit.

„Das war für mich der Start in ein neues Leben."

„Ich fühl mich noch immer mitschuldig, dass dein Mann gestorben ist. Wenn er mich damals nicht nach Grado chauffiert hätte ..."

„Red keinen Blödsinn. Er ist nur alkoholisiert Auto gefahren. Ich hab mich jedes Mal gefürchtet. Das war immer ein echter Stress, wenn wir zu einem seiner Lieblingsweingüter in die Colli unterwegs waren. Hin ist es ja noch gegangen, aber retour hat es jede Menge brenzliger Situationen gegeben. Ich hab immer Angst gehabt ..."

„Warum bist nicht du gefahren?"

„Weil er beim Autofahren ein unglaublicher Macho war. Er konnte es nicht ausstehen, am Beifahrersitz zu sitzen. Und wenn er manchmal mit mir mitgefahren ist, hat er mir dauernd dreingeredet. Mach dies, mach das, pass auf, jetzt hast du ein Verkehrsschild übersehen und so weiter ...“

Lupino lachte und schüttelte den Kopf. Ihm war das völlig egal, wer fuhr. Im Gegenteil, er genoss es, nicht fahren zu müssen. Außerdem war Erna eine wirklich gute und umsichtige Fahrerin.

An einem windigen grauen Tag Ende September fuhren sie nach Grado. Erna hatte Lust auf Fisch, und Lupino hatte sie eingeladen. Sie gingen in die Trattoria Alla Borsa, mittlerweile in Grado das Lieblingslokal der beiden. Als ersten Gang genoss Erna Spaghetti con Gamberi. Lupino hingegen hatte sich Sardine in Savor bestellt. Mit dem würzig-leichten Friulano harmonierten diese säuerlich marinierten, mit Zwiebeln eingelegten Fische einfach perfekt. Danach wurde die Empfehlung des Tages serviert: zwei auf den Punkt gebratene Seezungen mit knuspriger Haut und zart schmelzendem Fleisch. Ein Gedicht. Erna und Lupino genossen die Fische. Lupino bestellte eine zweite Bouteille Friulano, da auch Erna dem Wein mit Begeisterung zusprach. Lupino erhob sein Glas prostete Erna zu und schwärmte: „Das Leben ist ein Fest. Lass es uns genießen.“

„Auf das Leben!“

Ausgerechnet in diesem Moment begann Ernas Handy zu läuten. Instinktiv griff sie zu ihrer Handtasche.

„Erna bitte! Lass uns das Mittagessen in Ruhe beenden. Dann kannst du immer noch nachsehen, wer angerufen hat.“

Erna zögerte, doch das Handy verstummte. Kurz danach summte es zwei Mal, ein Signal, dass eine Nachricht hinterlassen worden war.

„Du hast Recht."

Erna griff wieder zu ihrem Besteck und aß fertig. Sie goss einen großen Schluck Wein nach und sagte dann beiläufig: „Ich geh kurz hinaus ..."

Lupino ahnte, dass sie nicht nur die Toilette aufsuchen, sondern vor allem ihr Handy abhören wollte. Es dauerte ungewöhnlich lange, bis Erna wieder erschien. Energisch ging sie auf den Tisch zu, setzte sich und sagte leise: „Zahlen und gehen wir bitte."

„Trinken wir nicht noch einen Kaffee?"

„Nein, nicht jetzt."

„Was ist denn los?"

„Das erzähl ich dir im Auto ..."

„Aber wir wollten doch noch durch Grado bummeln ..."

„Das geht nicht. Leider."

Und plötzlich sah Lupino, dass Erna Tränen in den Augen hatte.

siebzig

„Sono scazzarsi ... ich scheiß drauf! Sono stufo di questa merda ... Lauter Arschwarzen ... faccie di merda ... Sackgesichter, Schneebrunzer und Arschgrammeln ... figli di puttana ... G'frastsackln, wohin man schaut ... stronzata! Puttanata! Furzgesichter! Tempo di merda ... Scheißwetter ... Scheißwohnwagen ... porca miseria ... Scheiß-Grado ... Grado maledetto ... was für eine Scheißwelt! Bordello di merda! Cazzo! Cazzo! Cazzo!"

Lupino fluchte zweisprachig. Voll Wut bearbeitete er mit den Fäusten die Matratze. Danach totales Phlegma. Bewegungslos lag er auf dem zerwühlten Doppelbett des Wohnwagens und sah den Regentropfen zu, wie sie geschäftig an den Scheiben herunterrannen. Er fühlte sich unendlich müde. Ausgelaugt. Starrte auf die Scheiben, dann auf die Decke. Lauschte den trommelnden Schlägen des Regens auf das Wohnwagendach. Schließlich vergrub er den Kopf im Polster und weinte. Hemmungslos. Dann schlief er ein. Irgendwann, draußen wurde es bereits dunkel, wachte er auf. Er taumelte aus dem Bett und wankte zum WC. Dort blieb er einfach sitzen. Es fehlte ihm an Kraft aufzustehen. Mit hängendem Kopf, die Ellbogen auf die Knie gestützt stierte er vor sich hin. Er verspürte Hunger. War noch etwas Essbares im Kühlschrank? Er wusste es nicht. Erna war nun schon lange, lange weg. Wie lange? Keine Ahnung. Erna hatte immer den Kühlschrank gefüllt. Ein letztes Mal, bevor sie Hals über Kopf aufgebrochen und nach Graz gefahren war. Als sie in der Trattoria Alla Borsa die Nachricht vom schweren Autounfall ihres Sohnes und ihrer Schwiegertochter erhalten hatte, hatte sie im Handumdrehen ihre Sachen zusammengepackt und Lupino verlassen. Seitdem lebte er mehr oder weniger von ihren Vorräten. Konserven hatte sie dagelassen. Pomodori pelati und Fagioli in der Dose. Alles aufgegessen. Vielleicht war noch ein Stück von der Salami da, die sie ihm gekauft hatte? Oder etwas Knäckebrot. Eine Hinterlassenschaft von Ernas verblichenem Gatten. Der aß Knäckebrot, weil er das italienische Weißbrot nicht mochte. Ob es irgendwo noch ein Vorratspäckchen gab? Er tappte zur Küchenzeile, öffnete sämtliche Kästchen, doch alles war leer. Sein Magen grummelte. Unwirsch antwortete er ihm

„A cuccia!". Vom Suchen erschöpft sank er zurück aufs Doppelbett und begann wieder die Regentropfen zu beobachten, die unentwegt die Fensterscheiben entlang liefen. Ihm graute davor, hinaus in den Regen zu gehen. Ob der Supermarkt des Campingplatzes noch offen hatte? Oder sollte er in das Restaurant? Aber die hatten jetzt außerhalb der Saison auf Selfservice und kaltes Buffet umgestellt. Darauf hatte er keine Lust. Lieber ein Brot, etwas Mortadella und Käse kaufen und sich zurückziehen. Eine Flasche Rotwein wäre fein. Vielleicht haben sie noch diesen kräftigen Cabernet Franc, den Erna im Sommer immer gekauft hatte? Wie spät war es eigentlich? Seufzend stand er auf, ging zu seiner Hose, fischte das Handy heraus, schaltete es ein und sah, dass es 17:20 war. Plötzlich ploppte eine Nachricht auf. Eine Telefonnummer mit 0043-Vorwahl hatte angerufen und eine Nachricht hinterlassen. Erna? Ein weitere Nachricht erschien auf dem Display: die Warnung, dass sein Handy kaum noch Strom hatte. Er musste sich extrem beherrschen, um es nicht an die Wand zu schleudern. Wochenlang hatte er das Ding nicht gebraucht. Und jetzt wollte es ihm den Dienst verweigern. Hektisch begann er, in seiner Reisetasche nach dem Netzgerät zu suchen. Er hatte es doch mitgenommen. Aber wo war es? Moment! Hatte er es nicht irgendwann neben das Bett gelegt? Allerdings hatte er damals noch nicht im Ehebett neben Erna geschlafen. Also taumelte er zu der Sitzbank, die in ausgezogenem Zustand damals sein Bett gewesen war. Zuerst suchte er Sitzflächen und Ablageflächen ab. Nichts. Er kniete sich nieder und kroch auf dem staubigen Boden herum. Und dann sah er das schwarze, dünne Kabel mit dem Netzstecker endlich. Er fischte es gemeinsam mit einer Staubfluse hinter der Bank hervor und steckte das

Handy an. Der Ladevorgang lief. Aufgekratzt von der Action saß er nun auf der Küchenbank und überlegte, was er als nächstes tun wollte. Er musste Erna anrufen. Keine Frage. Er nahm das Handy vorsichtig in die Hand und passte höllisch auf, dass das Ladegerät nicht aus dem Handy herausgerissen wurde. Dann suchte er die 0043-Nummer, drückte auf Optionen. Das Handy wählte die österreichische Telefonnummer. Es läutete vier Mal, dann hob Erna ab. Lupino atmete tief durch und sagte so zärtlich es ging:

„Ciao bella!"

Erna lachte und erwiderte: „Hallo, mein kleiner Italiener! Wie geht's dir denn?"

„Nicht so gut ..."

„Wieso? Fehlt dir was?"

„Ja, du."

Erna seufzte. Nach kurzem Schweigen fragte Lupino: „Und wie geht es dir?"

„Stressig. Sehr stressig. Michael und seine Frau liegen immer noch im Spital, und ich muss mich um die beiden Kinder kümmern. Das ist ganz schön anstrengend, das kannst du mir glauben."

„Warum kommst du nicht wieder nach Grado zurück? Oder magst du mit mir nach Venedig fahren?"

„Lupino! Ich werde hier gebraucht. Verstehst du? Ich kann meine Familie nicht im Stich lassen."

„Wann kommst du wieder?"

„Ich weiß es nicht. Michael ist noch immer im Koma. Jenny ist bis zur Hüfte eingegipst. Das dauert noch Wochen, bis sie sich einigermaßen wird bewegen können. Und danach geht sie auf Rehab. Das heißt, dass ich während dieser Zeit weiter auf die Kinder aufpassen muss."

„Du kommst erst im Frühjahr nach Grado zurück?"

„Schaut ganz so aus ..."

„Cazzo!"

„Wölfchen, benimm dich!"

„…"

„Wolfgang, komm! Sei nicht kindisch. Wenn du willst, kannst du mich ja hier in Graz besuchen."

„Was soll ich in Graz machen?"

„Mich sehen. Du fehlst mir."

„Ich vermiss dich auch …"

„Komm doch über Weihnachten und Neujahr zu mir."

„Das sind ja noch Monate!"

„Bis dahin hab ich hier alles im Griff. Da hoffe ich, dass ich mich dir dann ein bisserl widmen kann."

„Buon Natale …"

„Wölfchen, komm, wir können ja dazwischen telefonieren."

„Sì, sì …"

„Ich hab dich lieb …"

Lupino atmete tief durch, murmelte dann „Ciao Erna …" und legte auf.

einundsiebzig

Plötzlich stand er im Wohnwagen. Lupino erschrak. Abwehrend streckte er eine Hand vor, mit der anderen zog er die Bettdecke bis ans Kinn hinauf. Doch es half nichts. Karlheinz kam immer näher. Das Gesicht zu einer dreckig grinsenden Grimasse verzerrt. Sein haselnussbrauner fast nackter Körper war – so wie den ganzen Sommer über – nur mit einer engen Badehose bekleidet. An den ungepflegten, von Nagelpilz befallenen Füßen trug er ausgelatschte, von jahrelangem Fußschweiß schwarz gewordene Ledersandalen. Er setzte sich an das Fußende des Bettes und murmelte: „Ich muss dir was zeigen, Wölfchen ...“

Aus dem Nichts zauberte er einen Laptop hervor und klappte ihn vor Lupino auf. Dann drückte er auf eine Taste und plötzlich war Ernas Wohnwagen zu sehen. Die Kamera bewegte sich auf ein Fenster des Caravans zu und Karlheinz flüsterte: „Ich hab euch beim Poppen gefilmt.“

Die Kamera schwenkte auf das Doppelbett und zoomte näher.

„Pervertito! Krankes Schwein!“

Voll Zorn schlug Lupino um sich. Seine Fäuste durchpflügten die Luft und landeten schlussendlich auf der Matratze. Mit einem Ruck setzte er sich auf. Schweißgebadet. Rundum war es stockdunkel. Er drehte das Licht auf. Weit und breit kein Karlheinz zu sehen. Lupino griff zu der neben dem Bett stehenden Mineralwasserflasche, schraubte den Verschluss auf und machte mehrere kräftige Schlucke. Allmählich verflüchtigten sich die Bilder des Albtraums. Hektisch stand er auf, öffnete alle Kästen und suchte jede Ecke des Wohnwagens ab, um sicherzugehen, dass sich Karlheinz nirgendwo versteckt hatte. Sogar unter der Küchensitzbank sah er nach. Schließlich ging er ins Bad und wusch sich das Gesicht mit kaltem Wasser. Beim Abtrocknen warf einen Blick in den Spiegel und erschrak. Ein alter Mann mit entstelltem Gesicht, grauen Haarsträhnen und schwarz-silbernem Fünftagesbart blickte ihn an. Tiefe Falten, eine Wange verbrannt, die andere eingefallen. Dunkle Ringe unter den wässrig blauen Augen. Er sah zum Fürchten aus. Lupino löschte das Badezimmerlicht und schlich zum Bett zurück. Auch hier machte er das Licht aus und verkroch sich unter der Decke. Regungslos lag er da, konnte jedoch nicht einschlafen. Der Anblick seines Antlitzes ging ihm nicht aus dem Kopf. Was war geschehen? Wie konnte er binnen eines halben Jahres so rapide altern? Die Antwort drängte sich wie von selbst auf. Der Stick. Der verfluchte Speicherstick war an allem schuld. Ohne ihn wäre er nie im Leben hier in Grado gelandet. Ohne ihn würde er nach wie vor als Fremdenführer in Venedig arbeiten. Nach den Führungen würde er die Osteria da Marcello aufsuchen, etwas Gutes essen, gemütlich das eine oder andere Glas Wein trinken. Und am Abend mit Luciana heimgehen. Mit ihr unter eine Decke schlüpfen. In ihren Armen einschlafen. Luciana! Er wurde fast wahnsinnig vor Sehnsucht. Nie, nie mehr wieder würde er den Duft ihrer Haare riechen, ihre samtene Haut und ihre großen, weichen Brüste streicheln, ihren heißen Atmen spüren. Luciana!

zweiundsiebzig

Allmählich ging ihm die Maskerade mächtig auf die Nerven. Das Verkleiden war nicht mehr lustig. Er hasste mittlerweile die billige Regenjacke, die Adidas-Schuhe und die Mustang-Jeans. Einem Impuls folgend beschloss er, heute den italophilen Deutschen zu mimen. Er schlüpfte in eine Lederjacke von Armani sowie in Mokassins von Tod's, griff zur Boss Schirmkappe und setzte sie über seine zu einem Pferdeschwanz gebundenen Haare auf. So viel Verkleidung musste sein. Er hatte keine Wahl. Denn einer der Rumänen, die von Ranieri und seinen Leuten verhaftet worden waren, hatte gesungen. Er hieß Adrian Illescu und war Kronzeuge der Staatsanwaltschaft. Illescu hielt sich nun an einem geheimen Ort auf und wurde Tag und Nacht von Polizisten bewacht. Er glaubt, meiner Rache entkommen zu können, aber das wird ihm nicht gelingen. Sobald er aus seinem Versteck auftaucht, werde ich ihn liquidieren lassen.

Fabrizio Norino verscheuchte die rachegeschwängerten Gedanken und verließ die Wohnung. Er sperrte gewissenhaft ab und rief den Lift. Seine Gesichtszüge entspannten sich. Während er mit dem Lift vier Stockwerke nach unten fuhr, dachte er über seinen Unterschlupf nach. Kein Mensch vermutete ihn hier. Er hatte dieses Haus vor zwei Jahren über eine Briefkastenfirma in Panama gekauft, renoviert und die Wohnungen in Touristenapartments umgewandelt. Das oberste Apartment hatte er nun als Giovanni Mittermayr gemietet. Das lief alles ganz legal ab. Er zahlte sogar Tourismusabgabe. Von einem Maulwurf bei der Polizia di Stato wusste er, dass vor allem in Padua und Umgebung intensiv nach ihm gefahndet wurde. Eine Hausdurchsuchung in seiner wunderbaren Barockvilla hatte dem Staatsanwalt eine Fülle von Unterlagen und Information geliefert. Ein Fehler, für den sich Fabrizio am liebsten selbst geohrfeigt hätte. Sämtliche Häuser, Wohnungen, Geschäftslokale, Restaurants und Firmengebäude der Norino-Familie wurden von der Polizei überwacht, die führenden Mitglieder der Familie abgehört und observiert. So hatte er sich den Machtkampf mit dem Frulani-Clan nicht vorgestellt. Er musste sich eingestehen, dass die gesamte Situation aus dem Ruder gelaufen war. Er zog die Schirmkappe etwas tiefer ins Gesicht, setzte die Boss-Sonnenbrille auf und trat hinaus in das enge Hinterhofgässchen, das vor zur Salizada San Lio führte. Norino trug einen kleinen Reisekoffer bei sich und tauchte in die Masse der Touristen, die sich durch diese Hauptverkehrsader zwischen San

Marco und Rialto wuzelten, unter. Nur nicht auffallen! Das war das oberste Gebot. Immer den gelben Hinweisschilder folgend schwamm er im Touristenstrom vor zur Piazza San Marco, auf die er durch den Torbogen des Uhrturms gelangte. Norino atmete tief durch. Die Weite des Platzes und der in den Himmel ragende Campanile ließen das klaustrophobische Gefühl verfliegen, das sich in der engen, von Touristengeschäften gesäumten Merceria Orologio eingestellt hatte. Er wechselte den Koffer von der rechten in die linke Hand, machte einen Bogen um die Menschenschlange, die vor der Basilica San Marco geduldig auf den Einlass wartete. Norino ging den im milden Morgenlicht erstrahlenden Dogenpalast entlang und wandte sich dann nach links zur Riva degli Schiavoni und zur Vaporetto-Station San Marco–San Zaccaria. Auf dem Weg dorthin genoss er den Ausblick auf die Lagune, auf die Gondoliere und ihre Gondeln und auf die vom Morgenlicht beleuchtete Klosterkirche San Giorgio Maggiore. Am Ende des Dogenplasts musste er auf einer Brücke einen kleinen Kanal überqueren. Von dort sah er die Seufzerbrücke – die schmale Verbindung zwischen dem Dogenpalast und den Bleikammern, in denen die Republik Venedig ihre Gefangenen eingesperrt hatte. Trotz der Menschenmassen war Venedig einfach wunderbar. Das musste sich Norino immer wieder eingestehen. Aber noch viel wunderbarer war, was ihn in wenigen Stunden erwarten würde. Er ging zur Vaporetto-Station und hatte Glück: Ein Schiff der Linie 4.1 tuckerte gerade in Richtung Anlegestelle. Anstellen, Gedränge, wenige Venezianer, viele Touristen. Am liebsten wäre er mit einem Wassertaxi gefahren. Doch das war zu gefährlich. Taxifahrer haben manchmal ein erstaunliches Gedächtnis. Das riskierte er nicht. Da zwängte er sich lieber mit seinem Köfferchen in das vollbesetzte Vaporetto und fuhr damit zu den Fondamente nove. Es war wie immer: Er war eingekeilt zwischen Menschen aus allen Herren Ländern und Kontinenten. Norino registrierte eine Gruppe von Indern. Sie sah man seit einigen Jahren immer häufiger in Venedig. Nicht nur, dass Chinesen Venedig als Reiseziel entdeckt hatten, kamen jetzt offenbar auch immer mehr Touristen vom indischen Subkontinent hinzu. Als Unternehmer konnte ihm das nur recht sein. Als in Venedig Ansässiger empfand er, in Anbetracht der Tatsache, dass es über eine Milliarde Inder gab, Unbehagen. Er schüttelte die trüben Gedanken ab und konzentrierte sich auf die Schönheit der Lagune. Das Vaporetto fuhr nun über die weite Wasserfläche zwischen Venedig und dem Lido. Norino stand neben dem Einstieg an eine solide Stahlwand gelehnt. Es roch nach Diesel und Menschen. Aber auch nach Wind, Wasser und Meer. Er schloss die Augen und begann zu träumen. Bald, schon bald, würde sich einer seiner Wünsche erfüllen. Circa zwei Stunden trennten ihn noch von seinen Träumen. Träume, die er in langen, einsamen Nächten in seinem Apartment an der Salizada San Lio gehabt hatte. Nächte voll Sehnsucht, voll fiebernder Erwartung.

„Prossima fermata: Lido. Next stop: Lido."

Die Lautsprechansage holte ihn zurück in die Realität. Tja, der Lido ...

Hier war er letzten Sommer oft am Strand gelegen. Meist auf einem Badetuch des FC Bayern. So ausgerüstet hatte er zwei bayrische Mädchen kennengelernt, die ihn wegen des Tuchs anquatschten. Er hatte sie zu Eis und Getränken, später dann zu einem Abendessen und anschließend zu Drinks in einer Bar eingeladen. In sein Apartment hatte er sie allerdings nicht mitgenommen. Sein Versteck war tabu. Die Nacht verbrachten sie in der Unterkunft der Mädchen. Zu dritt in der absurd kleinen Kammer eines Albergo, der sich in der Nähe des Bahnhofs befand. Eine Billigstunterkunft, die außer einem Waschbecken, einem riesigen alten Ehebett mit geschnitztem Betthaupt und einem Kleiderständer samt einigen Kleiderhaken nichts bot. Ihm und den Mädchen war das völlig egal. Auch dass sich Dusche und WC am Gang befanden und dass das Bett während ihrer nächtlichen Vergnügungen lautstark ächzte und stöhnte, war ihnen gleichgültig. Untertags führte er die Mädchen in einen Beachclub am Lido, wo es zeitgemäße sanitäre Einrichtungen gab und wo man in Ruhe duschen konnte. Dort genossen sie bequeme Liegebetten unter Palmen, lauschten chilligen Grooves, nippten an tropischen Cocktails und holten den versäumten Schlaf der letzten Nacht nach. Zwischendurch plantschten sie in den sanften Wellen des adriatischen Meers. Am späten Nachmittag standen dann immer ein bisschen Kultur und abends ein üppiges Essen sowie einige Absacker in einer Bar auf dem Programm. Rosie und Angie waren von seinem Charme verzaubert. Die Tatsache, dass er auf Bayrisch und Italienisch gleichermaßen sprechen und flirten konnte, begeisterte sie. Mein Gott, deutsche Mädchen im Süden! Das war Lebenslust pur. Unscheinbaren Raupen gleich entpuppten sie sich unter Venedigs Sonne zu wundervoll sinnlichen Schmetterlingen. Es kam ihm vor, als hätten die beiden den grauen Schleier, der daheim im Norden auf ihren Seelen lastete, abgestreift. Nach insgesamt drei Tagen und Nächten war der Traum vorbei. Die Mädchen fuhren zurück nach Deutschland, und er kehrte in seine Einsiedlerklause an der Salizada San Lio zurück. Das war nun Wochen her, und sein Hormonspiegel war wieder gefährlich angestiegen. In diesem Zustand neigte er dazu, unüberlegte Dinge zu tun. Diesmal hatte er allerdings nichts riskiert und alles bis in Detail geplant. Deshalb saß er nun auch in dem Vaporetto, mit dem er vom Lido zu den Fondamente nove fuhr. Normalerweise wäre er mit dem eigenen Motorboot gefahren. Aber das lag im Hafen von Maghera und wurde von der Polizei überwacht. Dieser verdammte Illescu! Wenn er den jemals lebend in die Finger bekäme! Sein Zorn regte seine Phantasie an, und plötzlich hatte er die Vision, Illescu mit gefesselten Armen, aber freien Beinen an sein Motorboot zu binden, so dass dieser sich strampelnd über Wasser halten konnte. Dann würde er das Boot starten und Illescu quer durch die Lagune schleifen. Zuerst würden dem Rumänen sämtliche Knochen gebrochen werden, schließlich würde er bewusstlos werden und ersaufen.

„Prossima fermata: Fondamente nove. Next stop: Fondamente nove."

Norino stieg aus dem Boot auf den schwankenden Ponton der Anlegestelle und registrierte das erfrischende Lüftchen, das hier wehte. Er atmete tief durch und wanderte zur Anlegestelle der Linie 12, die über Murano und Mazzorbo nach Burano fuhr. Er hatte Glück, und ein Schiff der Linie 12 legte gerade an. Wenig später blies ihm wieder Fahrtwind um die Ohren. Er stand an die Reling gelehnt und sah hinaus auf das graublaue Wasser der Lagune. Für die Schönheit der Lagune hatte er aber keinen Blick. Vor seinem geistigen Auge sah er nur Carla Fontana. Er hatte sie vor eineinhalb Jahren in einer TV-Show gesehen und war wie vom Blitz getroffen gewesen. Ihr freches Auftreten, ihr loses Mundwerk und ihre aufreizende Art hatten ihn verzaubert. Er hatte sich ihr geschickt genähert. Zuerst als schüchterner Fan, dann als bewundernder Verehrer und schließlich als schillernder, geheimnisvoller Verführer. Er hatte sie mit unzähligen Ideen und zahlreichen wertvollen Geschenken auf sich aufmerksam gemacht. Er hatte sich in ihr Bewusstsein eingenistet. Und dann war der Moment gekommen, wo sie einander getroffen hatten und ein Liebespaar wurden. An einem diskreten Ort, anonym und unerkannt.

Das Vaporetto hielt beim Leuchtturm in Murano, und eine Gruppe lärmender Chinesen sowie unzählige andere Touristen drängten in das Boot. Obwohl es nun sehr eng wurde, grinste Norino. Inmitten dieses Gedränges war seine Tarnung als deutscher Tourist perfekt. Und er begann aufs Neue, von Carla zu träumen. Fast drei Monate hatte er sie nicht gesehen. Damals hatte er sie bereits mit seiner Verkleidung überrascht. Zuerst hatte sie einen Lachkrampf bekommen, als sie ihn als Deutschen verkleidet sah. Aber dann war sie ganz verliebt gewesen. Verliebter denn je. Sie schmolz förmlich, wenn er mit bayrischem Akzent gebrochen Italienisch sprach. In einem billigen Albergo in San Polo hatten sie damals eine Wahnsinnsnacht verbracht.

Der Fahrtwind rüttelte an seiner Boss-Mütze. Energisch zog er sich den Schirm noch ein Stückchen tiefer ins Gesicht, sodass ihm die Kappe auch von einer stärkeren Windböe nicht vom Kopf gerissen werden konnte. Sonnenstrahlen durchdrangen den Dunst der Lagune und tänzelten auf den Wellen. Neben ihm roch ein junges Pärchen nach Cannabis. Während er auf die Lagune hinaussah, dachte er an den Handel mit Cannabis, Heroin, Kokain und Amphetaminen. In diesem Geschäftsfeld hatte seine Familie endlich auch in Venedig Fuß fassen können. Die Dealer der Frulanis waren

245

verhaftet worden oder hatten sich in irgendwelchen Löchern verkrochen. Nun versorgten die Norinos die Serenissima mit verbotenen Substanzen. Ein Erfolg, der ihm innerhalb seiner Familie viel Respekt eingebracht hatte. Respekt und Macht. Dafür lebte er. Mazzorbo kam in Sicht und dahinter Burano mit seinem schiefen Campanile. Norinos Herz begann zu klopfen. Bald würde er in Burano landen und dort zur Anlegestelle der Linie 9 gehen. Sie würde ihn nach Torcello bringen. Von der Anlegestelle in Torcello war es dann nur mehr ein kurzer Spaziergang entlang eines Kanals. Wie ein anständiger deutscher Tourist würde er dabei seinen Koffer auf Rollen hinter sich herziehen. Bis zu seinem Ziel: der Locanda Cipriani. Eine Dependance des berühmten Hotels. Die Locanda war kein normales Restaurant. Nein, es war ein kulinarisches Juwel, das in einem wunderbar gepflegten Garten lag und über fünf idyllische Zimmer verfügte. Hier hatte Carla Fontana eine Junior Suite für zwei Nächte gebucht. Zwei Tage und Nächte, die sie in der Abgeschiedenheit Torcellos mit ihrem bayrischen Liebhaber zu verbringen gedachte.

dreiundsiebzig

War es ein Zukreuzekriechen? Oder war es die Rückkehr des verlorenen Sohns? Bei diesem Gedanken musste Lupino lächeln. So alt war Laura Bagotti nun auch wieder nicht. Fünf bis sieben Jahre war sie wahrscheinlich älter als er. Trotzdem verhielt sie sich ihm gegenüber seit jeher wie eine strenge, aber liebevolle Mutter. Als er vom Polizeidienst suspendiert worden war und keinerlei Zukunftsperspektive hatte, war er bei ihr untergekommen. Sie hatte nach keinen Zeugnissen und schon gar nicht nach seinem Leumund gefragt. Sie hatte ihn einfach eingestellt. Dann hatte sie ihm in kurzen Worten die drei von ihrer Agentur angebotenen Touren erklärt und hinzugefügt: „Mehr gibt's dazu nicht zu sagen. Schließlich bist du Venezianer."

„Aber was soll ich den Leuten über den Dogenpalast, San Marco, die Seufzerbrücke, das Arsenal, den Ponte Rialto erzählen?"

„Erzähl ihnen, was du willst."

„Aber ..."

„Da hast du Infos."

Ein abgegriffener Venedig-Führer war damals krachend vor Lupino auf dem Verkaufspult gelandet. So hatte seine Einschulung ausgesehen.

Nun steuerte er auf Laura Bagottis Büro zu, das sich hinter der Piazza San Marco in einer schmalen Gasse befand. Vor dem Eintreten blieb er kurz stehen und holte tief Luft. Durchatmen und hinein.

„Ciao Laura."

„Lupino!"

Die rundliche Signora sprang auf und umarmte den Besucher.

„Lupino, endlich bist du wieder da! Ich habe morgen eine Gruppe aus Augsburg. Kannst du die übernehmen?"

Lupino war verdattert.

„Darf ich mich setzen?"

„Selbstverständlich. Warte, ich mach dir Platz."

Hinter dem Verkaufspult befanden sich ein kleiner runder Schreibtisch sowie zwei Hocker, auf denen sich Geschäftsunterlagen und Ordner stapelten. Laura entfernte sie von den Hockern.

247

„Nimm bitte Platz. Magst du einen Kaffee?"

„Ja, gerne."

Sie verschwand in dem winzigen Raum, der an das kleine Büro anschloss. Dort drinnen befanden sich ein Klo, ein Waschbecken sowie ein Board, auf dem eine kleine Heizplatte sowie eine Bialetti-Kaffeemaschine standen. Lupino hörte, wie Laura den Metallfilter ausklopfte, dann rauschte Wasser, und schließlich ertönten Schraubgeräusche. Laura kam zurück, setzte sich vis-à-vis von ihm auf den Hocker, schlug ihre kurzen Beine übereinander, beugte sich vor und musterte Lupino.

„Was ist mit deinem Gesicht passiert?"

„Eine kleine Verbrennung ..."

„Von klein kann keine Rede sein. Deine ganze linke Wange ist verbrannt. Wie ist das passiert?"

Lupino schüttelte unwillig den Kopf. Die Bialetti begann zu blubbbern, Kaffeeduft strömte durch das Büro.

„Der Kaffee ist fertig."

Laura stand auf, verschwand im Kämmerchen und rief von dort: „Lupino, warum weichst du mir aus?"

„Das willst du gar nicht wissen."

„Ich mach mir Sorgen. Schließlich bin ich deine Freundin."

„Grazie!"

Laura servierte den Kaffee in zwei kleinen Espressoschalen. Sie stellte sie auf den Stapel von Unterlagen ab, der auf dem kleinen, runden Tisch lag.

„Bitte klecker nicht. Das ist meine Steuererklärung. Da machen sich Kaffeeflecken nicht so toll drauf."

Lupino nickte, nahm vorsichtig die Schale vom Stapel und trank einen Schluck.

„Also, machst du morgen die Gruppe aus Augsburg?"

„Mit meinem verbrannten Gesicht?"

„Wende ihnen einfach die rechte Gesichtshälfte zu ...“

Lupino lachte. Das war typisch Laura. Bei aller Freundschaft blieb sie doch immer eine mit allen Wassern gewaschene Geschäftsfrau.

Treffpunkt war vor der Wechselstube, die sich unter den Arkaden vis-à-vis des Dogenpalastes befand. Die Augsburger Touristengruppe – lauter Senioren und Seniorinnen – war ohne Probleme zu erkennen. Aufgrund ihrer schlampigen Freizeitkleidung und vor allem aufgrund ihrer Schuhe: entweder weiße Sneaker plus weiße Socken oder Birkenstocksandalen. In letzterem Fall wurden diese jetzt im Oktober mit Socken getragen. Zum Glück war es ziemlich kühl, so dass Lupino der Anblick von nackten mit Krampfadern überwucherten Beinen erspart blieb. Alle hatten lange Hosen an. Ein kleiner Lichtblick.

„Meine Damen und Herren, ich begrüße Sie herzlich zu der Dogenpalast-Führung von Venice Tourist!“

Alle Blicke richteten sich auf ihn, eine Dame in der zweiten Reihe bemerkte keck: „Das ist ja ein Ösi ...“

Lupino blickte sie scharf an und erwiderte: „Nein, gnädige Frau, ich bin Venezianer. Hier geboren und aufgewachsen. Meine Mutter war allerdings Wienerin. Deshalb spreche ich ein Wienerisch gefärbtes Deutsch.“

Ein dicker Augsburger mit mächtigem Schnauzbart brummte: „Is mir eh lieber als preißisch.“

Alle lachten, das Eis war gebrochen. Lupino zählte die Gruppe durch, kassierte die Gutscheine ein und dann ging's los.

Nach der Tour, die erstaunlich entspannt in einer freundschaftlichen Atmosphäre mit zahlreichen pointierten bayrisch-wienerischen Dialogen verlief, kehrte Lupino aufgekratzt in Laura Bagottis Büro zurück.

„Na, wie ist es gelaufen?"

„Gar nicht so übel. Das waren heute lauter gemütliche Bayern."

„Kann ich jetzt wieder voll auf dich zählen?"

Lupino nickte seufzend, räumte einen Hocker leer und ließ sich darauf nieder.

„Hab ich eine Wahl? Nicht wirklich. Schließlich darf ich ja auch bei dir wohnen."

„Lupino! Das eine hängt nicht mit dem anderen zusammen. Deine Wohnung ist derzeit nicht benutzbar, also wohnst du bei mir. Das hat aber nichts mit dem Job zu tun."

„Danke. Das vergesse ich dir nie."

„Na, hoffen wir es. Übrigens: Am Wochenende habe ich sieben deutschsprachige Gruppen. Vier aus Österreich, zwei aus Deutschland, eine aus der Schweiz."

Lupino seufzte neuerlich und nickte zustimmend. Laura lächelte und fuhr in zuckersüßem Tonfall fort: „Apropos: Ich hätte jetzt gerne einen Kaffee. Machst du mir einen?"

vierundsiebzig

Am folgenden Samstag trat Lupino gut gelaunt hinaus auf den Rio de la Verona. Lauras Wohnung lag im Sestiere San Marco. Folglich hatte er es nicht weit zur Piazza San Marco. Dort wartete um zehn Uhr eine Wiener Reisegruppe. Ein seltenes Vergnügen, bei dem er seine Muttersprache hören würde. Er kam am Teatro La Fenice vorbei und spazierte durch die Calle Drio la Chiesa vor zur Calle Frezzeria, die zur Bocca di Piazza und zur Piazza San Marco führte. Jetzt am frühen Vormittag gab es noch keinen Menschenauflauf. Ein Schwarm Tauben und zwei Touristengruppen spazierten über die Weite des Platzes, vor dem Campanile und dem Caffè Florian fuchtelten Asiaten wild mit Handys und Selfie-Sticks. Einheimische überquerten flotten Schrittes die Piazza, ohne auf die Schönheit des Ortes zu achten. Man gewöhnt sich einfach an alles, räsonierte Lupino. Selbst an die wunderbarsten Eindrücke. Wenn man sie tagtäglich sieht, verlieren sie ihren Reiz. Jetzt, nach den Wochen in Triest und Grado, genoss er die pittoreske Schönheit Venedigs. Fast so wie ein Tourist.

Treffpunkt war wie immer vor der Wechselstube unter den Arkaden. Dort warteten die Wiener schon. Madre dio! Sie waren genauso schlecht angezogen wie die Deutschen. Woran lag das? Deutschland und Österreich gehörten zu den wohlhabendsten Ländern Europas. Trotzdem rannten ihre Bewohner völlig abgefuckt durch die Weltgeschichte. Lupino begrüßte die Gruppe: „Guten Morgen die Damen, habe die Ehre die Herren! Ich begrüße Sie sehr herzlich zu der Dogenpalast-Führung von Venice Tourist!"

„I man, i dram![48] Des is a Unsriger!"

„Nur zur Hälfte, mein Herr. Mein Vater war Venezianer, meine Mutter war Wienerin."

„A guade Mischung ...“

„Danke. Von meiner Mutter und Großmutter habe ich Wienerisch gelernt."

„Und Deutsch? Reden Sie a Deutsch?"

„Wenn es sein muss ...“

---

[48] Ich glaube, ich träume.

Alle lachten. Lupino führte die Gruppe über die Piazza hinüber zum Eingang des Dogenpalasts und begann mit der Führung. Sie verlief ähnlich wie bei den Augsburgern. Die Führung war kurzweilig, die Stimmung lustig. Hier rannte der Wiener Schmäh[49]. Am Ende der Tour, als sie aus den Bleikammern über die Seufzerbrücke zurück in den Palast gingen, warf Lupino einen verträumten Blick hinaus auf die an dem Dogenpalast vorbeiströmenden Menschen. Plötzlich zuckte er zusammen. Das gibt's nicht! Er sah genau hin. Malherba! Kein Zweifel. Der kahle Schädel. Die bullige Figur. Zittern. Schweißausbruch. Dort ging Malherba. Er konnte zwar sein Gesicht nicht sehen, aber der Schädel und die Figur. Gemütlich dahinschlendernd verschwand Malherba aus Lupinos Blickfeld.

„Ist Ihnen net guad? Sie sind ja ganz weiß im G'sicht ..."

Lupino bemühte sich, die alte Dame anzulächeln.

„A kleine Kreislaufschwäche. Aber es geht schon."

„Kommen S', nehmen S' a Zuckerl. Da nehmen S'!"

Mit zitternden Händen nahm er aus der dargebotenen Tüte ein Bonbon und steckte es artig in den Mund.

„Des hilft ma immer, wann i an Kreislauf-Tralala hab."

Trotz des Schocks musste Lupino nun Grinsen. Kreislauf-Tralala – eine wunderbare Wortkreation, die er noch nie gehört hatte. Das Zuckerl schmeckte angenehm fruchtig und erinnerte ihn an die Naschereien, die er von seiner Wiener Großmutter bekommen hatte. Er führte mit leicht ermattetem Schmäh die Führung zu

---

[49] Launiges Sprücheklopfen im Wiener Dialekt

Ende, bekam ein passables Trinkgeld, fischte sein Handy aus der Tasche, schaltete es ein und rief Ranieri an.

„Pronto?"

„Ludwig, ich bin's. Wolfgang."

„Mensch, was willst du? Willst du mich mal wieder versetzen? So wie letztes Mal in Triest? Das war eine ganz üble Nummer."

„Tut mir leid, Ludwig. Bitte hör mir kurz zu. Ich muss dir dringend was ..."

Ranieri fiel ihm ins Wort: „Was ist? Ist dir Malherba über den Weg gelaufen?"

„Woher weißt du das?"

„Bitte?"

„Woher weißt du, dass ich vor zehn Minuten tatsächlich Malherba gesehen habe?"

„Das war ein Scherz, Wölfchen."

„Sehr witzig ..."

„Malherba ist höchstwahrscheinlich tot."

„Er lebt und spaziert am helllichten Tag unbehelligt durch Venedig."

„Wo und wann hast du ihn gesehen?"

Lupino schilderte sein Erlebnis. Ranieri wurde plötzlich todernst.

„Gut. Ich glaube dir, Wölfchen. Wenn dieser Killer tatsächlich noch lebt und frei herumläuft, müssen wir ihn dingfest machen. Ich komme persönlich mit Viti und Botterolli auf die Piazza San Marco. Mal sehen, ob der Kerl wirklich da ist."

fünfundsiebzig

Es war ein stinkender, stickiger Stall, in dem er eingesperrt war. Angekettet lag er auf Stroh. Keine Pritsche,

kein Sessel, kein Tisch, kein Wasser, nicht einmal ein
Kübel, auf dem er seine Notdurft verrichten konnte.
Nur eine Fuhre Stroh, auf der er lag und auf die er wie
ein Tier seine Notdurft verrichten musste. Jeden zweiten Tag kam ein blödsinnig aussehender Bauernbub,
kehrte das verunreinigte Stroh aus dem Stall hinaus
und gab neues hinein. Das war der einzige Luxus, den
Malherba in seiner derzeitigen Unterkunft genoss. Der
Käfig, in dem sie ihn gefangen hielten, war an drei Seiten von Betonwänden umgeben. Darüber war ein Well-
blechdach, auf das bei Schönwetter die Sonne brannte
und bei Regen die Tropfen prasselten. In seiner Verzweiflung hatte er anfangs lauthals gebrüllt. Das hatte
dazu geführt, dass sich rundum etliche wütende Hun-
destimmen erhoben hatten. Dieser Krach war ihm ei-
nerlei gewesen. Was ihm aber nicht egal war, waren
die beiden Dogo Argentinos, die frei auf dem Anwesen herumliefen. Sie hatten bei jedem seiner Anfälle
vor dem Käfig getobt und gefletscht. Ohne die massiven Eisenstäbe wäre er von ihnen zerfleischt worden.
Ihre Aggression sowie ihr entsetzlicher Mundgeruch,
der beim Bellen, Hecheln und Fletschen wie Giftgas
in den engen Stall strömte, ließen ihn schlussendlich
verstummen. Er war im Outback gelandet. Das hatte er
wahrlich nie gewollt. Er, der Bauernbub aus ärmlichs-
ten Verhältnissen, der in einem apulischen Kaff ohne
Fließwasser und mit Plumpsklo am Misthaufen aufgewachsen war, war zu seinen Anfängen zurückgekehrt.
Wobei sich das Anwesen, auf dem er gefangen gehalten wurde, nicht in Apulien, sondern irgendwo in der
Nähe von Triest befinden musste. Manchmal, wenn
der Wind entsprechend wehte, konnte er das Meer riechen. Nächtens hörte er gelegentlich das Horn eines
Schiffes. Und auch das immer wiederkehrende Licht-

signal eines Leuchtturms konnte er ausmachen. Aus all dem schloss er, dass er in der Nähe von Triest war. Dafür sprachen auch die ziemlich lange Überfahrt in einem Boot und die anschließende Fahrt in einem Lieferwagen. Er hatte keine Beweise dafür, doch war er sich ziemlich sicher, dass er sich in der Gewalt von Il Piccolettos Männern befand. Er verfluchte den Tag, an dem er Fabrizio Norinos Auftrag angenommen hatte, Il Piccolettos Tante und dann dessen Freund, diesen Severino, zu liquidieren. Wenn er gewusst hätte, wie mächtig die Frulani-Familie tatsächlich war, hätte er diesen Auftrag hundertprozentig abgelehnt. Porca puttana! Er war in etwas hineingeraten, aus dem es keinen Ausweg gab. So sehr er es auch versucht hatte, die Frulanis waren zu mächtig. Nie hätte er es für möglich gehalten, dass sie es schafften, ihn von einem Polizeiboot zu kidnappen. Im Gefängnis, ja. Da hatte jede einflussreiche Familie ihre Subcapos und Gefolgsleute. Aber am helllichten Tag in Venedig ein Polizeiboot zu überfallen und ihn zu kidnappen – das war extrem kaltblütig. Eine Machtdemonstration gegenüber der Justiz und der Polizia di Stato. Ursprünglich hatte er vorgehabt, hier oben im Norden zwei schnelle Jobs zu machen, abzukassieren und danach zurück in den Süden zu verschwinden. Das war sein Plan gewesen. Malherba grinste bitter. Er hatte mit diesem Auftrag die Arschkarte gezogen, ohne dass es ihm bewusst gewesen war.

Kreischend wurde die im Gitter eingelassene Tür geöffnet. Malherba schreckte aus einem Dämmerzustand hoch und bekam einen Schweißausbruch. Denn einer der beiden Dogo Argentinos versuchte, sich in den Käfig zu drängen. Doch eine sehnige Männerhand packte den Hund am breiten Lederhalsband und riss ihn zurück. Gleichzeitig wurde das Vieh angeherrscht: „A cuccia!"

Winselnd zog der Dogo Argentino den Schwanz ein und legte sich hin. Der zweite Hund tat es ihm gleich. Nun trat der Mann ein, dem die Tiere gehörten. Er war groß, hager und nicht mehr der Jüngste. Seine graumelierten Haare kräuselten sich im Nacken und waren straff nach hinten frisiert. Dadurch kam seine Adlernase noch mehr zur Geltung. Das markant geschnittene Gesicht hätte man durchaus als attraktiv bezeichnen können. Doch ein harter Zug um seinen Mund sowie ein gnadenloser Blick machten es unsympathisch.

„Silvio il Bombardiere ..."

„Und wer bist du?"

„Salvatore Bassetto. Ich bin der Schwager von Piersandro Frulani, genannt Il Piccoletto. Ich baue Wein an und bin Hundezüchter."

„Hundezüchter?"

„Kampfhunde. Pitbulls. Die besten in ganz Italien."

„Wo bin ich eigentlich?"

„Warum willst du das wissen?"

„Ich rieche hin und wieder das Meer und sehe in der Nacht das Licht eines Leuchtturms. Sind wir in der Nähe von Triest?"

„Malherba, du bist gar nicht so dumm, wie ich dachte. Du bist hier in einem Tal, das zwischen Triest und Opicina liegt. An der Scala santa."

„An der heiligen Stiege?"

„So heißt die Gegend hier. Obwohl das, was wir hier tun, alles andere als heilig ist."

Salvatore Bassetto gönnte sich ein schmales Lächeln.

„Das hab ich mir schon gedacht, dass ich hier unter gottlosen Hurensöhnen gelandet bin."

Salvatore Bassettos Zornadern schwollen an, und er trat Malherba in den Unterleib. Der schrie auf und krümmte sich. Bassetto schloss das Tor, versperrte es und gab Malherba zum Abschied folgenden Rat: „Bald wird die Scala santa deine letzte Station auf dem Weg in den Himmel oder vielmehr in die Hölle sein. Bete zu allen Heiligen, dass der Herrgott dir deine Sünden vergibt."

Asolo

sechsundsiebzig

Sein Großvater hatte hier gewohnt. Nun residierte er hier. Im Palazzo Mazzotto, einem Prachtbau aus dem 16. Jahrhundert. Er lag gleich vis-à-vis des Doms, und man konnte von dessen Balkonen die Weite Venetiens überblicken. An sehr klaren Tagen sah man sogar bis ans Meer, bis zur Lagune von Venedig. Der Palazzo Mazzotto lag in Asolo. Einer uralten Stadt, die seit über 500 Jahren venezianisch war. Seit Jahrhunderten galt die Regel: Wer Venedig mag, mag Asolo und viceversa.

Sein Nonno hatte allerdings oben in den lichten Wohn- und Prunkräumen des Palazzos Mazzotto nur geputzt und aufgeräumt, aber niemals gewohnt. Gewohnt hatten er und seine Familie unten in der Hausmeis-terwohnung. In einem dunklen Labyrinth von Räu-men, von denen es eine Stiege in die Tiefen des Kellers gab. Er und seine Geschwister hatten sich immer vor dem Keller gefürchtet. Ihre Nonna hatte dieser kindli-chen Angst vor der Dunkelheit mit Erzählungen vom Schwarzen Mann zusätzlich Nahrung gegeben. Er war nackt wie eine Schlange, hauste hier unten und ver-speiste Menschen; unvorsichtige Hausknechte und freche Mägde. Aber auch neugierige Kinder waren ihm im Laufe der Jahrhunderte zum Opfer gefallen. Letztere verspeiste er am liebsten, da deren Fleisch so zart war. Niemals konnte der Schwarze Mann gestellt oder getötet werden. Denn er war flink wie ein Mar-der. Er hatte Reißzähne wie ein Wolf und Krallen wie ein Tiger. Seine Augen waren die einer Katze, und er bewegte sich in der ewigen Finsternis so sicher wie andere bei Tageslicht. Er fürchtete nichts und nieman-den. Einzig der Strahl einer starken Taschenlampe oder das Flackern einer mächtigen Fackel vermochten ihn in die Flucht zu schlagen. Dass man seiner nie habhaft wurde, hatte einen guten Grund: Der Keller des Palazzo Mazzotto war mit den Kellern anderer Palazzi und auch mit geheimen unterirdischen Gängen zum Castello verbunden. Die Pläne für dieses unterirdische Labyrinth waren verloren gegangen. Teile der Gänge waren eingestürzt, und außer dem schwarzen Mann kannte sich niemand dort unten aus. Das hatte die Nonna erzählt. Er lächelte über diesen Kinderkram und erinnerte sich an längst vergessene Tage, an die düstere und doch heimelige Atmosphäre der großelterlichen Wohnung, in der es immer ein bisschen nach Feuchtigkeit und Moder roch.

Jetzt residierte er oben. Herrschaftlich, wie es einem wirtschaftlich erfolgreichen Menschen gebührte. Nach einer heißen Dusche im luxuriösen Badezimmer wischte er den Spiegel ab, der sich durch die Feuchtigkeit beschlagen hatte, und betrachtete missmutig sein operiertes Gesicht. Der breite, sinnlichere Schwung seiner Lippen gefiel ihm. Auch, dass er nicht mehr so wie früher ein rundliches Mondgesicht, sondern markante Backenknochen hatte, war vollkommen in Ordnung. Nur die Nase, die winzige, zarte Nase, die ihm Dottore Lamberti ins Gesicht gesetzt hatte, missfiel ihm massiv.

„Eine Nase wie ein Weib."

Er schüttelte den Kopf und wandte sich angewidert von seinem Spiegelbild ab. Voll Sentimentalität und Trauer dachte er an den guten alten Piersandro Frulani, genannt Il Piccoletto, und dessen große, fleischige Nase. Einem Leuchtturm gleich ragte sie aus dem Gesicht des Verstorbenen. Aber der lag nun tot in San Michele; im imposanten Familiengrab der Frulanis.

Nie hatte er bis dahin Geschäfte mit Leuten aus Milano getätigt. Er mochte sie nicht, diese arroganten Lombarden. Sie glaubten, sie seien die Elite Italiens. Das hatte ihn als Venezianer immer empfindlich gestört. Deshalb: Keine Geschäfte mit den Milanesi. Niemals. Vor einigen Wochen aber musste er zur Kenntnis nehmen, dass er sich in Mailand unters Messer zu legen hatte, da es dort den besten plastischen Chirurgen des Landes gab: Dottore Lamberti. Eine großkotzige, mailändische Ratte! Angeblich der beste Schönheitschirurg Italiens. Ein imposanter Mann mit kühner Adlernase und buschigen Augenbrauen.

Schnell und professionell. Darauf waren Dottore Lamberti und seine Klinik spezialisiert. Schließlich hatten all die Jetset-People, die sich hier Nasen verkleinern und Brüste vergrößern ließen, nie Zeit. Da auch er es verdammt eilig hatte, musste er sich in die Hände Lambertis begeben. Cazzo! Ihm so ein Stupsnäschen ins Gesicht zu setzen, war eine Frechheit. Ein Scherz des berühmten Dottore auf Kosten des geheimnisvollen Neureichen aus Venedig.

Neuerlich musste er an seine Nonna und ihre Geschichten vom Schwarzen Mann denken. In Erinnerungen versunken schenkte er sich lächelnd einen Schluck Rotwein aus den Colli Asolani ein. Ein Cabernet Sauvignon, der ihm erheblichen Trinkgenuss bereitete. Seine dicken Finger angelten von der silbernen Platte, die mit allerlei Prosciutto, Pancetta und Speck belegt war, eine hauchdünne Scheibe Lardo. Bedächtig ließ er das zarte Stückchen Schweinefett auf seinem Gaumen zergehen und genoss dessen leicht süßlichen Geschmack. Nicht kauen, mit der Zunge zerdrücken!

Das unterschied einen wirklich guten Lardo von all dem anderen fetten Zeug, das es zu kaufen gab. Diesen Lardo hätten auch seine Großeltern geliebt! Wirklich guten Lardo konnte sich das Hausmeisterehepaar nicht leisten. Dafür gab es immer Pancetta und manchmal auch Speck aus dem Alto Adige. Beides liebten er und seine Schwestern. Selbst heute, Jahrzehnte später, wurde bei Familientreffen stets Speck, Pancetta und Lardo aufgetischt. Das gehörte zur Familientradition. Genauso wie dieser wunderbare Palazzo in Asolo. Hier lagen die Wurzeln des Familienerfolgs. Seine Großeltern stammten aus zwei bettelarmen venezianischen Fischerfamilien. Gemeinsam waren sie nach Asolo gekommen, hatten ihre beiden Söhne sowie drei Töchter aufgezogen und waren erst im hohen Alter in eine Villa am Rande von Mestre übersiedelt. Der Palazzo aber verkam zusehends. Denn die letzte der Mazzottos war eine uralte Dame, die von Mietpersonal aus dem Osten mehr schlecht als recht gepflegt und außerdem nach allen Regeln der Diebskunst bestohlen wurde. Kostbare Armaturen, Beschläge, Spiegel, Gemälde und Luster wurden abmontiert, um auf Flohmärkten zu einem Bruchteil ihres wahren Wertes verkauft zu werden. Unrühmlicher Höhepunkt dieses Treibens war die Erstellung eines Testaments, zu dem die alte Dame, die nichts mehr hörte und zusätzlich fast blind war, von zweien ihrer Helferinnen und deren Beschützer zu einem Notar in Treviso gebracht worden war. Dort hatte sie ein Schriftstück unterschrieben, das die beiden Pflegerinnen zu den Erben des Palazzos sowie aller darin befindlichen Wertgegenstände machte. Wenige Tage danach verschied die alte Dame. Zum Glück hatte ihm ein Vögelchen aus Asolo gezwitschert, dass der Palazzo Mazzotto nun von einer osteuropäischen

Sippschaft bewohnt wurde. Seine Leute machten den Notar, bei dem das Testament verfasst worden war, in Treviso ausfindig. Als dieser frech behauptete, dass bei der Testamentserstellung alles rechtmäßig zugegangen sei, fand er eines Morgens seinen Hund erhängt vor seinem Schlafzimmerfenster baumeln. Kurze Zeit später verschwand seine Tochter. Nach der Lektüre eines Briefs, der dem Notar von Unbekannt zugestellt worden war und in dem sich der kleine Finger seiner Tochter befand, erstattete dieser Selbstanzeige. Eidesstattlich erklärte er, dass er sich von den Pflegerinnen bestechen hatte lassen und dass der gesamte Notariatsakt sowie das Testament ungültig waren.

Mit dem nun bestellten Nachlassverwalter konnte er sich schnell einigen und die Ostblocksippe wurde von seinen Leuten im wahrsten Sinne des Wortes aus dem Palazzo gejagt. Da dies nicht ohne Lärm und Tumult vonstatten gegangen war, hatte er vorsorglich einen Carabinieri-Offizier, der ihm noch einen Gefallen schuldig war, dorthin bestellt. Der Maresciallo und seine Leute verhafteten die beiden Pflegerinnen sowie deren Entourage wegen Randalierens, öffentlicher Ruhestörung, Raufhandel und dergleichen. Nun war der Palazzo Mazzotto in seinen Besitz übergegangen. Mit einer begnadeten Architektin hatte er das Gebäude liebevoll renoviert. Eine der Pflegerinnen, die eine Lagerhalle für die aus dem Palazzo entwendeten Wertgegenstände gemietet hatte, war in der Halle unglückseligerweise von einer Leiter gestürzt und hatte sich dabei das Genick gebrochen. Noch ehe die Polizei die Leiche fand, ließ er die ganzen alten Erbstücke der Mazzottos zurück in den Palazzo bringen. Der Lebensgefährte der Pflegerin, der gewagt hatte, Anzeige wegen Diebstahls

265

zu erstatten, war eines Nachts vor seiner Wohnung von Rowdies zu Tode geprügelt worden. Ein Schicksal, das er übrigens mit dem arroganten Mailänder Dottore Lamberti teilte. Der war ebenfalls überfallen worden. Mehrere Unbekannte hatten ihn am Boden festgehalten, während einer von ihnen sein Gesicht und seinen Schädel mit einem Baseballschläger zertrümmerte.

siebenundsiebzig

Versonnen streifte sein Blick über die endlos scheinende Weite Venetiens. Von hier oben hatte er einen wunderbaren Ausblick. Er fühlte sich wie ein König, der hinunter auf sein Reich blickte. Dieses Gefühl war nicht ganz unbegründet. Schließlich war er einer der erfolgreichsten Unternehmer der Region. Hotels, Baufirmen, Transportunternehmen, Müllsammel- und Entsorgungseinrichtungen sowie seit einiger Zeit auch zwei Fleischfabriken, ein Weingut sowie ein Lebensmittelgroßhandel gehörten zu seinem Imperium. Ja, er hatte es geschafft: den Aufstieg vom gesellschaftlichen Außenseiter zum Industriellen. Der gestrige Abend hatte ihm dies eindrucksvoll bestätigt. Sein Blick wurde verträumt, als er sich an gestern zurückerinnerte. Er hatte in der Villa, die zu seinem Weingut gehörte, einen großen Empfang mit unzähligen angemieteten Hilfskräften inszeniert. Für eine einzige Person: seine Frau. Nach fast einem Jahr der Abwesenheit war sie zurückgekommen. Sie war genauso verändert wie er. Auch sie hatte sich einer plastischen Operation unterzogen. Neues Gesicht, neue Figur. Made in USA. Nichts sollte an ihr früheres Äußeres erinnern. Genauso wie sein neues Gesicht mit der kleinen, zierlichen Nase in keinem Detail seinem alten, früheren Gesicht glich. Das war der Preis, den beide zu zahlen hatten, um hier in Asolo ein neues Leben zu beginnen. Neues Aussehen, neuer Name, neue Geschäftsfelder.

Endlich war seine Frau zurückgekehrt. Nichts hatte er sich in den Monaten, in denen er sein neues Leben vorbereitet hatte, sehnlicher gewünscht. Der Kiesweg, der zum Eingang der Villa führte, war beidseitig mit Fackeln beleuchtet. Das Eingangstor war weit offen gestanden, aus der mit üppigem Blumenschmuck dekorierten Eingangshalle erklang romantische Musik, die von einem Kammermusikensemble gespielt wurde. Im Smoking hatte er auf sie gewartet und dabei nervös an seiner Fliege herumgefummelt. Endlich war eine schwarze Audi Limousine vorgefahren. Der Chauffeur hatte die Tür des Fonds geöffnet, und eine wunderschöne, fremde Frau stieg aus. Unsicher lächelnd war sie auf die festlich beleuchtete Villa zugeschritten. Ein Assistent hatte ihm drei weiße Calla gereicht, als Symbol für die dreißig Jahre, die er nun schon mit seiner Frau zusammen war. Mit den Blumen in der Hand war er ihr entgegengegangen – überwältigt von ihrer Schönheit. Augenscheinlich waren die plastischen Chirurgen in den USA nicht solche Idioten wie Dottore Lamberti. Sein Herz hatte wie verrückt geklopft, und er hatte sich zutiefst für die winzig kleine Nase, die ihm ins Gesicht gepflanzt worden war, geniert. Vor lauter Nervosität und Unsicherheit hatte er einen Schweißausbruch. Trotzdem war die Schöne zügig auf ihn zugegangen, hatte ihm die Callas aus der Hand genommen, ihn umarmt und geküsst. Dann hatte sie ihm ins Ohr gehaucht: „Was für ein entzückendes Stupsnäschen ...“

Heute Morgen hatte er das erste Mal in seinem Leben das Gefühl, angekommen zu sein. Er lebte und arbeitete in dem Haus, in dem sein Vater, sein Onkel und seine Tanten aufgewachsen waren und in dem er und seine Schwestern die Großeltern besucht hatten. Hier befand sich der Grundstein für alles, was die Frulani-Familie in den letzten 80 Jahren erreichte. Als Krönung hatte er nun ein Wirtschaftsimperium geschaffen, das über eine Milliarde Euro umsetzte. Hier in Asolo, wo Caterina Cornaro, Königin von Zypern, Ende des 15. und Anfang des 16. Jahrhunderts Hof gehalten hatte, residierte nun er. Ein stolzer Venezianer, ein Kapitän der Wirtschaft, ein König der Industrie. Er hatte große Pläne, er würde Asolo wieder Glanz und Ruhm verschaffen. Das bisher eher bescheidene Kunstfestival würde er weltberühmt machen. Er saß bereits im Kuratorium des Festivals, und er ließ Geld fließen. Über kurz oder lang würde er die Leitung übernehmen und großartige, internationale Künstler einladen. Dazu würde er auch ein Fest mit Gauklern und Straßenkünstlern lancieren, Artists in Residence ansiedeln, Kongresse über zeitgenössische Kunst veranstalten und mit der Biennale in Venedig die Zusammenarbeit suchen. Kurzum: Asolo würde eine Perle der Kultur werden. Er plante, zum weltweit geachteten Kunstmäzen aufzusteigen. Begleitet und unterstützt von seiner wunderschönen Frau. Er dachte an die vergangene Nacht. An das fantastische Festmahl, die köstlichen Weine und die anschließende Fahrt in ihr neues Heim, in den Palazzo Mazzotto. Seine Frau war überwältigt von dem neuen Zuhause, und er war noch immer überwältigt von der Leidenschaft, die beide in der vergangenen Nacht ergriffen hatte. Die lange Trennung sowie die plastisch-chirurgischen Eingriffe wirkten wie eine Verjüngungskur. Nie und nimmer hätte er sich gedacht, dass nach 30 Jahren so eine Nacht möglich sei. Was ihn aber am meisten verwunderte, war die Tatsache, dass seine Frau seine neue Nase liebte. Vielleicht hätte er Dottore Lamberti doch nur die Finger brechen lassen sollen?

Er saß an seinem Schreibtisch und genoss das milchig milde Morgenlicht, das Asolo und die Ebene Venetiens wie ein hauchdünner Schleier umfing. Er atmete tief durch und wurde sich bewusst, dass er noch immer einige Dinge, die aus seinem früheren Leben in das jetzige herüberreichten, abzuschließen hatte. Die Sache mit Padua war endlich in Ordnung zu bringen. Daran arbeitete er seit Wochen. Und morgen war höchstwahrscheinlich der Tag der Entscheidung. Ironischerweise würde der erste Teil dieses finalen Aktes hier in Asolo über die Bühne gehen. Das Merkwürdige daran war, dass das Moment des Handelns diesmal nicht in seinen Händen lag. Nicht einmal Zuseher war er. Nur Mitwisser. Ein ungewohntes Gefühl für einen Mann wie ihn. Und während er darüber nachdachte, spürte er plötzlich eine kühle Hand in seinem Nacken. Seine Frau war aufgewacht und flüsterte ihm ins Ohr: „Buongiorno, nasito all'insù[50]."

achtundsiebzig

„Fabrizio Norino ...", murmelte Commissario Ranieri. Wenn wir den schnappen, ist auch Il Piccolettos Gegenspieler weg vom Fenster. An dem Venezianer

---

[50] Guten Morgen, Stupsnäschen.

nagen ja schon eifrig die Maden von San Michele. Heute hatte er die Chance, den anderen Mafiaboss zu schnappen. Es waren immer die kleinen menschlichen Schwächen, die schließlich zu Verhaftungen führten. In diesem Fall war es Fabrizios Verliebtheit in das Starlett Carla Fontana. Norino wollte sie sogar heiraten, musste jedoch vor einiger Zeit untertauchen, als einer der verhafteten rumänischen Killer auspackte. Nun war er wegen Anstiftung zu mehrfachen Mordes und Mitgliedschaft in einer kriminellen Vereinigung steckbrieflich gesucht. Doch Fabrizios Leidenschaft war nicht verloschen. Im Gegenteil, seitdem er im Untergrund leben musste, verzehrte er sich nach Carla. Wie Ranieri von einem Informanten erfahren hatte, würde Fabrizio Norino sich heute im Albergo Al Sole mit Carla treffen. Dieses 5-Sterne-Hotel im Zentrum von Asolo bezeichnete sich selbst als Small Luxury Bike Hotel. Wahrscheinlich deshalb hatte es Norino als Treffpunkt ausgewählt. Je länger Ranieri darüber nachdachte, desto sicherer war er, dass der Mafioso als Radfahrer getarnt in den Albergo Al Sole hineinspazieren würde. In diesem Fall konnte er hinter dem Haus aus dem Sattel klettern, das Rad in einen der dort bereitstehenden Radständer stellen und über den Hintereingang in die Suite der Fontana schlüpfen. Dass Norino mit dem Auto anreisen würde, schloss Ranieri aus. Das war viel zu auffällig. Nein, er würde mit dem Fahrrad kommen und später leise und unauffällig per Rad verschwinden. Wunderbar getarnt unter einem Fahrradhelm und hinter Rennbrillen. Er würde damit überhaupt nicht auffallen, da es in Asolo nur so von Radlern mit Helmen, Radtrikots und Rennbrillen wimmelte. Irgendwo in diesem bunten Haufen würde sich Fabrizio Norino verstecken.

Vor Übelkeit schwitzend saß Ranieri neben der Staatsanwältin im Fond des Seat Leon. Die beiden Polizisten,
die er seit gestern als Gäste im Albergo Al Sole unterge-
bracht hatte, hatten Alarm geschlagen. Womit niemand
rechnete, war eingetreten. Die Fontana war bereits zu
Mittag angereist und hatte sich in der Luxussuite des
Albergos eingenistet. Die Nachricht hatte ihn beim Mittagessen in einer kleinen Trattoria unweit der Questura
erreicht. Wie vom Blitz getroffen war er aufgesprungen,
hatte dabei den halbvollen Teller Nudeln, der vor ihm
stand, umgestoßen, und per Handy alle Einsatzkräfte
alarmiert. Dann war er, angekleckert mit der schwarzen Tintenfischsoße der Pasta nera, aus dem Lokal gerannt. Über die Schulter hatte er dem Kellner zugeru-
fen: „Pago la prossima volta!"[51]

Im Laufschritt hatte er sich zum Commissariato begeben, wo bereits ein Polizeiboot wartete. Inzwischen
hatte er versucht, die Staatsanwältin zu erreichen. Als
er bereits mit dem Boot in Richtung Piazzale Roma unterwegs war, hob sie schließlich ab.

„Carla Fontana ist bereits zu Mittag im Al Sole eingezogen!"

„Merda ..."

„Ich bin auf dem Weg zum Piazzale Roma. Einer unserer Wagen steht dort mit. Kommen Sie mit?"

„Selbstverständlich. Wir treffen uns beim Polizeiauto."

Als er auf dem Piazzale Roma eintraf, sah er Dottoressa Moser heftig telefonierend vor dem Polizeiauto
stehen. Grußlos stiegen Staatsanwältin und Kommissar
in den Wagen ein, der mit Blaulicht losfuhr.

---

[51] Ich bezahle das nächste Mal!

„Ich habe gerade mit dem Oberst der Carabinieri telefoniert. Die sitzen alle vor der Futterschüssel und sind gar nicht erfreut, dass sie sofort ausrücken müssen."

Ranieri gab es einen Stich in der Brust. Voll Panik herrschte er die Staatsanwältin an: „Um Gottes willen! Das ist zu früh. Wenn wir jetzt rund um Asolo Straßensperren errichten, geht uns Fabrizio Norino sicher nicht in die Falle. Der dreht um, wenn er die Carabinieri sieht, und macht sich aus dem Staub."

Dottoressa Moser kaute kurz an ihren Fingernägeln und sprach dann nochmals mit dem Carabinieri General. Diesmal beschwor sie ihn, nichts zu überstürzen und zu warten, bis sie sich noch einmal melden würde. Ranieri hörte, wie ihr Gesprächspartner am anderen Ende der Leitung laut wurde. Mühsam konnte Moser ihn beruhigen, und er versprach ihr, seine Leute zurückzuhalten. Ranieri ging es gar nicht gut. Zusammengekauert saß er neben Moser, die Spaghetti neri lagen ihm wie ein Stein im Magen. Der Stress und die Aufregung machten ihn fertig. Er kauerte sich zusammen, schloss die Augen und zwang sich, langsam und ruhig zu atmen.

„Geht's Ihnen nicht gut?"

Ranieri stöhnte kurz auf.

„Nicht, dass Sie mir auf mein Gewand kotzen. Das ist ein Hosenanzug von Cavalli. Der hat ein Vermögen gekostet. Reißen Sie sich gefälligst zusammen."

Vaffanculo, dachte Ranieri und setzte seine Atemübungen fort: langsam ein- und noch langsamer ausatmen. Sein Handy läutete, er bekam einen Schweißausbruch. Mit aller Willenskraft zwang er seinen Magen, sich zu beruhigen. Dann hob er ab. Es war die Polizistin Lara Villagiella, die im Al Sole gestern Position bezogen hatte. Sie war eine Elektronik- und Abhörspezialistin.

„Commissario, ich habe eine Wanze an der Tür der Fontana angebracht. Gerade eben ist ein Mann zu ihr auf Besuch gekommen."

„Der Etagenkellner?"

„Definitiv nicht. Ich hab einen langen Kuss gehört, und er hat ‚Cara mia' geröhrt."

„Positionieren Sie sich mit Inspettore Botterolli vis-à-vis der Suite. Wenn Norino herauskommt, überwältigen sie ihn. Wir sind in zehn Minuten vor Ort."

Er legte auf und bemerkte trocken: „Jetzt können Sie die Carabinieri in Marsch setzen. Er ist bei ihr."

Sein Handy läutete neuerlich.

„Pronto?"

„Commissario! Norino ist nicht als Radler da. Er ist ganz normal mit einem Auto gekommen. Einem weißen Fiat Cinquecento. Er parkt hinter dem Albergo auf dem Hotelparkplatz. Von dort ist er durch den Hintereingang hinauf zu Fontanas Suite."

„Grazie ..."

Er unterbrach die Polizistin und wendete sich an die Staatsanwältin: „Rufen Sie die Carabinieri an. Norino ist mit einem weißen Cinquecento gekommen."

„Cazzo!", zischte sie und wählte neuerlich die Nummer des Carabinieri Generals. Ranieri hatte den nächsten Schweißausbruch. Diesmal vor Nervosität. Sein ganzer Plan war in die Binsen gegangen. Fabrizio kam frech mit einem Cinquecento angebraust. Frei nach dem Motto: Mich kann keiner! Wie er seine Kollegen in der Questura kannte, würden die ihn nun monatelang hänseln. Norino und Radfahren – von wegen!

Der Seat Leon hielt vor der Loggia del Capitano. Hier war der Polizeiwagen vom Al Sole aus nicht sichtbar. Eiligen Schrittes gingen Ranieri und Moser über die Piazza Brugnoli hinauf zum Albergo. In der

Lobby wurde Ranieri von einem Wache haltenden Polizisten in Zivil begrüßt. Dottoressa Moser verschwand in Richtung Hoteldirektion, Ranieri begab sich zur Rezeptionistin und überschüttete diese mit Fragen.

„Wann wurde die Suite gebucht? Von wem? Wann genau ist Signora Fontana angereist? Kam sie alleine? Wissen Sie, dass sie Besuch hat? Wo bekomme ich das Oufit eines Zimmerkellners?"

Die letzte Frage verblüffte die Rezeptionistin. Kuhäugig sah sie Ranieri an und murmelte: „Im Personal-Umkleideraum ... "

Fünf Minuten später erschien Ranieri in einem mehr schlecht als recht sitzenden Outfit eines Etagenkellners. So ausgestattet begab er sich in die Räumlichkeiten hinter der Küche, wo das Room Service stationiert war. Er setzte sich nieder und wartete. Wie ein Häufchen Elend saß er da und dachte über sein Leben nach. Ein mies bezahlter Staatsangestellter, der bestens verdienende und in Saus und Braus lebende Gangster jagte. Ein Mann über 50 mit permanenten Magenschmerzen, einer überwundenen Alkoholsucht und einem Job, der ihm keine Freude mehr bereitete. Was war, wenn Norino in seinem weißen Cinquecento die Fliege machte? Würde er ihm dann in seinem lächerlichen Kellner-Outfit nachrennen? Ein Gedanke, der seinen Magen aufs Neue provozierte. Und während er da saß und Atemübungen machte, läutete das Telefon des Room Service. Dann ging alles blitzschnell. Man reichte ihm das silberne Tablett mit Eiskübel, Champagnerflasche und Gläsern, klirrend und scheppernd bewegte er sich auf die Suite zu, klopfte, rief „Room Service", Norino, nur mit einem Handtuch um die Lenden, öffnete. Ranieri warf ihm den Kübel samt Champagnerflasche an den Schädel, trat ihm mehrmals ins

Gemächt und an die Schienbeine. Er stürzte sich wie ein Besessener auf den am Boden Liegenden, drehte dessen Arme auf den Rücken und legte ihm Handschellen an. Dann führte er ihn im Triumphzug durch das Hotel, hinaus auf die große Terrasse des Al Sole, vor der sich mit quietschenden Reifen die Fahrzeuge der Carabinieri einbremsten. Dottoressa Moser, die ebenfalls herbeigeeilt kam, konnte es sich nicht verkneifen, beim Anblick des nackten Fabrizio Norino anerkennend die Augenbrauen zu heben.

neunundsiebzig

Der sonore Klang der Glocken des benachbarten Doms durchflutete sein Arbeitszimmer. Es war Sonntag, kurz vor neun, und die Glocken riefen die Gläubigen zur Messe. Santa Maria! Wie lange war er schon nicht mehr in einer Kirche gewesen? Er konnte sich nicht erinnern. Das musste er ändern. Als angesehener Bürger Asolos war der Besuch der Sonntagsmesse eine Frage des Anstands. Nur Kommunisten und liberale Bürgerliche, die einem zeitgeistigen Agnostizismus beziehungsweise Atheismus anhingen, besuchten hier nicht die Kirche. Als Kind war er regelmäßig mit seiner Nonna in die neun Uhr Messe gegangen. Da hatte er auch noch gebeichtet und sich nach der Wandlung zur Kommunion angestellt. Mittlerweile erschien ihm die Vergebung seiner Sünden als ein aussichtsloses Unterfangen. Trotzdem sehnte er sich nach einem Wiedereintauchen in die kirchliche Gemeinschaft. Er seufzte und dachte an all die Kindheitserinnerungen, die mit seinen strenggläubigen Großeltern verknüpft waren.

Als der letzte Glockenschlag verklungen war, wachte er aus seinem Tagtraum auf. Ich muss mich konzentrieren und die Angelegenheit in Padua auf Schiene bringen. Seitdem er wusste, wo und wann der Familienrat der Norinos zusammentreffen würde, war alles nur eine Frage der genauen Planung. Mittel und Männer standen ihm genügend zur Verfügung. Und so saß er über den Stadtplan von Padua gebeugt und tüftelte. Dann öffnete er eine E-Mail, die er vom Paduaer Magistrat bekommen hatte. Im Anhang befand sich der Grundriss eines Lokals. Den druckte er sich mehrfach aus. Mit Bleistift kritzelte er auf einem, dann auf den anderen Plänen herum, radierte, grübelte, zerknüllte einen vollgekritzelten Plan und arbeitete auf einem neuen weiter. Schließlich lehnte er sich zurück, streckte den Rücken und hörte seine Gelenke und Knochen krachen. Zufrieden betrachtete er sein Werk. Nun stand er auf, öffnete die knarrende Tür und trat auf den schmalen Balkon hinaus. Er stützte sich auf das geschwungene, jahrhundertealte Eisengitter, passte auf, dass er nicht in einen der zahlreichen Vogelschisse griff, und genoss die Strahlen der milden Herbstsonne. Das Leben war schön.

Abano Terme

achtzig

Wohin? Wo sollte er sich verstecken? Er hatte es satt. Nirgendwo fühlte er sich sicher. Er streifte durch das nebelige Mestre, sein Herz leer, der Blick gehetzt. Vis-à-vis des Bahnhofs die Soul Kitchen. Wie von einem Magnet angezogen steuerten seine Beine dort hin. Einen Happen essen. Radicchio alla griglia mit Ricotta und Oliven. Ein Glas Vino bianco. Warum sah ihn der fette Typ, der ein bisschen Lucio Dalla glich, so bohrend an? Fertig essen. Zahlen. Hinaus. Eine bleiche Sonne zwang ihn zu blinzeln. Ja, er würde seine Irrfahrten fortführen. Seit er Malherba beim Dogenpalast wiedergesehen hatte, verweilte er an keinem Ort lange. Mal übernachtete er bei Laura Bagotti, mal in einem Hotel in Mestre, am Lido, in Treviso oder Jesolo. Jetzt fuhr er zurück nach Venedig. Binario 8. Plötzlich ein bekanntes Gesicht in der Menge. Ein Stoß. Hinein in den Waggon, der Zug begann zu rollen. Nervös fummelte Lupino in der Tasche seiner Jacke. Der kühle Griff des Springmessers. Beruhigend. Daneben steifes Papier. Papier? Zusammengefaltet. Seine Finger wurden feucht. Er öffnete es. Ein Notizzettel von einem Block, wie er in Hotelzimmern auflag. Krakelige Handschrift: Suite 1109. Salve P.! Hotel Paneuropa Plaza, Abano Terme. Lupino hatte plötzlich wieder das Gesicht vor Augen: Der Junge! Er sah aus wie der Lausebengel, mit dem die ganze Misere angefangen hatte. Es war aber doch nicht derselbe. Cazzo! Warum hatte er den Kleinen damals nicht zum Teufel geschickt? Ruckend hielt der Zug in Santa Lucia. Die anderen Passagiere drängten zum Ausgang, Lupino wartete. Er wollte niemanden in seinem Rücken haben. Ein Messerstich in die Nieren war schnell vollbracht. Nein, so würden sie ihn nicht aus der Welt schaffen. So leicht würde er es Malherba nicht machen! Während er aus dem leeren Waggon stieg, befühlte er das Spring-messser in seiner Tasche. Wenn er ihn hier abfangen würde, würde er sich wehren. Flott ging er über den leeren Bahnsteig und mischte sich im Bahnhof unter die Menge. Untertauchen. Nicht auffallen. Nicht zu schnell und auch nicht zu langsam gehen. Hinunter über die breiten Stiegen des Bahnhofs. In der Menge der Touristen verschwinden. Viele waren es zu die-ser Jahreszeit nicht. Trotzdem. In der Bar Olimpia einen Kaffee nehmen? Warum nicht. Mal schauen, ob ihn wer verfolgte? Abrupt bog er in das winzige Lokal ab und setzte sich an den letzten Tisch vor dem WC. Niemand war ihm gefolgt. Keine fragwürdige Figur stand draußen vor der Bar. Niemand hatte sich auf die Stühle im Freien gesetzt. Ein Pfiff ertönte. Geschrei. Lupino versteinerte. Vis-à-vis am Fuße der Ponte de-gli Scalzi sah er einen Afrikaner, der mit gefälschten Designer-Taschen handelte, seine Sachen zusammen-raffen und davonlaufen. Über die Brücke kamen zwei weitere Afrikaner mit ihrem Zeug gerannt. Polizei. Lu-pino entspannte sich. Seit Il Piccolettos Tod war auch dieser illegale Geschäftszweig in Venedig nicht mehr sicher. Früher hatte alles seine Ordnung gehabt. Der Boss der Frulani-Familie hatte dafür gesorgt. Nun lag er draußen in der Familiengruft. Lupinos Augen wur-den feucht. Er bestellte einen Vino rosso. Der Alkohol tat seinen gereizten Nerven gut. Er beruhigte sich und entschleunigte. In Gedanken versunken nahm Lupi-no neuerlich die Notiz in die Hand. Nachdenklich betrachtete er sie. War die kleine Mistkröte, die ihn angerempelt und ihm diese Nachricht überbracht hat-te, ebenfalls ein Botenjunge Il Piccolettos? Und das P.

auf der Nachricht? Konnte es eventuell für Piersandro stehen? So ein Blödsinn! Piersandro Frulani war tot. Tot. Tot. Wer aber sandte diese Nachricht? Wer wollte ihn zum Narren halten?

einundachtzig

„Pronto?"

Ranieris gestresste Stimme zauberte ein Lächeln auf Lupinos bärtiges Antlitz.

„Ludwig ..."

„Lupino! Lebst du noch?"

„Nein. Ich ruf direkt aus San Michele an."

Lupino musste über seinen eigenen Scherz lachen. Ranieri lachte nicht. Stattdessen bemerkte er trocken:

„Donnerlüttchen! Du bist ein Überlebenskünstler ..."

„Deinen Zynismus kannst du dir sparen, Commissario."

„Mensch! Wo bist du?"

„Unterwegs ..."

„Ich bitte dich, komm vorbei und bring mir diesen verdammten Speicherstick von Il Piccoletto mit!"

„Woher weißt du das?"

„Malherba hat es im Verhör erwähnt. Bitte, bring mir den Stick. Du schuldest Piersandro Frulani nichts mehr."

„Geht nicht."

„Er ist tot, Mensch!"

„Geht trotzdem nicht."

„Mann, Wolfgang, da sind unzählige Geschäftskontakte der Frulani-Familie drauf. Mit diesem Dokument könnten wir die ganze Bande hochgehen lassen."

„Wenn ich das tue, bin ich ein Verräter. Die Frulanis würden mich dafür killen."

„Wolfgang! Hast du es noch immer nicht verstanden? Du bist ein lebender Toter. Ein Zombie. Auf deinen Rücken hat die Norino-Familie ein riesengroßes Fadenkreuz gemalt. Kapier's doch endlich! Wir sind die Guten. Wir nehmen dich ins Zeugenschutzprogramm. Wir sind deine einzige Überlebenschance."

„Meine Überlebenschancen würden massiv steigen, wenn du mir eine Schusswaffe besorgst."

„Du hast ja einen an der Waffel! Komm endlich ins Kommissariat und gib mir den Speicherstick. Ich sorge dann für deine Sicherheit. Da brauchst du keine Schusswaffe."

„Ludwig, ich bitte dich!"

„Nein. Schusswaffe bekommst du von mir keine."

„Vaffanculo!"

Lupino war wütend. Von Ranieris Seite war also keine Hilfe zu erwarten. Und so etwas nennt sich Freund! Er schaltete sein Handy ab. Niemand sollte ihn orten können. Er musste vorsichtig sein. Und er musste sich eine Schusswaffe besorgen. Ohne würde er nicht nach Abano Terme fahren.

zweiundachtzig

„Signore Wolfgang!"

Das faltige Gesicht der alten Frau, das durch den Türspalt lugte, begann zu strahlen. Mühsam machte sie das mächtige Holztor auf, das in den Palazzo führte. Lächelnd trat Lupino ein. Dass die alte Maria ihn nach so vielen Jahren wiedererkannt hatte, berührte ihn. Tja, im Palazzo Guerini war er in seiner Kindheit und auch später als junger Mann oft zu Gast gewesen. Andrea Guerini, der einzige Nachkomme dieses alten venezianischen Adelsgeschlecht, war damals ein enger Freund gewesen. Heute war Andrea Guerini ein erfolgreicher Unternehmer. Zwei bis drei Mal pro Jahr trafen sie einander, um über Gott und die Welt zu plaudern. Allerdings nicht im Palazzo Guerini, sondern immer in einem Ristorante oder in einer Osteria. Deshalb berührte es Lupino, dass die alte Maria, die Köchin, Magd und Mädchen für alles in dem Palazzo war, ihn sofort wiedererkannt hatte.

„Conte[52] Andrea ist nicht da."

„Das habe ich befürchtet. Aber ich würde gerne hier auf ihn warten."

„Selbstverständlich, Signore Wolfgang! Treten Sie ein."

Die Bedienstete führte Lupino über die breite Treppe in den ersten Stock, wo sich der Empfangssaal für Gäste befand. Durch die riesigen Fenster hatte man einen wunderbaren Ausblick auf den Canal Grande und auf den Ponte Rialto. Über diese Brücke war der junge Lupino immer aus San Polo herübergelaufen, um seinen Freund Andrea in San Marco zu besuchen. Sie hatten sich nur im Palast Guerinis getroffen, denn in diesem gewaltigen alten Gebäude gab es immer etwas zu entdecken und zu erkunden. Contessa Anna, Andreas Mutter, war das recht gewesen, wenn die Bubenbande sich hier im Haus und nicht irgendwo draußen auf den Straßen herumtrieb. Aus dieser Zeit kannte Lupino jeden Winkel des Palastes. Und natürlich auch das Jagdkabinett, in dem Andreas früh verstorbener Vater seine

---

[52] Italienischer Adelstitel, entspricht dem deutschen Grafen

Gewehre und Pistolen aufbewahrt hatte. Dieser Raum wurde heute von seinem Sohn genützt, der ein begeisterter Jäger war. Das Jagdzimmer stand nun im Fokus von Lupinos Tun und Handeln. Hier wollte er sich eine Schusswaffe beschaffen. Hatten sie nicht als Kinder auch mit den Waffen von Andreas Vater hantiert? Na also! Warum sollte ihm Andrea diesmal, wo er so dringend eine Waffe brauchte, nicht eine leihen? Er würde sie ihm auch wieder zurückbringen. Kein Mensch würde sie hier suchen. Genial! Lupino war stolz auf seinen Plan. Nervös ging er entlang der Fensterfront des Audienzsaales auf und ab. Plötzlich stand die alte Maria neben ihm. Sie hatte Tee und kleine Naschereien gebracht. Er nahm Platz. Der Alten machte es sichtlich Freude, ihn zu verwöhnen. Sie plauderte über die alten Zeiten, als Andrea und er noch Kinder waren und als die Welt noch besser, einfacher und weniger kompliziert war. Als sie merkte, dass Lupino in dem riesigen Saal fror, schleppte sie einen Korb mit Holzscheiten herbei und entfachte im Handumdrehen ein munter knisterndes Feuer in dem gemauerten Kamin. Erfreut rückte Lupino seinen Sessel sowie das kleine Tischchen mit Tee und Zuckergebäck an die Feuerstelle heran. Die Alte ließ er einfach reden, hörte ihr aber nicht zu. Automatisch steckte er hin und wieder eine der Süßigkeiten in den Mund und spülte dann mit einem Schluck Tee nach. Immer und immer wieder ging er in Gedanken seinen Plan durch, wie er Andrea am besten überreden könnte. Mühsam beherrschte Lupino seine Ungeduld. Die Dämmerung draußen verwandelte sich in die Schwärze einer Winternacht. Irgendwo im Haus läutete eine Glocke. Maria sprang auf, murmelte entschuldigend „Contessa Anna ruft mich" und eilte davon. Lupino stand auf, ging zu einem der Fenster und starrte hinaus in die Dunkelheit. Die Lichter anderer Paläste spiegelten sich im Canal Grande. Schließlich hört er Schritte im Stiegenhaus. Im nächsten Augenblick stand Andrea im Empfangssaal. Er wirkte gestresst und müde. Als er Lupino sah, entspannten sich seine Gesichtszüge. Die beiden Männer gingen aufeinander zu und umarmten sich.

„Amico mio! Come stai?"[53]

Lupino antwortete nicht, sondern verharrte in der Umarmung und seufzte. Dann löste er sich langsam von Andrea und schlenderte auf die Fensterfront zu. Er starrte auf den Canal Grande hinunter und sagte leise, aber bestimmt: „Wenn du mir nicht hilfst, werde ich sterben."

„Bist du krank? Brauchst du Geld? Für einen Arzt ... für eine Operation?"

Lupino schüttelte den Kopf. Andrea trat neben ihn und fragte weiter: „Bedroht dich jemand? Kann ich dir mit meinen Kontakten helfen?"

Wiederum schüttelte Lupino den Kopf. Nun sah er Andrea direkt in die Augen.

„Ich brauche eine Waffe. Wenn ich bei meinem Termin morgen ohne Waffe erscheine, bin ich höchstwahrscheinlich tot."

„Was für eine Waffe? Du weißt, ich habe jede Menge Jagdwaffen ..."

Lupino schüttelte neuerlich den Kopf und sagte: „Ich brauche die alte Armeepistole deines Vaters."

„Madonna mia! Wozu brauchst du die?"

„Erinnerst du dich? Als Kind haben wir oft damit gespielt und auf Tauben und Möwen geschossen. Diese

---

[53] Mein Freund! Wie geht es dir?

Beretta kenne ich in- und auswendig. Ich weiß, dass sie leicht nach rechts zieht. Mit ihr kann ich mich morgen notfalls verteidigen."

Andrea stand lange schweigend neben Lupino. Dann legte er den Arm um dessen Schulter und seufzte: „Allora ..."

dreiundachtzig

Mit der geladenen Beretta im Hosenbund eilte Lupino spätabends zur Stazione Santa Lucia. Nun war er gerüstet. Gewappnet. Was immer ihn in diesem Hotel in Abano Terme erwarten würde. Mehrmals musste er innehalten. Der Cabernet Sauvignon von den Euganeischen Hügeln zeigte Wirkung. Drei Flaschen hatten sie gemeinsam geleert bei der heftigen Diskussion über Sinn und Unsinn dieser Aktion. Andrea hatte ihn anfangs dringend davon abgeraten, nach Abano Terme zu fahren. Lupino konnte ihm jedoch im Laufe des Gesprächs klarmachen, dass das so nicht weiterging. Er fühlte sich wie ein gehetztes Großwild, auf das man Jagd machte.

„La caccia ..."[54]

Andrea murmelte dieses Wort mehrmals und nickte dann.

„D'accordo! Gehen wir in die Jagdkammer. Ich habe die Beretta erst unlängst zerlegt und geputzt. In Erinnerung an unsere Zeit als Lausebengel habe ich dann vom Dach aus eine Möwe erlegt."

---

[54] Die Jagd ...

Bei der Ponte degli Scalzi blieb Lupino unschlüssig stehen. Sollte er einen Zug zurück nach Mestre nehmen? Oder weiter nach Padua oder sogar bis nach Montegrotto fahren? Wobei Padua keine gute Idee war. Wie er von Il Picoletto wusste, war Padua das Kernland der Norino-Familie. Plötzlich sah Lupino in der engen Seitengasse, die in Verlängerung der Ponte degli Scalzi parallel zu den Gleisen von Santa Lucia verlief, ein Hotelschild leuchten: Stella Alpina. Dieser Name – Edelweiß – erinnerte ihn an seine österreichischen Wurzeln, und plötzlich überkam ihn eine unglaubliche Sehnsucht heimzukommen. Nachhause! In ein frisch gemachtes Bett, wo er sich gründlich ausschlafen konnte. Wie von einem eigenen Willen gesteuert, trugen ihn seine Beine zu dem Hoteleingang. Obwohl das Stella Alpina nur ein 2-Sterne-Hotel war, hatte es einen Nachtportier. Dieser war sichtlich froh, in dieser touristenarmen Saison noch einen späten Gast zu bekommen, und bot ihm ein komfortables Doppelzimmer zu einem vernünftigen Preis an. Es lag im zweiten Stock und hatte Blick auf die schmale Gasse beziehungsweise auf die Hausmauer gegenüber. Lupino war das egal. Er riss sich die Kleider vom Leib, schaltete das TV-Gerät ein und schlüpfte unter die Dusche. Nach fünf Minuten heißen Duschens ließ er sich entspannt und todmüde auf das Doppelbett fallen. Ein Wort aus dem Fernsehgerät drängte sich aber in sein Bewusstsein: Massaker. Und dann war er hellwach: Als Breaking News wurde eine Live-Reportage aus der Innenstadt von Padua gesendet. Im Krieg zwischen den beiden verfeindeten Mafia-Familien Frulani und Norino hatte es einen neuen, blutigen Höhepunkt gegeben. Gegen 22 Uhr war ein Killerkommando durch den Hintereingang der Küche in ein bekanntes Innenstadtrestaurant eingedrungen, in dem sich die Norino-Familie versammelt hatte. Es wurden Handgranaten in den Speisesaal geworfen und danach mit automatischen Waffen hineingefeuert. Diejenigen, die dem Inferno durch den Vordereingang entfliehen wollten, liefen direkt in die Salven des zweiten Killerkommandos, das auf Motorrädern vor dem Lokal gewartet hatte. Der Anschlag kostete nach ersten Ermittlungen mindestens 23 Menschen das Leben, acht weitere schwebten in Lebensgefahr. Lupino glaubte, seinen Augen und Ohren nicht zu trauen. Die Capos der Norino-Familie waren tot? Als sich ein Mafia-Experte des Fernsehsenders zu Wort meldete, drehte er lauter. Der Experte gab bekannt, dass sich unter den Toten die gesamte Führungsriege des Norino-Clans befand. Von Letzteren zeigten sie auch Bilder. Lupino fühlte sich plötzlich sehr erleichtert. Wenn die alle tot waren, gab es eigentlich keinen Grund mehr, dass ihn Silvio Malherba, weiter verfolgen würde. Oder doch? Darüber nachgrübelnd schlief Lupino breit ausgestreckt auf dem Doppelbett ein.

Hungrig wie ein Wolf wachte Lupino in der Früh auf. Zuerst wusste er nicht, wo er war. Allmählich dämmerte es ihm, und er fühlte sich plötzlich unbelastet, frei, nicht mehr verfolgt. So als ob sich mit den Schatten der vergangenen Nacht auch ein grauenhafter Albtraum in Nichts aufgelöst hätte. Da der Übernachtungspreis auch ein Frühstück beinhaltete, spazierte Lupino gut gelaunt in den Frühstücksraum. Hier gab es ein kleines, feines Frühstücksbuffet, unter anderem auch mit Bresaola und Ricotta. Lupino nahm sich üppig davon und bestellte bei der freundlichen jungen Kellnerin einen Doppio Espresso. Mit Genuss löffelte er Ricotta in die Bresaola Scheiben und rollte diese dann zu Röllchen. Im Nu hatte er alle Röllchen verdrückt, mit zwei gierigen Schlucken goss er den Espresso hinterher. Nun war er wach. Was er jetzt wahrnahm, verdarb ihn fast die gute Laune: Ihm gegenüber, am anderen Ende des Frühstückraums, saß ein österreichisches Ehepaar. Der Mann schob mit leidender Miene ein halbes Brötchen, das dick mit Bresaola und mit einem Klacks Ricotta belegt war, in den Mund, kaute und raunzte auf Wienerisch: „Also dieses italienische Brot heißt gar nix. Und dann das Fleisch. Es ist weder a Schinken noch a Speck. Und dieser komische schmierige Kas is im wahrsten Sinne des Wortes ein Käse. Ich bin schon froh, wenn wir wieder zu Hause sind."

Seine Frau seufzte zustimmend: „Ich freu mich auch schon drauf, wenn wir wieder was G'scheites zum Essen bekommen. Ich hab so einen Gusto auf ein Schnitzel mit einem Erdäpfelsalat ..."

Um sich diese Raunzereien nicht länger anhören zu müssen, verließ Lupino fluchtartig den Frühstücksraum.

vierundachtzig

Fast wäre Lupino umgekehrt. Er hatte von Santa Lucia aus den Regionalzug nach Bologna genommen. Der hielt in Mestre, in Padua und in Montegrotto. Als er dort aussteigen wollte, gingen die Türen des Waggons nicht auf. Er und einige weitere Fahrgäste versuchten verzweifelt auszusteigen, es gelang nicht. Lupino fluchte und schimpfte. Erst in der nächsten Station, in Monselice, ließen sich die Türen öffnen, am Bahnsteig beschwerte er sich bei der Schaffnerin, die völlig ahnungslos war. Ein kleines, rundliches Wesen, total überfordert. Als sich eine Frau aus dem Zug schimpfend in die Diskussion einschaltete und meinte, dass ihrer Freundin letzte Woche das Gleiche passiert war, sah die Schaffnerin sie wortlos an und zuckte mit den Schultern. Lupino ging in das räudige Bahnhofsbuffet des kleinen Bahnhofs und trank zur Beruhigung seiner Nerven einen Ristretto und einen doppelten Grappa. Währenddessen überlegte er fieberhaft, ob das ein Zeichen war, umzudrehen und nach Venedig zurückzufahren. Schließlich sah er sich vor dem Bahnhof um und entdeckte ein sehr gepflegtes Mercedes-Taxi. Der Chauffeur, ein weißhaariger Mann mit Riesenschnauzbart, saß hinter dem Steuer und löste Kreuzworträtsel. Als Lupino an die Scheibe klopfte und ihn fragte, was die Fahrt nach Abano Terme koste, dachte er kurz nach und sagte dann: „28 Euro". Lupino stieg ein, das war es ihm wert.

Vor dem Hotel, das eine großflächige Lobby und darüber einen Tower mit den Zimmern hatte, zögerte er kurz. Er atmete tief durch, ging zur Rezeption und fragte das freundliche Mädchen nach der Suite 1109. Sie sah kurz im Computer nach und bat ihn, seinen Namen zu nennen. Er zögerte, nannte ihn aber dann doch. Die Rezeptionistin nickte, gab ihm eine Plastikkarte – den Zimmerschlüssel. Sie bat ihn, mit dem Panoramalift in den elften Stock zu fahren. Lupino war verblüfft. Im Lift entsicherte er die Beretta und steckte sie sich hinten in den Hosenbund. Er schritt den Gang entlang zu 1109, zog die Karte über das elektronische Schloss, die Lampe leuchte grün auf, und er trat in die Suite ein. Er zückte die Waffe. Vorsichtig kontrollierte er die beiden Räume sowie das große Badezimmer. Niemand war da. Er ging zu dem riesigen Fenster und genoss den Ausblick auf die Euganeischen Hügel. Tief durchatmend steckte er die Beretta zurück in den Hosenbund. Es klopfte. Lupino gefror das Blut in den Adern. Seine Rechte schnappte neuerlich die Beretta. Flinke, leise Schritte zur Tür, die Linke riss sie auf. Ein grauhaariger Hoteldiener mit einem Servierwagen lächelte ihn höflich an.

„Signore, una bottiglia di champagne e un biglietto per voi."[55]

Lupino ließ die Waffe verschwinden, lächelte ebenfalls und bat, den Etagenkellner einzutreten. Der öffnete den Champagner und schenkte Lupino ein Glas ein. Lupino gab ihm fünf Euro Trinkgeld, worauf dieser sich katzbuckelnd zurückzog und die Türe leise von außen schloss. Er kostete den Champagner und war beeindruckt. Tolle Qualität. Nun riss er das Kuvert auf. Es enthielt eine DVD sowie die handschriftliche Aufforderung, das TV-Gerät und den DVD-Player einzuschalten. Danach sollte er Kanal 16 drücken. Lupino schenkte Champagner nach, legte die DVD ein, wählte Kanal 16 und ließ sich gemütlich in einen Fauteuil fallen. Zuerst war nur schwarzweißes Geflimmer zu sehen. Dann Nahaufnahmen von einem rehbraunen und einem fast schwarzen Pitbull Terrier mit weißem Monokel. Die Biester knurrten und fletschten in die Kamera. Lupino schauerte. Er nahm einen weiteren Schluck Champagner, dann stockte ihm der Atem. Er sah einen nackten, an einen Pfahl gefesselten Mann. Die Kamera zoomte auf sein Gesicht – es war Malherba. Die Kamera schwenkte, eine Hand fügte dem Bombenbauer mit einem Jagdmesser eine Reihe von stark blutenden Schnittwunden am Oberkörper und an den Beinen zu.

---

[55] Mein Herr, eine Flasche Champagner und eine Nachricht für Sie.

Malherba schrie wie ein Tier. Dann ging alles irrsinnig schnell: Der Mann mit dem Messer war aus dem Bild. Aggressiv knurrend stürzten die beiden Pitbulls herein. Wie gebannt verfolgte Lupino die Zerfleischung des Bombenbauers. Bis schließlich wieder schwarzweißes Gestöber am Bildschirm zu sehen war. Er nahm einen kräftigen Schluck Champagner. Plötzlich hörte er ein gebrummtes „Salve!". Lupino erschrak. Er sprang mit der Beretta in der Hand auf und sah in das grinsende Gesicht Pieros.

„Sei nervoso?"[56]

Piero grinste noch breiter und fragte Lupino, wie ihm das Video gefallen hätte.

„Malherba ist tatsächlich tot?"

Piero nickte und betonte, dass Lupino von nun an Ruhe hätte. Er selbst hatte Malherba zu Salvatore Basetto gebracht.

„Der züchtet Kampfhunde. Die beiden Biester hatten drei Tage nichts zu fressen bekommen. Strenge Diät. Malherba war eine willkommene Mahlzeit."

Pieros Mundwinkel zuckten, und mit einem Schmunzeln fügte er hinzu: „Von Malherba ist nichts mehr übrig. Nur ein paar Hundehaufen ..."

Eine Nachricht, die Lupino mit einem Glas Champagner hinunterspülte. Piero brummte: „Allora, andiamo!"[57]

„Dove?"[58]

„Ein Freund erwartet uns ..."

„Ein Freund?"

„Ja."

---

[56] Bist du nervös?
[57] Also, gehen wir!
[58] Wohin?

Sie fuhren mit dem Panoramalift hinunter in die Lobby. Vor dem Hoteleingang wartete eine dunkle Audi-Limousine mit schwarzen Scheiben. Piero öffnete Lupino den Wagenschlag. Mit Herzklopfen stieg Lupino ein und zuckte zusammen. Piero setzte sich neben den Fahrer, der langsam die Kupplung kommen ließ, sodass die schwere Limousine wie auf einer Wolkenbahn fortschwebte. Lupino war geschockt. Er saß neben einem gewaltigen Mann, dessen Augen ihm bekannt vorkamen. Dieser harte, spöttische Blick. Das durfte doch nicht wahr sein! Und dann umarmte ihn der Fremde und murmelte: „Lupino! Amico mio!"

Kein Zweifel, das war Il Piccolettos Bass, der da gemurmelt hatte. Lupino stotterte: „Aber du ... du bist doch ... tot ..."

Der Fremde lachte, so wie Piccoletto immer gelacht hatte, und fügte leise hinzu: „In der Familiengruft der Frulanis auf San Michele steht zwar mein Sarg, aber darin befinden sich drei Zementsäcke. Die hatten ungefähr mein Gewicht."

„Und das Begräbnis?"

„Das wurde für drei Zementsäcke ausgerichtet."

Wieder lachte der Mann. Il Piccolettos Lachen.

„Lupino, ich lebe. Mit operiertem Gesicht, einem neuen Namen und einigen neuen Geschäftsfeldern. So bin ich jetzt zum Beispiel am Paneuropa Plaza in Abano Terme beteiligt. Aber auch am Plaza in Mestre, wo du so gerne absteigst ..."

Lupino betrachtete den Mann, der einst Il Piccoletto war. Die Größe stimmte, die Stimme war ident. Und die Augen waren Piersandro Frulanis Augen. Dunkel und unergründlich wie eh und je. Aber die Nase! Diese winzig kleine Nase war zwischen den hohen Backenknochen irgendwie fehl am Platz. Als der Mann neben ihm seinen forschenden Blick sah, grunzte er, so wie Piccoletto immer gegrunzt hatte, wenn er mit irgendetwas unzufrieden war: „Der blöde Schönheitschirurg hat mir eine Stupsnase gemacht. Dafür habe ich ihm seine Adlernase in tausend Stücke zertrümmern lassen."

Lupino seufzte erleichtert. Das war der Originalton Il Piccoletto. So, wie er ihn seit der Schulzeit kannte. Nun kramte er aus seiner Hosentasche die Patronenhülse heraus und gab sie Il Piccoletto. Der schraubte sie auf, fingerte den schmalen Stick heraus und steckte ihn ein. Er fixierte Lupino mit seinem Blick und flüsterte: „Und du hast davon keine Kopie gemacht?"

„Ich bin doch nicht verrückt. Dieser Stick hat mich eine Gesichtshälfte und meinem Beinahe-Schwager Marcello fast das Leben gekostet. Ich bin mehrmals nur knapp dem Tod entkommen. Außerdem hat er Luciana und mich für immer auseinander gebracht. Santa Maria! Dieser Stick ist ein Unglücksbringer. Warum sollte ich ihn kopieren?"

Il Piccoletto nickte und brummte: „Hinter all diesen Daten steckt eine Menge Unglück. Deshalb sollte sie niemand in die Hände bekommen, der damit nicht umgehen kann. Mein Job ist es, mit dem Unglück anderer Geld zu verdienen ... Aber das muss man können."

„Zum Thema Unglück möchte ich noch folgende Bemerkung machen: Deine Tante Antonella hat eine ausgesprochen unglückliche Hand bei der Auswahl ihrer Leute. Das sind lauter Idioten. Das erste Mal haben sie mir das Gesicht verbrannt, und bei meinem zweiten Versuch, den Stick abzuliefern, hat mir dieser Tony beinahe die Kehle durchgeschnitten."

„Tony haben wir aus dem Verkehr gezogen."

„Ist er tot?"

Il Piccoletto lächelte amüsiert: „Was glaubst du, wer ich bin? Nur Kontrahenten und Verräter werden neutralisiert. Wegen Dummheit hab ich noch nie jemanden ein Haar gekrümmt. Nein, Tony arbeitet jetzt bei meinem Schwager Salvatore. Er kümmert sich um die Hunde. Pflegt und füttert sie. Da kann er nicht viel falsch machen. Und falls er einem Hund blöd kommt, hat er Pech gehabt."

Plötzlich griff Il Piccolettos riesige Hand in Lupinos Gesicht und drehte die verbrannte Seite zu sich. Nach eingehender Betrachtung sagte er: „Du brauchst einen guten plastischen Chirurgen. Die besten sitzen in Milano. Das sind arrogante Typen, aber gute Chirurgen. Ich kümmere mich darum."

Und nach einer kurzen Pause fuhr er fort: „Donna Antonellas Leute waren damals nervlich ziemlich angespannt. Betrachte diese unschöne Begebenheit als bedauerlichen Betriebsunfall ..."

Lupino schluckte. Seine verbrannte Gesichtshälfte war also ein Betriebsunfall.

„Hast Du Haare am Arsch?"

Was soll diese Frage, dachte Lupino.

„Ja. Warum?"

„Nun, in Milano werden sie dir wahrscheinlich Haut vom Arsch ins Gesicht verpflanzen. Wenn Du einen behaarten Arsch hast, hast du gute Chancen, dass dir nachher wieder ein Bart wächst."

Lupino schluckte neuerlich. Piccoletto grinste. Der Audi hielt vor dem Bahnhof in Montegrotto. Der Pate zückte einen prall gefüllten Briefumschlag. Er packte Lupino beim Genick, sodass dieser ihm direkt in die Augen schauen musste. Fast zärtlich brummte er: „Du bist ein wahrer Freund. Grazie tanto."

Er küsste Lupino links und rechts auf die Wange und drückte ihm den fetten Umschlag in die Hand. Piero öffnete den Wagenschlag und Piccoletto sagte zum Abschied: „Du hörst von mir. Ich schick dich nach Milano."

Lupino kletterte aus dem Dunkel des Wageninneren. Seine Knie zitterten. Wie betrunken taumelte er quer über den Bahnhofsvorplatz. Sein Weg führte ihn zur Bahnhofstoilette. Dort öffnete er das Kuvert und begann die Geldscheine – lauter 500er – zu zählen. Nach zehntausend Euro hört er auf. Ein kurzes Schwindelgefühl ergriff ihn. In der dunklen, stinkenden Bedürfnisanstalt ging für ihn die Sonne auf. Mit so viel Kohle konnte er alles hinter sich lassen. Venedig, Luciana, seinen Job als Fremdenführer, die Schwierigkeiten mit Ranieri und der Polizei, das ganze letzte Jahr. Er würde sich eine Auszeit gönnen. Ferien machen, wegfahren, weit weg. Gleichzeitig überrollte ihn die Sehnsucht. Es zog ihn nach Norden. Zu der Frau, die ihn so wunderbar aufgefangen hatte, als er am absoluten Tiefpunkt seines bisherigen Lebens angelangt war. Die ihn trotz seines verbrannten Gesichts, seines zweifelhaften Charakters und seiner undurchsichtigen Lebensumstände aufgenommen und die ihm Zuflucht, Geborgenheit und Zuneigung geschenkt hatte. Er fasste den Entschluss, in Mestre den nächsten Zug nach Österreich zu nehmen. Mit einem Lächeln auf den Lippen verließ er das Bahnhofs-WC und spazierte auf dem Bahnsteig ungeduldig auf und ab. Um die Wartezeit zu verkürzen, kaufte Lupino am Bahnhofskiosk den Il Gazzetino[59]. Die Titelseite des Lokalteils wurde von einer einzigen Geschichte

---

[59] Die Tageszeitung Venedigs

dominiert: dem Skandal in der Justizanstalt in Padua. Unbemerkt von den diensthabenden Justizwachebeamten waren dort dem aus Rumänien stammenden Corneliu T. von Mithäftlingen beide Augen ausgestochen worden. An die Wand von Corneliu T.'s Zelle stand mit Blut geschmiert:

In nomine del padrino.

Romanfiguren

Wolfgang Severino	Genannt „Lupino", ehemaliger Polizist, Privatdetektiv, Fremdenführer
Nonna Rosa	Alte Dame, Nachbarin von Lupino
Luciana	Lupinos Verlobte, Kellnerin im Lokal ihres Bruders
Marcello	Bruder von Luciana, Besitzer der Osteria da Marcello
Gino	Koch in der Osteria da Marcello, hat einen Sprachfehler
Signora Bartoli	Bed & Breakfast-Betreiberin in Triest
Erna	Krankenschwester aus Graz, in Frühpension
Karl	Ernas Ehemann, pensionierter Oberarzt
Karlheinz	Ernas Campingplatz-Nachbar
Laura Bagotti	Reisefachfrau, beschäftigt Lupino als Fremdenführer
Andrea Guerini	Jugendfreund Lupinos
Piersandro Frulani	Genannt „Il Piccoletto", Oberhaupt der Frulani-Familie
Vittoria	Il Piccolettos Frau
Adriana	Tochter von Il Piccoletto
Donna Antonella Vegher	Tante von Il Piccoletto, leitet die Familiengeschäfte in Grado
Tommaso Vegher	Donna Antonellas verstorbener Ehemann
Tony	Adjutant von Donna Antonella
Salvatore Bassetto	Il Piccolettos Schwager, sein Statthalter in Triest

Loredana Bassetto	Il Piccolettos Schwester, Ehefrau von Salvatore
Toto	Mann fürs Grobe, rechte Hand Salvatore Bassettos
Emilio	Il Piccolettos zweiter Schwager, Besitzer einer Pizzeria
Beatrice	Il Piccolettos Schwester
Piero	Il Piccolettos Leutnant
Nino	Il Piccolettos Botenjunge
Bruno Marcovic	Pate von Rijeka, Freund Il Piccolettos
Dottore Lamberti	Schönheitschirurg
Paolo Norino	Verstorbenes Oberhaupt der Norino-Familie
Fabrizio Norino	Paolos Enkel und Nachfolger als Familienoberhaupt
Giovanni Mittermayr	Fabrizio Norinos zweite Identität
Carla Fontana	TV-Sternchen, Fabrizio Norinos Geliebte
Silvio Malherba	Genannt „Il Bombardiere", Bombenbauer und Auftragskiller
Corneliu T.	Rumäne, Mann fürs Grobe
Adrian Illescu	Rumäne, Mann fürs Grobe
Ludovico Ranieri	Kommissar, in Deutschland aufgewachsen, Jugendfreund von Lupino Severino
Silvana Viti	Polizistin
Enrico Botterolli	Polizist
Schiavoni	Kommissar
Dottoressa Moser	Staatsanwältin

Gerhard Loibelsberger
Killer-Tschick
SOKO-Donau-Krimi/SOKO-Wien-Krimi
248 Seiten, gebunden mit Schutzumschlag
€ 19.90
ISBN 978-3-7099-7251-9

„Es hat alles ganz harmlos angefangen. Mit der Leiche einer
alten Frau. Dann ist plötzlich ein toter Chinese aufgetaucht.
Und eine Flut von Schmuggelzigaretten. Giftige Zigaretten,
richtige Killer-Tschick. Und rundherum ein undurchsichtiges
Geflecht aus mafiösen Strukturen, Schwarzhandel,
hochprofessioneller Geldwäsche – und Menschen, die vor
nichts zurückschrecken ...“

Brandheiß, schnell, gefährlich: Gerhard Loibelsberger
lässt Lieblingsinspektorin Penny Lanz und ihre Kollegen aus
der erfolgreichen TV-Serie SOKO Donau * SOKO Wien leben,
lieben und ermitteln – ein absolutes Muss für alle Krimi-Fans!

www.haymonverlag.at

Werner Stanzl
Aussicht auf Mord
Commissario Vossi ermittelt in Triest
304 Seiten, € 12.95
HAYMON taschenbuch 240
ISBN 978-3-7099-7881-8

Verhängnisvoller Goldrausch vor der Kulisse Triests: In
einem Marmorsteinbruch werden Goldmünzen gefunden.
Sind es etwa die legendären Münzen, die Kaiser Maximilian
von Mexiko vor seinem Tod ins Schloss Miramare bringen
ließ? Die Jagd nach dem Gold bringt schon bald den
ersten Toten. Commissario Vossi und sein Team von der
Mordkommission Gorizia haben es nicht leicht: Zwielichtige
Gestalten und ein Sumpf aus Korruption und Verbrechen
erschweren die Ermittlungen rund um die malerische
Hafenstadt ...
    Genussvolle Krimispannung bei Wein, Melange und Gelato
zwischen Adria und sanften Weinbergen, den Küstenstraßen
von Grado, Monfalcone und dem altehrwürdigen Triest.

www.haymonverlag.at

Eva Gründel
Mörderhitze
Ein Kroatien-Krimi
344 Seiten, € 12.95
HAYMON taschenbuch 195
ISBN 978-3-7099-7822-1

Mord inklusive: Unter der kroatischen Sonne auf einer
Luxus-Yacht die Küste Dalmatiens von Dubrovnik bis Rovinj
entlangzuschippern und dafür auch noch bezahlt zu werden –
Elena Martells neuer Auftrag als Reiseleiterin scheint der
Traumjob schlechthin. Doch rasch wird der Törn für sie zum
Albtraum: Unweit von ihrem Ankerplatz auf Korčula wird
eine nackte Leiche im Becken einer Thunfischfarm entdeckt.
Hat jemand von Elenas Mitreisenden die Hände im Spiel?
Die Polizei lässt den Mailänder Unternehmer samt Familie
und Freunden zwar weiterziehen, aber Elena macht sich
keine Illusionen – irgendwer an Bord führt Böses im Schilde.
Noch dazu kriselt es gewaltig zwischen ihr und ihrem
Lebenspartner Commissario Giorgio Valentino ...

Blauer Himmel, klares Meer, idyllische Buchten – und
trotzdem Gänsehaut! Eva Gründel versteht es wie keine
andere, die Landschaften anderer Länder nachzuzeichnen
und mit düsterer Krimispannung zu erfüllen. Sympathische
Figuren, lebendige Beschreibungen und eine spannende
Handlung machen ihre Krimis zur idealen Lektüre – im
Urlaub ebenso wie zuhause, in Kroatien genau wie anderswo!

www.haymonverlag.at